우리 역사를 바꾼 조선의 하늘,

그 비밀코드로의
시간여행

우리 역사를 바꾼 조선의 하늘,

그 비밀코드로의 시간여행

이만기 지음

우리나라의 옛 왕조들은 어떻게 500년, 1,000년을 이어갈 수 있었을까?

그 답은 하늘에 숨겨져 있다. 벼락, 가뭄, 일식, 지진 등 천변(天變)과 지괴(地怪)가 우리 역사의 주역들에게 하늘의 도리(天道)를 가르쳤다. 이 책을 통해 그 속살을 들여다본다.

좋은땅

머리말

근래 들어 기후 변화에 따른 폭염이나 가뭄 그리고 이상 기상 현상이 빈발하고 그 강도 또한 점점 심해지고 있습니다. 따라서 그로 인한 피해가 증가하고 국민들의 우려 또한 커지고 있는 상황입니다.

이와 같은 자연 현상에 우리가 대처하는 데에는 현실적으로 한계가 있고, 특히 지진과 같이 현재로서는 예측이 불가능한 재해에 있어서는 더욱 그럴 수밖에 없는 실정입니다.

과학 기술이 발전된 현대에서도 그러한데, 기상이나 천문에 대한 지식이 부족했던 옛날에는 더 말할 나위가 없었습니다. 사전에 대비할 수 없었기 때문에 백성들은 기상 재해를 맨몸으로 고스란히 당할 수밖에 없었고, 많은 사람들이 목숨을 잃는 참사로 이어지기까지 하였습니다.

이에 임금들은 천변지괴(天變地怪)에 전전긍긍할 수밖에 없었고, 왕위의 안전까지 걱정해야 했습니다. 특히 임금들은 해를 왕의 상징으로 여겼기에 일식이나 성변(星變) 등의 천문 현상을 더욱 두려워했으며, 이 때문에 천문학을 제왕학(帝王學)이라 부를 만큼 중요시했습니다.

장구한 세월 속에서 발생한 수많은 천문 변화와 기상 이변이 임금들로 하여금 실정(失政)을 반성하면서 새로운 국정 운영을 모색하게 하였고, 이것이 우리 역사를 변화시켰습니다. 가뭄이나 지진, 일식 등의 자연 현상이 우리 역사를 만들고, 어떤 경우에는 뒤바꾸기도 한 것입니다.

역사 기록에 천문이나 기상과 관련하여 많이 언급되는 임금은 대부분 성군(聖君)이었습니다. 역설적으로 보면 천문의 괴변과 기상 재해가 있었기에 성군이 나오고, 왕조가 몇백 년씩 이어질 수 있었다고 해도 과언이 아닙니다.

필자는 기상청장으로 재직하였던 경험과 그동안 느꼈던 생각을 바탕으로, 천문과 기상이 우리 역사에 어떤 영향을 미쳤는지를 되돌아보고 정리하고자 하였습니다.

이러한 배경에서 필자는 『삼국사기』, 『고려사』 및 『고려사절요』, 『조선왕조실록』 및 『승정원일기』 등 정사(正史)를 바탕으로 본서를 집필하였으며, 『삼국유사』와 『서운관지(書雲觀志)』 등도 보완 자료로 활용했습니다.

역사 관련 내용이라 하더라도 특별한 경우 외에는 왕대(王代)만 표기하고 구체적인 날짜는 생략했습니다. 그보다는 천재지변 등에 대하여 임금과 신하, 그리고 백성들이 취한 행동이나 대응 시책이 더 중요했기 때문입니다.

한편 모든 기관명은 당시의 명칭으로 표기했습니다. 예를 들면 서운관은 고려 때에는 태사국(太史局), 사천대(司天臺), 관후서(觀候署) 및 서운관(書雲觀) 등으로 불리다가, 조선 왕조의 세조 이후에는 관상감(觀象監)으로 개칭되었기 때문입니다.

마찬가지로 임금 표기 역시 묘호를 기준하여 조・종(祖・宗)의 경우에는 임금으로, 그 외에는 왕으로 표기했으며, 묘호가 같은 경우에는 묘호 앞에 왕조 이름을 붙였습니다. 또한 옛 지명은 출처 자료의 원문대로 표기하였습니다.

이 책을 지음에 있어 자료 인용을 기꺼이 승낙해 주신 국사편찬위원회, 국립민속박물관, 한국학중앙연구원, 한국고전번역원, 이비컴 출판사, 춘천교육대학교 이면우 교수님, 허윤섭 박사님, 충북대학교 박권수 교수님, 한국천문연구원 고천문연구센터의 민병희 박사님, 한국학중앙연구원의 나영훈 교수님, ㈜천문우주기획 대표 겸 충주고구려천문과학관장인 이태형 박사님께 깊은 감사의 말씀을 드립니다.

아울러 자료 확인에 도움을 주신 한국천문연구원 고천문연구센터장인 김상혁 박사님, 그리고 좋은 자문과 자료를 제공해 주신 곡부 공씨 대종회, 강릉 김씨 대종회, 선산 김씨 대종회, 선성 김씨 대종회, 반남 박씨 대종중, 밀양 변씨 대종회, 단양 우씨 대종회, 양성 이씨 대종회 및 하동 정씨 대종친회와 영주시민신문에 고마움의 인사를 올립니다.

또한 온갖 정성으로 이 책을 출간해 주신 좋은땅 출판사와 좋은땅 출판사의 모든 분들께 감사드립니다.

끝으로 책의 내용 중에 자료 수집이나 내용 확인의 미흡 등에 따른 오류와 미진한 점 등은 모두 필자의 부족함에서 기인한 것이므로 독자들의 질책과 양해를 부탁드립니다.

2021. 02.

이 만 기

차례

최고의 금기 사항, 천기누설(天機漏洩)

천변지괴(天變地怪)가 만든 한민족 역사

Ⅴ
민초들의 고통과 임금의 애민(愛民)

VI

임금이 사랑한 천문 기상 관원들

I

임금을 가르친 하늘

1

벼락, '하늘의 벌'이자 신의 선물

옛사람들에게 벼락은 무슨 의미였나?

인류 초기 사회에서는 천문과 날씨를 자주 신과 연결시키곤 했다. 둘다 하늘과 직접 관계가 있다고 믿었기 때문이리라.

그리스나 북유럽 등 서양의 신화에서는 천둥과 번개를 제우스 신이 사용하는 무기로 보기도 하였고, 특히 번개는 토르(Thor)라는 날씨의 신이 마법의 망치를 땅에 던질 때 튀어나오는 불똥이라고도 생각했다. 번개를 신의 활동으로 본 것이다.

1752년 미국의 벤저민 프랭클린에 의해 전기적 현상으로 밝혀진 번개는 지금도 매초 100회 가깝게 지구상의 어딘가에서 번쩍이고 있다.

이러한 번개 중 구름과 대지, 구름과 비행기 같은 물체 사이의 방전 (放電) 현상인 벼락은 원래 '벽력(霹靂)'이라는 한자어 소리가 변한 것이다.

우리 역사를 바꾼 조선의 하늘, 그 비밀코드로의 시간여행

'벽' 자와 '력' 자는 모두 벼락이라는 뜻을 가지고 있다.[1]

동서고금을 막론하고 사람들은 '죄악이 차고 넘치면 하늘이 벼락을 내리치는 것'이라고 했으니까, 벼락을 죄지은 인간에게 하늘이 내리는 벌(天罰)로 생각한 것이다. 특히 왕에게는 하늘의 꾸지람(天譴)으로 여겨졌다. 벼락에 맞아 죽으면 천벌(天伐)로 표현했다. 건물이나 나무 등에 벼락이 치면 화재로까지 이어지는 경우가 많았는데, 이때의 불을 천화(天火)라고 불렀다. 벼락에 관계되는 것에는 모두 하늘 천(天)자를 붙인 것이다.

과학 기술이 발전하고 천문과 기상에 대한 이해가 높아진 현대에도 사람이 벼락에 맞아 죽거나 다치면 지은 죄에 대한 응보인 것처럼 수치스럽게 생각하는 풍조가 남아 있는데, 옛날에는 오죽하였으랴.

따라서 우리 속담이나 욕에 '벼락'이 들어가면 최고의 악담이 된다. 청천벽력(靑天霹靂;푸른 하늘에 벼락)에서 유래한 '마른하늘에 날벼락'이라거나[2] '모진 놈 옆에 있다가 벼락 맞는다'는 말은 약과다. 더 세게는 '벼락 맞아 뒈질 놈'이 나오고, 벼락도 그냥 벼락이 아니라 '불벼락 맞을 놈'으로까지 고조된다.

본래 '청천벽력'이라는 말은 중국 남송(南宋)의 육유(陸游)라는 시인이 자기의 필치를 '푸른 하늘에 벽력이 휘몰아친다'고 표현한 말에서 나온 것인데, 오늘날에는 예상치도 못한 일이 일어났을 때 쓰이는 말로 의미가

1   박홍균, 『하나를 알면 열을 깨치는 원리한자 ①부수글자』, 도서출판 이비컴, 2011.01.02, p86
2   박홍균, 『하나를 알면 열을 깨치는 원리한자 ①부수글자』, 도서출판 이비컴, 2011.01.02, p86

변했다.

그러면 이러한 욕들의 배경은 무얼까? 우리나라의 경우 2009~2018년까지 10년간 벼락 횟수는 연평균 124,374회였는데, 그 기간에 벼락으로 인한 사상자 수는 46명이었다. 시기나 장소에 따라 차이는 있으나 벼락에 맞아 죽거나 다칠 확률은 우리나라의 경우 0.0037% 정도로 낮다는 얘기다.

미국은 국토의 크기와 지형, 그리고 인구 등이 다르긴 하지만 미국 국립번개안전연구원(NLSI)에 따르면 10명이 벼락을 맞았을 때 1명 정도가 사망하는데, 벼락으로 인한 사망 확률은 28,500분의 1, 즉 0.0035%에 불과하다. 이런 낮은 확률의 벼락에 맞아 죽으라니 욕 중에서도 큰 욕이 아니겠는가.

그러나 나중에는 '벼락'자가 붙은 다른 의미의 다양한 어휘가 등장한다. '벼락공부'니 '벼락출세'니 '벼락감투'처럼 말이다. '벼락'이라는 자연현상의 뜻보다는 '갑작스러운'의 의미가 가미된 것이다. 더 나아가 '벼락부자'까지 나오는데, 뭐니 뭐니 해도 사람들이 가장 맞고 싶어하는 것은 '돈벼락'일 것이다.

벼락, 임금에 대한 하늘의 경고

그러나 조정에서는 벼락을 달리 해석했다. 양(陽)이 미약해지고 음(陰)이 강성해지는 것으로 생각했고, 이는 임금이 약해지고 신하가 강성해지

우리 역사를 바꾼 조선의 하늘, 그 비밀코드로의 시간여행

며, 군자의 도(道)가 사라지고 소인의 도가 자라는 것으로 여긴 것이다.

벼락의 원인을 무엇으로 보든지 간에 어느 시대나 임금, 백성 할 것 없이 모두 벼락을 두려워했다. 고려 시대에는 벼락에 대하여 특히 민감했다. 우레를 맡은 신에게 제사 드리는 뇌신단(雷神壇)이 따로 있었다는 것이 벼락을 그만큼 중요하게 생각하였다는 증거다.

신종(宣宗) 때의 일로 어느 날 우박이 내리더니 저잣거리에 있던 사람과 말에 벼락이 떨어졌다. 또한 건릉(乾陵;고려 태조(太祖)의 아들로 추존 국왕인 안종(安宗)의 능)의 소나무와 도성 동북쪽 산에 있는 소나무에도 벼락이 쳤다. 그러자 일관(日官)인 태사(太史;고려 시대 천문·역수(曆數)·측후(測候)·각루(刻漏) 등의 일을 맡아 보던 태사국(太史局)의 관리)가 임금에게 진언한다. 여기서 역수는 천체의 운행과 기후의 변화가 철을 따라서 돌아가는 차례를 뜻하며, 각루는 물시계를 이용한 시간측정을 의미한다. 이때 태사가 진언한 내용은 이러했다.

　"서상지(瑞祥志)에 이르기를, '천둥 번개가 사람을 죽이거나 가축을 다치게 하고 구릉과 수목을 파피하는 것은 군주가 형참(刑斬)을 도리대로 하지 않고 참소를 받아들여 그릇되게 처형했기 때문이다.

　구원하지 않으면 반드시 강도가 덮쳐오는 우환이 있을 것이다. 구원하는 방법에 있어 참소하는 신하를 물리치고 교만하고 포악한 자를 치죄하며 문서를 잘 살핀다면, 재앙이 소멸할 것이다'라고 하였습니다."[3]

『서상지』는 천문과 기후의 여러 현상에 대해 길흉을 풀이한 중국의 서적 『천지서상지(天地瑞祥志)』를 말한다. 일관의 진언에 두려움을 느낀 선종은 여러 능에 두루 고하고, 또 명을 내려 기양(祈禳;재앙을 쫓고 복을 기원함)하게 했다. 일관은 본래 삼국 시대 천문 관측과 함께 별들의 움직임에 따라 인간사의 길흉을 점치던 관원을 뜻하나, 일반적인 천문 기상 관원의 총칭이기도 하다.

세종(世宗) 역시 벼락을 특별하게 생각했다. 세종은 한 번 벼락을 맞았던 땅에는 궁궐의 전각을 짓지 못하게 했고, 벼락 맞은 집은 모두 헐도록 했다.

그러면 신하들은 벼락을 어떻게 생각했을까? 세종 26년(1444) 7월 10일, 연생전(延生殿)에 벼락이 떨어져 사람이 죽는 사건이 발생한다. 연생전은 경복궁 내 임금의 침전인 강녕전의 동소침(東小寢)으로 보조 침전의 역할을 하던 건물이다.

세종은 신하들에게 "하늘의 꾸짖는 뜻에 사면령을 내려 은혜를 베푸는 것이 어떻겠느냐?"라고 하문한다. 신하들의 답변은 이러했다. "하늘의 천둥과 벼락은 양기가 부딪혀 발생하는 것으로서 그 기운에 저촉되

---

3   선종 7년(1090) 8월 19일(신해) 기사, 고려사절요 권6
    (국사편찬위원회 한국사데이터베이스 http://db.history.go.kr/KOREA/item/level.do?itemId
    =kj&types=r#detail-kingYear/kj_006r_0010_0080_0070_0010/13/1090/08 accessed
    2016.06.04.)

는 자는 죽습니다. 나무와 돌과 새와 짐승에 이르기까지 간혹 벼락을 맞아 죽는 일이 있으니, 어찌 선하고 악한 인간사(人間事)에 달려 있겠습니까? 또 연생전은 본래 정전(正殿)이 아니고 또 큰 벼락에 해당하는 것도 아니니 재변이라고 말할 수는 없습니다."

정전은 임금이 나와서 조회(朝會)를 하던 궁전으로 경복궁의 경우 근정전이고, 창덕궁에서는 인정전이다.

벼락이 기상 현상 중 특별하다 보니 특이한 사례도 많았다. 태종(太宗) 때에는 경상도에 사는 한 여자가 벼락을 맞았는데, 등에 업고 있던 두 살 된 작은 여자아이도 또한 벼락을 맞았다거나, 성종 때에는 경기도에 사는 백성이 벼락에 맞아 죽어 이미 매장했는데, 매장한 곳에 또 벼락이 치기도 했다는 것이다.

어디 그뿐인가. 인조(仁祖) 때에는 평안도 박천 군수까지 벼락에 맞아 죽고, 어느 날은 해 뜰 무렵에 한양 도성 안의 수목과 인가에 벼락이 쳤는데, 네 살 난 아이가 '벼락 치는 소리에 놀라서' 죽기도 했다.

사관(史官)들은 사람은 물론이고 건물, 나무 심지어는 새나 강아지가 벼락 맞은 것도 기록에 남겼다. 벼락 맞아 죽은 사람의 이름, 죽은 소나 말의 개체 수, 벼락 맞은 나무의 종류, 벼락 맞은 사람이나 동물의 상태까지도 세밀히 기록했고, 하다못해 배의 돛대에 벼락이 친 것도 기록할 정도였다.

벼락 맞아 죽은 경우에는 일반 백성은 물론 노비의 이름까지도 실록에 남겼다. 그러다 보니 죽은 것도 억울한데 그 기록이 국가의 정사에 영원히 남게 됐으니, 후손들도 매우 수치스럽게 생각했을 것이다. 그래서인지 세종 때에는 대부분의 재위 기간 동안, 벼락이 친 지역과 죽거나 다친 사람 수만 기록하고 이름은 남기지 않았다. 이는 아마도 당사자와 후손들의 명예를 생각한 세종의 애민 정신의 발로가 아니었을까 싶기도 하다.

조선 왕조에서는 비명횡사한 원혼이나 후손에게서 제사를 받지 못하는 무사귀신(無祀鬼神)들에 대해 나라에서 제사를 지내 주었는데, 이를 여제(厲祭)라 했다. 성종(成宗) 때 간행된「국조오례의(國朝五禮儀)」에 따르면 여제의 대상으로는 전쟁터에서 국가를 위해 죽은 병사의 귀신 등 15가지를 열거하고 있는데, 그중에는 벼락 맞아 죽은 사람의 귀신도 포함되어 있다. 어찌 됐든 나라에서도 벼락 맞아 죽은 사람들을 가엾게 여긴 것이리라.

연산군도 반성시켰던 벼락

벼락은 특히 연산군(燕山君)에게는 하늘의 쓰디쓴 매질이었고, 신하들에게는 임금에게 선정을 베풀도록 간언할 수 있는 절호의 기회였다. 연산군은 여름에는 더위 먹었다는 핑계로 자주 경연(經筵) 참석을 하지 않고 상참(常參)과 조계(朝啓)도 잘 받지 않았으며, 신하들과의 면대도 하지 않는 등 정사를 제대로 돌보지 않았다.

상참은 의정(議政)을 비롯한 중신(重臣)과 시종관(侍從官)이 매일 편전에서 임금에게 정사를 아뢰던 일이며, 조계는 관리들의 죄를 논하고 단죄

하기를 청하던 일이다.

당시 연산군은 신하들이 면대를 요청하면, "이같이 더운 시기에 관복을 입고 너희들을 볼 것인가?"라고 하면서 응하지 않았다.

하루는 밤 2경(오후 9시부터 11시까지)에 임금이 평상시에 신하들과 국사를 의논하던 창덕궁의 선정전(宣政殿) 기둥에 벼락이 쳤다. 임금의 집무 공간인 편전(便殿)에 천벌이 내리자 연산군도 긴장했다. 그동안의 과오에 대해 반성하면서 반찬 가짓수를 줄이고, 일품재상(一品宰相), 의정부, 6조, 한성부, 대간(臺諫) 및 홍문관 관리 등을 불러서 국정 운영에 대한 의견을 구한다. 여기서 대간은 관료들에 대한 감찰 및 탄핵 업무를 맡은 대관(臺官)과 임금의 잘못을 간(諫)하던 간관(諫官)을 합쳐 부르는 말이다.

대소 신료들은 연산군에게 경연과 상참에 참석할 것과 소인배 등용을 지양하고, 인재 발탁과 세금 감면, 그리고 대간을 비롯한 뭇 신하들의 충언 수용을 요구했다.

신하들은 무엇보다도 임금이 편전으로 출근해서 정사를 성실히 챙기도록 촉구했다. 이번에는 연산군도 어쩔 수 없었던지 신하들에게 굳게 약속한다. "조계와 경연은 마땅히 차례로 거행하겠노라."

연산군은 선정전 벼락 사건 후 얼마 동안은 신하들의 진언대로 경연에 착실하게 참석했다. 그러나 그해 10월, 승정원에서 날씨가 춥다 하여 능침 참배를 취소할 것을 건의하자, 연산군은 마치 기다리고 있었던 것처럼 흔쾌히 승낙하면서, 이때다 싶었는지 그동안 잘 참석하였던 경연까지 정지했다.

연산군은 대간이나 홍문관에서 경연 정지에 대해 또다시 간언할까 봐 걱정이 되었던 모양이다. 그는 "날씨가 추워서 경연을 못 한다는 뜻을 미리 대간과 홍문관에 자상하게 말해 주라"고 승정원에 명을 내려 사전 방비 조치까지 취했다.

연산군 10년(1504), 연산군의 폭정이 고조되는 시점이다. 그는 '선정전 기둥에 벼락이 떨어진 이유는 임금이 정사를 돌보지 않았기 때문'이라고 간언했던 신하들을 7년이나 지난 시점에서 모두 처벌했다. 연산군에게 벼락의 시효는 단지 7년에 불과했다.

벼락 맞은 남자의 음경은 신물(神物)이었을까?

벼락이 사람이나 건물 등에 맞지 않고 도끼나 칼 등에 내리치면 그것을 벼락도끼(雷斧)나 벼락칼(雷劍)이라고 불렀다. 옛사람들은 그것들도 불길한 것으로 생각했을까?

벼락도끼나 벼락칼을 '하늘에서 천둥과 번개를 다스리는 뇌신(雷神)이 사용한 것'으로, 오히려 질병을 고치고 액운을 물리치는 영물로 여겼다. 몽고에도 비슷한 풍습이 있다. 몽고에서는 지금도 벼락 맞은 큰 고목에 기도하는 장소가 있고, 많은 사람이 그곳을 소원을 비는 장소로 찾고 있다고 한다.

그러면 벼락도끼는 무엇을 일컫는 것인가? 벼락도끼는 벼락이 떨어질 때 땅이 파여서 드러난 석기 시대의 돌도끼나 괴이한 형상의 돌을 말하는데, 옛사람들은 이러한 것들이 벼락과 함께 하늘에서 떨어진 것으로 생각했다.

당시에는 벼락도끼를 베갯속에다 넣고 자면 마귀 꿈을 꾸지 않게 되고, 어린아이에게 채워 주면 놀란 기운이나 사악한 기운을 물리치며, 임신한 부인이 갈아 먹으면 순산하게 된다는 속설이 널리 퍼져 있었다.

이렇다 보니 벼락도끼, 벼락칼 등은 대단히 귀중한 물건으로 여겨져, 지방에서는 발견 즉시 임금에게 헌상하였고 임금은 바친 이에게 선물을 하사했다.

세종 때의 어느 날 지방에 사는 김씨(金氏) 성의 백성 아내가 밤에 문밖에 나갔는데, 갑자기 천둥과 함께 비가 쏟아지며 벼락이 쳤다. 김씨의 처가 놀라 기절하여 땅에 쓰러져 있다가 한참 만에 정신을 차리고 일어서 보니, 무슨 물건이 말 매는 말뚝에 박혔는데 깊이가 한 치쯤 들어가 있었다. 빼어 보니 벼락칼이었다. 김씨는 이를 곧바로 관찰사에게 바쳤고 관찰사는 즉시 임금에게 올려 드렸다. 한 번은 충청도 서천 사람이 벼락화살〔雷箭〕을, 그리고 홍성 사람이 벼락칼을 얻어서 바치자, 임금은 각각 면포를 차등 있게 하사했다.

연산군은 지방에서 바치기도 전에 미리 벼락도끼 40개, 벼락창〔雷槍〕 40개를 전국에서 널리 찾아 바치라는 명까지 내린다.

사람이 벼락에 맞아 죽거나 다치면 벼락 맞은 사람은 안타깝지만 그 사람의 몸에는 벼락도끼와 마찬가지로 뇌신이 깃들어 영(靈)스럽다고 생각했다. 그러다 보니 너나 할 것 없이 팔, 다리까지 잘라 가는 어처구니없는 일도 벌어졌다.

고려 우왕(禑王) 2년(1376) 7월에 발생한 일이다. 벼락이 어떤 사람과 그의 부인, 그리고 어린 아들을 쳤다. 당시에는 벼락 맞아 죽은 사람의 물건을 쌓아 두면 부자가 될 수 있다는 속설이 퍼져있던 터라, 그 사람의 집에 도성 사람들이 몰려들어 소, 말, 비단, 그릇, 돌, 기와, 벽돌 그리고 심지어는 나무까지 말 그대로 눈에 보이는 것은 다 가져갔다. 아마도 '벼락부자'라는 말은 당시 민간에 퍼져 있던 이러한 속설에서 유래하지 않았을까 싶다.

아무튼 이 바람에 그의 집은 순식간에 쑥대밭이 되어 버렸다. 조정에서는 난리가 났다. 즉시 순군(巡軍)과 전법사(典法司)를 시켜 재산을 조사한 후 모두 그 가족에게 돌려주게 했다. 그런데 더 어이없는 일이 발생한다. 이때 집에 몰려온 사람 중 일부가 벼락 맞은 부부의 숨이 아직 끊어지지 않았는데도, 두 사람의 사지와 몸통의 살점까지 베어 가져가는 일까지 벌어진 것이다.

더욱 해괴하고 망측스러운 일은 조선 태종 때 일어난다. 풍해도(豊海道; 지금의 황해도) 봉주(鳳州)라는 곳에서 어떤 남자가 소를 끌고 가다가 벼락을 맞아 죽었는데, 이때 죽은 사람의 두 손가락과 함께 음경(陰莖)을 잘라 가는 사건이 발생한 것이다.

벼락 맞아 죽은 남자의 음경을 해구신쯤으로 여긴 것일까? 이것은 아마도 당시 사람들이 '벼락 맞아 죽은 사람의 음경도 뇌신이 깃들어 정력이나 건강에 효과가 있을 것'으로 생각했던 것 같다. 음경을 잘라 간 사람은 관찰사의 진두지휘 아래 곧바로 체포되어 엄한 처벌을 받는다. 그 남자, 잘라 간 음경은 어찌했을까? 아마도 처리하기 전에 잡힌 것이 아닌지 모를 일이다.

이렇게 벼락도끼와 벼락칼 등에 대한 환상과 함께 터무니없는 속설이 확산되자, 세종은 민심 안정을 위해 전국에 걸쳐 벼락도끼 등을 전수 조사하기까지 했다.

2

부부 잠자리도 금지시켰던 가뭄

가뭄에 속 타들어 간 임금들

고대 농경 사회에서 가뭄은 임금이나 백성 모두에게 최악의 기상 재해였다. 가뭄이 들면 대부분은 흉년으로, 그리고 기아로 이어지면서 그야말로 백성들의 죽고 사는 문제가 되는 것이었다. 그로 인해 자칫하면 반란 등도 야기될 수 있었기에, 임금들은 가뭄을 국사 중 역모 다음으로 엄중하게 인식할 수밖에 없었다.

날이 가물면 논과 밭만 타들어 간 것이 아니었다. 임금의 속은 더욱더 바짝바짝 마르는 상황이었다.

가뭄으로 인해 기근이 들면 굶주림을 견디다 못한 수많은 백성들이 이웃 나라나 다른 지방으로 이주하곤 했는데, 삼국 시대에는 국경 지방에서 그러한 상황이 많이 벌어졌다. 인구가 국력이라 해도 과언이 아닌 고대 국가에서, 백성들의 다른 나라 이주는 아주 심각한 일이었고, 왕권 유지에도 큰 영향을 미치는 요소였다.

신라에서는 궁중의 관리들조차 굶주림을 이기지 못해 나라의 창고 곡식을 여럿이 함께 훔쳐 나누기도 했다. 심지어는 백성들이 자식을 팔아 곡식을 사고 나중에는 서로를 잡아먹기까지 했으니 가뭄으로 인한 기근이 얼마나 심했으면 그랬을까?

이러다 보니 임금들은『관자(管子:중국 춘추 시대의 제나라 재상인 관중(管仲)이 지었다고 전해지는 책으로 부민(富民)·치국(治國)·포교(布敎)에 대해 서술했다)』에 나오는 것과 같이 '임금의 하늘은 백성이고 백성의 하늘은 밥(王者以民爲天 民以食爲天)'이라고 생각하고, '나라의 근본인 백성(民惟邦本)들의 먹는 문제를 어느 일보다도 중요하게 여겼다. 예나 지금이나 먹는 것이 인간의 첫 번째 욕구 아닌가. 그러니 임금들에게는 백성들을 '배부르고 등 따시게' 하는 것이 최우선의 목표가 될 수밖에 없었다.

1991년 당시 과학기술처가 기상청 기상연구소를 통해 연구 조사한 바에 따르면, 삼국 시대에는 99회, 고려 시대 36회 그리고 조선 왕조 때에 99회의 가뭄이 있었다. 조선 시대의 경우 2년 연속 가뭄 15회, 3년 연속 가뭄 4회, 4년 연속 가뭄 1회, 그리고 심지어 6년 연속 가뭄도 두 차례나 있었다.

그러면 당시에는 가뭄이 왜 온다고 생각했을까? 임금들은『서경(書經)』에 이른 대로 "임금이 광란하면 비가 계속되고, 안일하면 따뜻한 날씨가 계속된다"라고 믿었다.

반면에 백성들은 임금이 아무리 몸가짐을 잘하여도 상하가 모두 몽매하면 가물고, 떠 있는 이가 가까이 있는데도 쓰지 않으면 가물고, 은덕을 행하지 않아도 가물고, 형벌을 함부로 더하여도 가물며, 군사를 자주 일으켜도 가문다고 생각했다.

특히 옛사람들은 '백성은 천지(天地)의 마음이므로 백성이 먹는 것이 모자라면 천심이 화평하지 않고, 천심이 화평하지 않으면 천지의 기(氣)도 화평하지 않아서 가뭄 등의 재변도 이에 기인하는 것'이라고 믿었다. 가뭄의 원인을 아이러니하게 배고픔으로 돌리기도 한 것이다. '닭이 먼저냐 달걀이 먼저냐'의 문제와도 같은 것이다.

이러한 가뭄에 대해 임금들이 얼마나 애태웠는지 그리고 비를 기다리는 마음이 얼마나 절실했는지는, 고려 인종(仁宗)이 태조 왕건(王建)의 진전(眞殿;왕의 어진을 모신 전각)에서 기우제를 지낼 때 눈물을 흘리며 고했던 말에서 읽을 수 있다.

> "신(臣)이 진실로 부덕하여 선왕께서 만든 규범을 따르지 못하였으며, 정치도 하늘과 땅을 기쁘게 하고 음양을 조화롭게 하는 데 부족했습니다. 이런 까닭에 하늘은 재이(災異)를 버려 3월에 눈이 오고, 4월에는 서리가 버렸으며, 이에 더해 사람과 물건에 벼락이 친 곳이 40여 곳이나 되었습니다.
>
> 한 달이 넘도록 비가 버리지 않아 메마른 땅이 천 리나 되니 백성들은 삶을 잇지 못하고 굶어 죽는 자들은 서로를 베고 누웠습니다. 죄는 실로 신에게 있는데 백성들이 무슨 잘못이 있겠습니까?
>
> 이제 마음을 씻고 잘못을 참회하며 조상님께서 남긴 가르침을 본받으려 합니다. (중략)
>
> 엎드려 바라옵건대 성조(聖祖)께서는 자애롭게 저희를 보살펴 조화로

운 기운을 불러 모으시고 모든 신령들을 고무하시어 크게 비를 내려 주십시오. 그리하여 저와 여러 신하들 그리고 백성들이 함께 그 복을 받게 해 주시면 신령께서도 또한 길이 의지하는 바가 있을 것입니다."[4]

조선 왕조에서는 전 국민의 90% 이상이 농업에 종사하였을 뿐만 아니라, 농업이 국가 재정 수입 면에서도 절대적 비중을 차지했기 때문에 상황은 더욱 심각했다.

『조선왕조실록』을 보면 조선 왕조 518년간 총 3,464회의 가뭄 관련 기록이 있다. 연평균 6.7회에 이른다. 실제로는 가뭄이 평균 5년마다 한 번씩 발생했는데도 가뭄 관련 기록이 이렇게 많다는 것은 그만큼 임금들이 가뭄에 대해 고뇌했다는 증거로 볼 수 있다. 태종 163회, 세종 323회, 성종 454회, 중종 474회로 이 네 임금 때에는 재위 기간을 감안하더라도 가뭄 기록이 상대적으로 월등히 많았다.

오죽했으면 태종은 가뭄을 이유로 백성들이 물을 허비하는 것을 금지시키면서 웃지 못할 어명까지 내렸을까. 태종은 예조에서 월령(月令;국가나 농사의 정례적인 연간 행사를 월별로 구별하여 기록한 표)으로 청한 바에 따라 한양의 오부(五部)에 명을 내리면서 부부가 각방을 쓰게 했다. 한양 백성들이

4　인종 12년(1134) 5월 19일(무진) 1번째 기사 일부, 고려사 세가 권 세16
(국사편찬위원회 한국사데이터베이스 http://db.history.go.kr/KOREA/item/level.do?itemId
=kr&types=r#detail-kingYear/kr_016r_0060_0050_0040/17/1134/05 accessed 2016.07.23.)

과연 태종의 특별한 어명을 제대로 따랐는지는 의문이다.

우리 속담에 '가뭄 끝은 있어도 장마 끝은 없다'는 말이 있다. 가뭄 피해보다 장마 피해가 훨씬 크고 오래간다는 의미인데, 우리 조상들은 심정적으로는 가뭄보다 장맛비를 더 무섭게 생각한 것으로도 보인다. 지방마다 조금씩 다르긴 하지만 '삼 년 가뭄은 견뎌도 석 달 장마는 못 견딘다'는 속담도 같은 뜻이리라.

사실 전 세계적으로 보면 자연재해의 원인으로는 이제까지 홍수가 가장 많았다. 세계기상기구(WMO)의 분석에 따르면 발생 비율이 홍수가 37%, 폭풍우 28%, 가뭄·기아 9%, 지진 8%, 눈사태·산사태 6%, 극한 기온 5%, 산불·들불 5%, 화산 폭발이 2%였다. 홍수와 폭풍우를 합치면 비로 인한 재해가 65%로 전체의 약 3분의 2에 해당하고, 가뭄의 7배를 넘는다.

애태우며 지냈던 기우제

사람들은 기우제 하면 인디언들의 기우제를 먼저 생각한다. 인디언들이 기우제를 지내면 반드시 비가 오는데, 그 이유는 비가 올 때까지 기우제를 지내기 때문이라는 것이다. 그러나 북미(北美) 원주민 호피(Hopi) 인디언들은 함부로 기우제를 지내지 않고, 구름의 모양이나 색깔을 보고 머지않아 비가 오리라는 확신이 설 때만 기우제를 지낸다.

조선 태종은 신하들이 절에 가서 기우제를 지낸다고 부산을 떨자 이를 못마땅해하면서 한 말이 "가뭄이 지극하면 절로 비가 오는 것이다"였다. 가뭄은 영원히 계속되는 것이 아니고 끝에 가서는 비가 오므로 인디언들도 태종과 같은 생각이었으리라.

지금도 그렇지만 농경 사회였던 옛날에는 더욱더 비가 안 오면 가뭄을 걱정하고, 반대로 많이 오면 홍수를 걱정했다. 비가 얼마나 중요했으면 날씨를 나타내는 한자에 '비' 우(雨)가 다 들어갔을까. 구름(雲), 눈(雪), 서리(霜), 안개(霧), 이슬(露), 천둥(雷), 번개(電), 벼락(霹·靂), 우박(雹)처럼 말이다.[5] 비를 모든 기상 현상의 기본으로 생각했던 것이다.

특히나 우리나라는 비에 관심이 많아 비를 나타내는 말이 수십 가지에 이른다. 예를 들면 안개비, 여우비, 장대비, 줄비, 소나기 그리고 요즈음에는 그 이름을 잘 쓰지 않는 는개 등이다. 이순신 장군이 『난중일기』에 기록한 비의 종류만도 10가지에 이를 정도다. 근래에는 '게릴라성호우'라는 이름까지 생겨났다.

볕이 든 날 잠깐 오다가 그치는 여우비는 재미있는 전설도 담고 있다. 여우가 호랑이에게 시집가자 여우를 사랑한 구름이 슬퍼서 우는 것이 여우비라는 것. 그래서 여우비가 오는 날에는 '여우가 시집간다'거나 '호랑이가 장가가는 날'이라고 말을 한다.

영어로는 'drizzle'이라는 한 단어로 표현되는 이슬비, 가랑비, 보슬비를 우리는 빗방울의 굵기, 빗줄기의 성긴 정도와 빗소리에 따라 구분

---

5 박홍균, 『하나를 알면 열을 깨치는 원리한자 ①부수글자』, 도서출판 이비컴, 2011.01.02., pp85-86

했다. 일반적인 비는 기상학적으로 직경이 0.5mm 이상이고 낙하속도
가 초속 3m 이상인 물방울을 말한다. 반면에 이슬비는 빗방울 지름이
0.5mm 미만으로, 빗방울 굵기는 안개비<는개<이슬비<가랑비 순이
다. 보슬비는 바람이 없는 날 가늘고 성기게 '소리 없이' 내리는 비를 말
한다. 그런데도 '보슬비가 소리 없이 내린다'고 감성까지 불어넣어 강조
한다. '역전앞'이나 '처갓집'처럼 말이다.

독일에서는 일기 예보 때 '니더슐락(Niederschlag)'이라는 단어를 자주 사
용한다. 니더슐락은 강하물(降下物)이란 뜻으로 하늘에서 무언가 떨어진
다는 것이다. 하늘에서 무엇이 떨어지겠는가? 비 아니면 눈, 아니면 우
박 정도이니 참고하여 우산이나 비옷을 준비하라는 의미이다. 강수(降
水)의 종류를 굳이 세분하지 않는다.

다른 나라에 비해서 이렇게 상대적으로 비를 매우 중요하게 생각하다
보니 우리나라에서는 비를 비는 제사를 예전부터 지냈다. 신라에서는
입춘 후 축일(丑日)에 바람신인 풍백(風伯)에게 제사 지내고, 입하 후 신일
(申日)에는 비의 신인 우사(雨師)에게, 그리고 입추 후 진일(辰日)에는 농사
를 맡고 곡식을 주관하는 천전성(天田星)인 영성(靈星)에게 제사 지냈다.

불교 국가였던 고려 시대에는 주로 절에서 불교 행사의 하나로 기우
제를 많이 지냈다. 예종(睿宗) 때에는 모든 관리들이 홍국사에서 5일 동
안 비를 빌었으며, 명종(明宗) 때에는 문무 3품관으로 하여금 봉급에서
추렴해 재(齋)를 지내고 보청사에서 비를 빌게 하였다. 기우 행사에 전
공무원이 참여하고, 행사 비용은 고위직 공무원들이 분담한 것이다.

본래 기우제는 하지가 지나서도 비가 오지 않으면 지내고 입추 뒤에

는 지내지 않는 것이 원칙이었으나, 가뭄이 극심하면 이에 구애받지 않았다. 기우제 날짜는 일관이 택일하여 임금이 재가하는데, 상황이 극심하면 택일절차(卜日;점을 쳐서 좋은 날을 가림) 없이 날짜를 잡았다.

조선 왕조 시대에는 80% 이상의 농지가 천수답(天水畓)이었으므로 가뭄이 들면 기우제부터 지냈다. 기우제는 하늘에서 물이 떨어지기를 바란다는 의미에서 '물제'라고도 불렸다.

조선 왕조에서는 총 1,559회의 기우제를 지냈는데, 태종 때에는 재위 18년간 기우제 기록이 없는 해가 태종 9년(1409) 한 해뿐이었다. 그러면 세종 때는 어떠했을까? 기상청의 '기상자료 개방포털' 등재 자료 중 역사기후 항목에서 세종 대(代)의 기우제 내용을 분석해 보았다. 재위 32년간 종묘와 사직, 한강 등 한양에서 기우제를 지낸 날이 243일이었다. 전국적으로 기우제를 지낸 날도 24일이나 되었다. 세종 18년(1436) 8월에는 14일이나 기우제를 지냈으니 거의 이틀에 한 번 꼴로 기우제를 행한 셈이다. 기우제는 보통 여러 곳에서 지냈기 때문에 한양만 하더라도 기우제를 지낸 장소를 총합하면 연(延) 486개소에 이른다. 세종이 얼마나 가뭄과 그로 인한 백성들의 고통에 번민했는지 알 수 있는 대목이다.

성군(聖君)으로 평가받는 세종도 말년에는 자신의 재위 기간 동안 가뭄 때문에 걱정하지 않은 적이 없다고 한탄했을 정도니, 기우제 지내는 게 어찌 힘든 일이었겠는가.

그래서였을까, 임금들은 가뭄이 심해지면 나라에서 지내는 국행(國行) 기우제에 승려와 무녀는 물론 시각 장애인까지 동원하여 비를 빌게 했다. 당시 무녀들은 주로 백악산(白岳山;지금의 북악산) 산당(山堂)이나 동교(東

郊), 우사단(雩祀壇;기우제를 지내던 제단으로 동대문 밖에 있었다), 흥인문 밖이나 한
강에서 비를 빌었다.

　태종은 가뭄이 극심하여 갖가지 기우 행사를 하던 중에 승도들의 기
우 기도(禱雨)를 그만두게 한다. 가뭄에 대하여 어느 임금보다 근심이 많
았던 태종이 갑자기 왜 그랬을까? 이유인 즉 비가 내리기를 기원하는
승도 중에 팔뚝에 불을 지지거나 손가락을 태우는 사람까지 있었으나
비가 오지 않았기 때문이었다. 별나게도 중종(中宗)은 내시를 시켜 징을
치며 궁중에서 기우제를 지내게 했다. 이때 모든 관리들은 공복(公服;관리
들의 제복) 차림으로 의정부에 모여 향불을 피우면서 하늘에 배례(拜禮)를
올린 다음, 하루 종일 뙤약볕 아래에 서 있기도 하였다.

　그러면 기우제에서 가장 중요한 것은 무엇이었을까? 모든 제사가 마
찬가지지만 기우제에서도 무엇보다 정성이 최고의 덕목이었다. 기우제
에 참여하는 관계자들은 제사를 지내기 전에 반드시 목욕재계했다. 모
든 헌관(獻官;나라에서 제사를 지낼 때 임시로 임명되는 제관(祭官))과 집사들은 각기
몸을 깨끗이 하고 의복을 빨아 입어야 했으며, 특히나 술과 담배는 엄격
히 금하였다.

　당시에는 담배가 기호품으로 인기가 있었다. 담배는 특히 체했을 때
피우면 소화가 잘 되고, 마음을 진정시키는 데도 효과가 있다고 알려져
있었다.

　숙종(肅宗) 때에는 임금이 직접 행하는 친제(親祭) 기우제에 참여하는 관
리들은 퇴근도 못 하고 모두 승정원에서 재숙(齋宿;제관이 재소(齋所)에서 밤을
지내던 일)까지 할 정도였다.

　　　　우리 역사를 바꾼 조선의 하늘, 그 비밀코드로의 시간여행

특히 영조(英祖)와 정조(正祖)는 기우제를 행할 때의 정성에 있어서만큼은 따를 사람이 없었다. 두 임금은 정성이 부족할 경우 지위 고하를 막론하고 엄하게 처벌했다. 이에 따라 파직당하거나 유배된 사람이 한둘이 아니었다.

처벌받은 이유를 보면 임금의 친제에 불참한 것부터 제물로 올린 염소와 양의 몸통이 작다는 것까지 다양했다. 영조는 사직단에서 친히 기우제를 지낼 때 졸았다 하여 예조 판서를 파직하기까지 했는데, 예조 판서는 기우제 집행의 총괄 책임자였다. 영조는 기우친제를 지내도 비가 내리지 않자 비에 관한 보고가 아니면 모두 승정원에 보류해 두어, 임금으로 하여금 오직 한 마음으로 비를 빌 수 있도록 하라는 명까지 내릴 정도로 정성이 지극했다.

목숨까지 위태로웠던 무녀들

가뭄 중에는 비를 비는 마음이 너무나 간절하다 보니 조정에서는 별별 기우제를 다 지냈다. 『기우제등록(祈雨祭謄錄)』에 의하면 기우제 형태는 무당에게 가학적인 행위를 강요하거나, 비를 오게 하는 능력이 있다고 여겨지는 용을 자극하는 제사를 지내는 등 다양했다. 『기우제등록』은 조선 왕조의 인조(仁祖) 14년(1636)부터 고종(高宗) 26년(1889)까지 기우제, 기청제, 기선제 및 수표(水標) 등과 관련된 사항을 담고 있는 책이다.

가학적인 면에서 고려 때에는 폭무(暴巫)라 하여 무녀들을 땡볕에 내놓고 비를 빌었다. 이는 하늘의 영험(靈驗)을 공유한다고 믿는 무녀들에게 고통을 주면, 하늘이 불쌍히 여겨 비를 내려 준다고 믿은 데서 나온 주술적인 기우 행사였다.

본래 '신령' 또는 '신묘하다'는 의미를 가진 영의 한자 '靈'은 비 우(雨)자 밑에 입 구(口)가 3개, 즉 많은 사람이 비를 기원한다는 뜻으로 아래에는 무당 무(巫)자가 들어가 있다. 비를 비는 주체가 무당이라는 의미이다.[6]

이러한 무녀들의 고난은 충숙왕(忠肅王) 때 절정에 이른다. 충숙왕은 전국에서 용하다고 이름난 수백 명의 무당을 뙤약볕 아래 모아 놓고 6일씩이나 비를 빌게 했다. 무당들은 너무 고통스러워 모두 숨어 버렸고, 조정에서는 이들을 찾기 위해 민가를 샅샅이 수색하기도 했다.

『춘추좌씨전(春秋左氏傳;중국 노나라의 태사인 좌구명이 공자가 지은 것으로 알려진 「춘추」를 풀이한 책)』에 의하면 노나라 희공(魯僖公)은 가뭄을 해소하기 위해 왕(尪)이라는 무당을 불태워 죽이라고까지 명했으나, 노나라의 대부 장문중의 만류로 실행에 옮기지는 않았다. 노나라 무당은 장문중 덕분에 가까스로 죽음을 면한 것이다. 이에 비하면 고려의 폭무 기우는 오히려 약과였던 셈일까?

세종의 애민 정신은 기우제 거행에 있어서도 유감 없이 발휘된다. 당시 무당들을 모아서 기우할 때는 펄펄 끓는 폭염 아래서 솜옷을 입히고 그것도 모자라 머리에는 화로를 이게 하고 비를 빌게 했다. 세종은 이러한 방식이 너무 가학적이고 신에게 기도하는 뜻에도 어긋난다 하여 모

---

6 박홍균, 『하나를 알면 열을 깨치는 원리한자 ①부수글자』, 도서출판 이비컴, 2011.01.02., p87

두 없앴다.

조선 왕조에서는 이 밖에도 특이한 기우제를 많이 지냈다. 특히 성종과 중종 그리고 숙종이 다양한 관심을 가졌다. 성종은 "삼각산 진암(辰巖)에 제사하고 불을 놓았더니 비가 내린 적이 있었다"라고 하면서 진암에 기우하도록 하거나, 도봉산 큰 바위 굴에서 기우제를 지내게도 했다. 한번은 검단산에서 짐승을 쫓으면 비가 온다 하여, 군대를 보내 노루와 사슴을 잡기까지 한 일도 있었다.

중종도 성종과 비슷한 생각을 했다. 중종은 "양주에 있는 용암(龍巖)에서 섶을 쌓아 불태워 그 바위가 뜨거워지면 비가 내린 적이 있다"라고 하면서, 양주에서 산나무를 베어다가 그것을 불태워 시험해 보기까지 했다.

바위에 불을 피우는 기우제는 본래 진암분시(辰巖焚柴)라 하여 용이 산다고 믿는 바위에 불을 지펴 용을 자극하는 제사이다.

한편 숙종 때는 여염집에서 병류(屛柳)라 하여 물을 담은 옹기에 버들가지를 꽂아 놓고 3일 동안 비를 빌기도 했다. 이와 함께 물병을 처마 끝에 거꾸로 매달아 놓기도 했는데 이는 비 오는 모습을 흉내 낸 것이다. 또한 수일(水日:음력 보름과 그믐)에는 전국의 가가호호 문마다 향로와 향탁(香卓), 깨끗한 물, 과일과 떡을 차려놓고 집의 신(戶神)에 제사하며 비를 빌게 했는데, 가구가 작아서 혼자 준비할 수 없을 때는 두어 집이 어울려 같이 차리고 기도하게 했다.

어디 그뿐인가, 기우 행사의 하나로 전쟁 때 죽은 사람들을 위해 옛 전쟁터에서 제사 지내게 하고, 또한 가까운 신하를 보내 깨끗한 곳에서 아사(餓死)한 사람들에게까지 제사를 지내게 했다.

민간에선 더욱 다양하게 주술성이 강한 기우제를 올렸다. 가뭄이 들면 음기인 불이 양기인 비를 부르리라는 주술적 믿음에서, 산꼭대기에 올라가 건초나 장작더미에 불을 질렀다.

지방에 따라서는 마을 부인들이 총동원되어 인근 산에 올라가 일제히 오줌을 누면서 비를 기원하기도 하고, 때로는 키로 물을 퍼서 머리에 이고 다니거나 말라 버린 개천에 모여 키를 까부르며 기우제를 지냈다. 이때는 딸을 많이 낳은 여성이 선호되었는데, 이는 음기가 많을 것이라 여겼기 때문이다. 이러한 형태의 기우제는 1970년대 후반까지도 일부 지역에서 행해졌는데, 이는 여인의 음기를 하늘로 날려 보냄으로써 비가 내리기를 비는 것이다.

그뿐만이 아니다. 우리나라에서만 전승되는 '암장 발굴(暗葬發掘)'이라는 특유의 기우 방법도 행하였다. 가뭄이 들면 풍수지리적으로 길지(吉地)에 누군가가 암장했다 하여 이를 파헤쳐 사체를 산에 뿌리는 것이다.[7] 오죽이나 비가 기다려졌으면 이러한 기상천외한 방법까지 동원했을까 싶다.

도마뱀과 용, 그리고 호랑이 머리는 과연 신통력이 있었을까?

기우제에 무당들만 동원된 것이 아니다. 도마뱀과 용, 호랑이도 기우제에서 중요한 역할을 했다. 도마뱀(蜥蜴)을 이용하여 비를 비는 석척 기

---

7   임장혁, 「기우제」, 『한국민속대백과사전』, 국립민속박물관

우, 이 방법은 먼저 뜰에다 물을 가득 넣은 두 개의 독(甕;옹·기단지)을 놓고 도마뱀을 잡아다 독 속에 넣는다. 그런 다음 자리를 펴고 향을 피우면서 푸른 옷을 입은 남자아이 20명으로 하여금 버들가지를 가지고 독을 두들기며 비를 빌게 한다. 이때 아이들은 "석척아! 석척아! 구름을 일으키고 안개를 토하며 비를 주룩주룩 오게 하면 너를 놓아 보내겠다"라고 하면서 밤낮으로 독 주위를 도는 것이다. 여기서 도마뱀을 이용하는 것은 도마뱀이 비를 내리게 한다고 믿는 용과 비슷하기 때문이었다.

이 석척 기우는 순금사(巡禁司) 대호군(大護軍;중앙군사조직인 오위(五衛)의 종3품 무관 벼슬)으로 있던 김겸(金謙)이 소동파의 시를 보고 그「주(註)」에 실려 있는 내용을 태종에게 건의함으로써 처음으로 행해졌다. 석척 기우는 주로 경복궁 경회루의 못가나 모화관(慕華館;중국 사신이 머물던 숙소로 서대문 밖에 있었다)의 못가, 춘당대(春塘臺;창경궁 안에 있으며 주로 과거를 실시하던 곳)나 창덕궁의 광연루(廣延樓) 아래에서 행해졌다.

다른 나라에서는 도마뱀 대신 개구리와 두꺼비를 사용했다. 요즈음도 페루에서는 개구리를 잡아 기우제를 지내는데, 개구리는 다시 호수로 돌려보낸다. 하다못해 인도에서는 비를 비는 데 개구리 결혼식까지 올린다고 하니 그 정성이 유별나다.

이러한 기우 풍속은 물과 밀접하여 비의 수호신으로 여겨지는 개구리와 두꺼비가 비를 감지하는 특별한 능력을 갖고 있다고 믿는 데서 나온 것이리라. 개구리 하면 우리는 경칩부터 생각하지만, 실은 우리나라에도 '개구리가 울면 비가 온다'거나 '개구리가 처마 밑으로 들어오면 장마진다'는 등 개구리와 비에 얽힌 속담이 많다. 이것 역시 개구리의 피부가 습도에 민감하기 때문에 생겨난 말이다.

그러면 용으로는 어떻게 기우제를 지냈을까? 용이 실제로는 없으니까 용을 흙으로 빚거나 그림으로 그려서 사용했다. 흙으로 만든 용을 가지고 지내는 기우제가 토룡제(土龍祭), 그림으로 그린 용을 가지고 지내는 기우제가 화룡제(畫龍祭)였다. 이렇게 용을 매개체로 사용한 것은 용이 비구름을 자유롭게 다스려서 비를 오게 한다고 믿었기 때문이다.

『주역(周易)』의 「건괘 문언전(乾卦 文言傳)」에 보면 공자가 한 말 중에 "물은 젖은 땅에 흐르고 불은 건조한 곳으로 번지며[水流濕 火就燥], 구름은 용을 따르고 바람은 범을 따른다[雲從龍 風從虎]"라는 구절이 있다. 비가 오려면 반드시 구름이 있어야 하기에 구름이 따르는 용을 자극함으로써 비가 오게 만드는 것이다.

중국에서 정월 초하루나 정월 대보름에 추는 용춤도 본래는 인간 세상의 강우(降雨)를 좌지우지한다고 믿는 용으로 하여금 비를 충분히 내리게 하여 풍년을 이루도록 기원하는 민속춤이다.

원래 토룡제는 비를 내리게 하는 용이 게으름을 피우고 움직이지 않아서 가뭄이 온 것이라고 생각해, 토룡을 땡볕에 내놓고 채찍으로 매질하는 등 가학적인 방법으로 행해졌다. 폭무 기우와 같은 발상에서 생겨난 것이다. 이러한 방법의 토룡제는 영조 때 신성 모독이라 하여 공식적으로 금지된다.

토룡기우제는 2, 3일 간격으로 동방→남방→중앙→서방→북방의 오방(五方)을 차례대로 오가며 지냈다. 오방토룡제의 동방은 홍인문 밖 선농단 곁, 남방은 한강 북쪽, 중앙은 현재의 종각 옆, 서방은 양화도 부근, 북방은 북교 여단(厲壇) 근처에서 행해졌다. 여단은 돌림병을 예방하기 위해 주인이 없는 외로운 혼령을 국가에서 제사 지내던 제단으로, 폐지된 지 오래되어 현재 정확한 위치는 알 수 없다.

한편 화룡제는 양진(楊津;현재의 광나루)이나 저자도(楮子島;서울의 금호동과 옥수동 부근의 한강에 있던 모래섬으로 지금은 없다) 등의 물속에 용 그림을 넣고 지냈다. 화룡제는 신라 진평왕(眞平王) 때에도 지냈다는 기록이 남아 있다. 조선 태종 때에는 짚을 엮어서 만든 용으로 머리가 아홉인 초룡(草龍)을 이용하여 기우제를 지내기도 했다.

비를 비는 데에는 도마뱀과 용에 이어 호랑이 머리를 물에 빠뜨리는 호두기우제(虎頭祈雨祭)까지 등장한다. 용이 산다고 믿는 장소에 호랑이 머리를 집어넣어 말 그대로 용호상박(龍虎相搏)의 적대적인 분위기를 조성하면, 잠연해 있던 용이 놀라움과 분노로 용솟음치는데, 이때 구름과 함께 비바람이 생겨 비가 온다는 것이다.

당시 호두기우제가 거행된 장소는 주로 한강이었는데, 후에는 개성의 박연(朴淵)에서도 거행되었다. 세종은 호두기우를 양화나루(楊花津;서울 마포 서남쪽 잠두봉 아래에 있던 조선 시대의 나루) 외에 지방의 용이 있다는 곳에서도 행하도록 했다. 나중에는 용이 있다고 해서 용자가 붙은 각 지방의 용지·용연·용소·용추·용택(龍池·龍淵·龍沼·龍湫·龍澤) 등지에서도 행해졌다. 이 호두기우제는 20세기 초엽까지도 지방의 용추에서 행한 사례가 있다.

침호두(沈虎頭) 기우제를 지낼 때 호랑이 머리를 적기에 구하는 것은 그리 쉬운 일이 아니었다. 지금처럼 냉장 시설이 있었던 것도 아니기 때문에 때로는 상한 호랑이 머리를 제물로 써 비난이 일자 멧돼지를 쓰기도 했다.

그러면 이렇게 다양한 형태의 기우제는 어떤 순서로 행했을까? 조선 숙종 30년(1704)에 예조 판서 민진후(閔鎭厚)가 임금의 명을 받들어서 대신들과 의논한 후 기우제의 차례를 정하였는데, 그 내용이 『서운관지』「식례(式例)」편에 상세히 기록되어 있다.

처음에는 삼각산, 목멱산(木覓山;지금의 서울 남산)과 한강에서 지낸다. 두 번째는 용산강과 저자도에서 지내며, 세 번째는 풍운뇌우산천단(風雲雷雨山川壇;바람·구름·번개·비의 신과 산천신, 성황신을 함께 봉안한 제단으로 남쪽 교외에 있었다)과 우사단에서 지낸다. 네 번째는 사직단과 북쪽 교외에서 지내며, 다섯 번째는 종묘에서 지낸다. 여섯 번째는 삼각산, 목멱산에서 다시 지내고 한강에서는 호두기우제를 지낸다. 일곱 번째는 용산강과 저자도에서 또 한 번 지내며, 여덟 번째는 풍운뇌우산천단과 우사단에서도 한 번 더 지낸다. 아홉 번째는 북쪽 교외에서 또 지내고, 모화관의 못 가에서는 도마뱀 기우제를 지낸다. 열 번째는 사직단에서 다시 한 번 더 지내고, 경회루의 못 가에서는 도마뱀 기우를 한다. 열한 번째는 종묘에서 또 지내고, 춘당대의 못 가에서는 도마뱀 기우제를 한 번 더 지낸다. 이때 도성의 남문은 닫고 북문을 열며, 저자를 옮긴다. 열두 번째는 오방토룡제를 지낸다.[8]

오방토룡 기우제를 지내도 비가 오지 않으면, 남문을 닫고 그 밖에다 물을 가져다 놓고서는 북문을 열고 사람의 뼈를 묻는다. 그래도 비가 오

---

8 성주덕 편저/이면우·허윤섭·박권수 역주, 『서운관지』, 소명출판, 2003.04., pp159-160

지 않으면 무당을 시켜 뙤약볕에서 비를 빌게 하고, 그래도 비가 오지 않으면 신산(神山)에다 섶을 쌓아 놓고 북을 치면서 불태웠다. 나라에서 정한 기우 절차만 보더라도 임금을 비롯해 모든 사람들이 가뭄에 얼마나 마음을 졸이고 기우제에 목맸는지 알 수 있다. 비만 불러온다면 못할 것이 없었던 것이다.

용의 눈물, 태종우(太宗雨)

태종은 집권과 왕권 강화 과정에서 두 차례의 왕자의 난 등으로 많은 희생이 뒤따랐기 때문에, 가뭄 등 천재지변에 극히 예민했고 신하들 앞에서도 수시로 눈물을 흘린 군주였다.

조선 왕조의 임금 중 가뭄 때문에 가장 많이 눈물을 흘린 왕이 태종이었다. 특히 태종은 가뭄이 들면 좌우 신하들에게 하늘이 비를 내리지 않는 것은 오직 자신이 우매하기 때문이라고 자책하며 눈물을 흘렸는데, 이때 좌우의 신하들은 황공해하면서도 임금의 모습에 감동하여 같이 눈물을 흘렸다고 한다.

한번은 태종이 가뭄 때문에 지신사(知申事;도승지) 조말생(趙末生) 등을 불러 의견을 구하면서 처음부터 끝까지 목소리를 높여 울었다. 얼마나 구슬프게 울었던지 눈물과 콧물 범벅이 되어 말도 제대로 하지 못할 정도였다고 한다.

그러했던 태종은 죽은 후에도 가뭄 때에는 눈물을 흘려 백성들을 기쁘게 했다. 이에 대한 기록이 조선 말기의 문신 이유원(李裕元)이 쓴『임하필기(林下筆記)』의「문헌지장편(文獻指掌編)」에 나온다. 태종이 만년에 노쇠하여 앞날이 얼마 남지 않았을 무렵이다. 날씨가 오래 가물어서 전국 각지의 거의 모든 산천에서 기우제를 지냈으나 비는 오지 않았다. 상왕이었던 태종이 이를 근심하여 걱정이 태산 같은 세종을 달랜다.

> "날씨가 이와 같이 가무니 백성들이 장차 어떻게 산단 말인가. 내가 마땅히 하늘에 올라가서 이를 고하여 즉시 단비를 버리게 하겠다."[9]

자신의 죽음을 예견했던 것인지 이튿날 태종이 승하했다. 그러고는 그의 말처럼 경기 일원에 큰비가 내려 마침내 풍년이 들었다.

이후로 매년 이날이 되면 반드시 비가 오자 사람들이 이 비를 '태종우'라 불렀다.[10] 태종이 가뭄에 얼마나 한이 맺혔으면 죽어서도 눈물을 흘렸을까. 그로부터 매년 태종이 붕어(崩御)한 음력 5월 10일이 되면 태종우가 내리고, 농부들은 그 비를 바라보면서 어진 태종에게 감사를 드렸다고 한다.

어느 해에는 봄부터 여름까지 비가 한 방울도 내리지 않다가 5월 10일이 되자 기다리던 태종우가 새벽부터 저녁까지 내렸다. 이조 판서 겸 대제학의 벼슬을 지냈던 정경세(鄭經世)는 해갈의 기쁨과 태종에 대한 고

---

9   이유원,「태종우」, 문헌지장편, 임하필기(제16권),『한국고전종합DB』, 한국고전번역원

10 이유원,「태종우」, 문헌지장편, 임하필기(제16권),『한국고전종합DB』, 한국고전번역원

마음을 글로 남겼는데, 이 글은 그의 문집인 『우복집(愚伏集)』에 수록되어 있다.

"금년에는 봄부터 비가 오지 않아 여름철에 들어서 더욱더 가뭄이 심하였는데, 5월 10일에야 새벽부터 저녁까지 단비가 내렸다. 이는 바로 세속에서 말하는 태종우이다. 이에 느낌이 있어서 시를 지어 기쁨을 표한다."

돌아가신 뒤에도 은택 흐르니 / 沒世猶流澤

아아 그 큰 은혜를 잊을 수 없네 / 於戲不可諼

해마다 이날에는 비가 내리니 / 年年是日雨

방울방울 모두가 다 님의 은혜네 / 點點聖王恩

죽은 풀들 누런 빛깔 깨끗이 씻고 / 淨洗芸黃色

메말라서 죽은 혼을 소생케 하네 / 昭蘇暍死魂

새벽녘에 사방 들판 바라다보니 / 星言觀四野

온 천지에 기쁜 기운 충만하구나 / 喜氣滿乾坤[11]

그 후에도 가뭄이 극심해지면 그때마다 농부들이 태종의 능인 헌릉(獻陵)을 가리키며, "우리 대왕께서 어찌 우리를 돌보지 않겠는가?"하고 스스로를 달래면 반드시 5월 10일에 태종우가 내렸다고 한다. 2백여 년이나 지난 선조(宣祖) 때에 이날이 되었는데도 비가 내리지 않자, 태종우에

---

11   정경세, 「제2권/시(詩)」, 우복집, 『한국고전종합DB』, 한국고전번역원

I. 임금을 가르친 하늘   49

대하여 아는 사람들은 이를 몰래 근심했다고도 한다. 이방원의 집권 과정을 그린 대하사극의 제목이 '용의 눈물'이었던 것은 태종우를 의미하는 것이기도 하리라.

부산의 풍광 수려한 태종대에도 태종의 흔적이 보인다. 태종대의 안내 표지판을 보면 태종대라는 이름의 유래는 두 가지가 전해 내려온다고 한다. 하나는 신라의 태종 무열왕(武烈王)이 이곳에 와 활을 쏘아서 태종대라 했다는 것이고, 다른 하나는 조선 태종이 하늘에 빌어 비가 내린 것을 본받아 동래 부사가 가뭄이 들 때마다 이곳에서 기우제를 올렸기에 이름을 태종대로 했다는 것이다.

어쨌거나 태종은 비에 관해 여러 일화를 남겼는데, 이는 태종이 가뭄에 얼마나 가슴 졸이고 애를 태웠는지 잘 나타내 주는 것이다.

조선 시대에는 '태종우' 외에 어사가 다녀간 후 단비가 내린 것을 계기로 '어사우(御使雨)'라는 말도 쓰였다. 어사우란 당나라 때 극심한 가뭄이 들었는데, 감찰어사 안진경(顔眞卿)이 옥사(獄事)의 원한을 풀어 주자 비가 내렸다는 고사에서 유래했다. 지방 수령들로부터 핍박받던 백성들에게 암행어사는 그야말로 단비와 같았을 테니 말이다.

성종 13년(1482) 7월 4일, 날이 가물자 형조 판서와 공조 판서, 지중추부사를 역임한 성임(成任)이라는 신하가 성종에게 진언한다. "마땅히 억울한 일들을 심리하여 사람들의 바라는 마음을 위로해야 합니다." 이때 성임이 임금에게 사례로 제시한 것이 어사우였다.

우리 역사를 바꾼 조선의 하늘, 그 비밀코드로의 시간여행

가뭄 후 단비가 오자 어의(御衣)까지 벗어 준 임금

가뭄 끝에 그렇게 고대하던 비가 내리면 뭇 백성들은 '비가 내린다'고 하지않고 기쁜 마음으로 '비가 오신다'고 했다. 고마운 나머지 비에 대해 경칭까지 쓴 것이다. 이 표현은 근래에도 일부에서 사용하기도 하는데, 국립국어원에서는 '비'를 높여서 표현하는 것이라면 문법적으로 문제가 없다고 했다.

그러면 가슴 졸이던 임금들은 어떻게 반응했을까? 고려 문종(文宗)은 오랜 가뭄 끝에 큰비가 내리자 사면령을 내리고, 얼마나 기뻤던지 개경과 서경에 근무하는 모든 관리들의 직급을 한 등급씩 올려 주었다. 파격적인 조치였다. 승급에서 제외된 대부분의 지방 공무원들은 매우 섭섭했겠지만 승진한 개경과 서경의 공무원들은 얼마나 기뻤으랴. 단비가 가뭄에 타들어 가던 논과 밭만 적신 것이 아니다. 승급 적체에 답답해했던 관리들의 가슴도 적신 것이다.

세종 7년(1425), 가뭄이 계속되자 농민의 삶을 살피기 위해 임금이 서쪽 교외(郊外)로 나왔다가 둘째 형인 효령대군의 새 정자에 올랐다. 그때 마침 비가 내려 온 들판을 흡족하게 적시자 세종은 기뻐하면서 정자 이름을 희우정(喜雨亭)이라 지어 주었다. 나중에 성종의 형인 월산대군이 이 정자를 물려받아 개수하고 이름을 망원정(望遠亭)으로 고쳤다. 지금의 마포구 망원동 이름은 이 망원정에서 유래한 것이다.

한편 세조(世祖)는 가뭄 끝에 하루 종일 비가 내리자 너무 기쁜 나머지 우의를 입고 후원(後苑)을 산보하기도 하고, 영조는 자극문(紫極門)에 나가 비를 맞으면서 한참 동안 엎드려 있다가 돌아오기도 했다. 가슴 졸이던 임금들의 마음이 단비에 얼마큼 안도했는지 알 만하다.

가뭄 후에 단비가 내리면 조정에서는 무엇보다도 비를 내려 준 천신 (天神)에게 보답하기 위해, 기우제를 지냈던 곳에서 감사의 제사인 보사 제(報祀祭)를 지냈다. 보사제는 원래 토룡과 화룡 기우제를 지낸 뒤 3일 안에 비가 충분히 오면 길일을 택해 지냈는데, 수퇘지를 잡아 천신의 은 혜에 감사를 드렸다.

이와 함께 임금은 기우제에 참여한 헌관과 행향사(行香使:임금의 명을 받 고 종묘나 능소 등에 향을 가지고 가서 분향하던 신하)들에게 말이나 활, 쌀 또는 면포 등을 하사했다.

그런데 임금이 주는 포상을 거절한 신하가 있었으니 조선 숙종 때의 좌의정 남구만(南九萬)이었다. 그는 비 오기를 빌고 받은 상이 너무 과하 다며 사양한 것이다. 우리가 익히 아는 그 유명한 시조가 남구만의 작품 이다.

"동창이 밝았느냐 노고지리 우지진다. 소치는 아이는 상기 아니 일었 느냐 재 너머 사래 긴 밭을 언제 갈려 하나니"

남구만은 숙종 13년(1687) 영의정에 올랐다. 『조선왕조실록』의 사관들 은 남구만의 졸기(卒記:돌아가신 분에 대한 마지막 평가)에 이렇게 기록했다. "남 구만은 젊어서부터 문재(文才)가 있었고, 필법(筆法)도 또한 공교하고 아 름다웠다."

임금은 기우제에 공이 있는 신하에게 선물만 내려준 것이 아니다. 이 름까지 하사했다. 『임하필기』의 「문헌지장편」에 이러한 내용이 기록으로 남아 있다. 조선 태종 때 김을보(金乙寶)라는 신하가 있었는데, 그는 가뭄이 들 때 자주 왕명을 받아 기우제를 주관했다. 그런데 그 때마다 비가 내리자 태종은 그에게 승주(承霔)라는 이름을 내려 주었다.[12] 주(霔)는 '장마'나 '때맞추어 오는 비' 그리고 승(承)은 '받들다, 받아들이다'의 뜻을 가지고 있다. 따라서 승주는 '때맞추어 오는 비를 받든다'는 의미이다. 태종이 딱 맞는 이름을 하사한 것이다. 김승주는 무장 출신으로 조선의 개국공신이었으며, '평양부원군(平壤府院君)'의 작호를 받았다.

임금은 신하들에게 술도 내려 주었는데 조선 성종은 고기까지 하사하며 각자 취하도록 마시고 즐기라고까지 했다.

어디 그뿐인가, 성종은 단비가 내리면 본인이 직접 시를 짓거나 신하들에게 짓게 했다. 승정원 승지들이나 입직한 신하들에게 희우시(喜雨詩)를 내려 주고 화답시를 올리도록 하거나, 때로는 각각 시우시(時雨詩)를 지어서 올리도록 하고 선온(宣醞;임금이 신하에게 내리던 술)을 하사했다. 시를 지은 신하에게는 면포나 신발이 보답으로 주어졌다. 성종이 희우시를 좋아하다 보니 나중에는 장마가 져 홍수 피해가 막심하게 났는데도 희우시를 지어 임금에게 바치는 아첨꾼까지 생겨나기도 했는데, 그는 결국 파직되고 만다.

성종의 '단비 이벤트'는 다양했다. 가뭄 해갈이 되면 기쁜 나머지 기우제를 지낸 헌관에게 입고 있던 자신의 옷을 벗어 주기까지 한 것이다.

---

12   이유원, 「이름을 휘(諱)하다」, 문헌지장편, 임하필기(제18권), 『한국고전종합DB』, 한국고전번역원

기우제를 주관한 청성군(淸城君) 한치형(韓致亨)에게 청사탑호(靑紗搭胡;상의의 맨 위에 입는 소매가 없거나 아주 짧은 겉옷으로 푸른 비단으로 만든 것)와 백저포철릭[白苧布帖裏;무관이 입던 흰 모시 공복(公服)]을 하사하면서 한치형의 노고를 치하했다. 그러면서 한치형에게 건넨 말은 "옷을 벗어 주니 경은 더럽게 여기지 말라"였다.

한편 영조는 가뭄이 이어지자 건명문(建明門)에 작은 악차(幄次;임금이 거둥할 때 잠깐 쉴 수 있도록 친 장막)를 설치하게 하고, 밤새도록 비를 빌었다. 그때 마침 비가 오자 영조는 신하들에게 한 가지 약속을 한다. "수표교(水標橋)에 만약 물이 한 자만 넘으면 삼대(三對)를 하고자 한다." 요즘 말로 희망사항이 이루어지면 이벤트를 한다고 한 것이다.

삼대는 소대, 야대, 차대를 말하는데, 소대(召對)는 임금이 아무 때나 신하들을 불러 경전에 대해 물어보거나 국정에 대한 의견을 듣는 것이고, 야대(夜對)는 임금이 밤중에 신하를 불러 경연을 행하던 것이며, 차대(次對)는 매달 여섯 차례씩 의정, 대간, 옥당(玉堂;홍문관의 부제학·교리·부교리·수찬·부수찬 등의 관리를 통틀어 이르는 말)들이 임금 앞에 나아가 정무를 보고하던 일이다.

단비가 오면 가뭄 기간 중에 행해졌던 임금의 감선(減膳;나라에 변고가 있을 때에, 임금이 몸소 근신하는 뜻으로 수라상의 음식 가짓수를 줄이던 일)이나 피전(避殿;재이가 있을 때 임금이 궁전을 떠나 행궁이나 농장이 딸린 별장에 머물던 일) 등을 회복시켰다. 또한 금주령·시장 이전·남문을 닫고 북문을 연 것 그리고 인정(人定)과 파루(罷漏)에 북을 못 치게 한 것 등의 금지사항을 해제했다.

인정은 밤 10시에 스물여덟 번의 종을 쳐서 도성의 여덟 개 문 즉 4대

우리 역사를 바꾼 조선의 하늘, 그 비밀코드로의 시간여행

문과 4소문을 닫고 통행을 금지시키면서, 순라가 순찰을 돌기 시작하는 것을 말한다. 파루는 새벽 4시에 서른세 번의 종을 쳐서 닫혔던 도성의 8개 문을 열고 통행금지를 해제하는 것을 뜻한다. 원래는 파루 때 북을 쳤으나 나중에 종을 치는 것으로 바뀌었다.

3

임금을 떨게 만든 해의 변괴

왕위에 대한 흉조, 일식(日蝕)

옛사람들은 일식이나 혜성 출현 등의 천문 현상을 인간에게 무엇인가를 알려주는 하늘의 경고로 받아들였다. 아울러 '군자의 과오는 일식이나 월식과 같아 과오가 있을 때는 모두 보게 되고, 고치면 사람들이 우러러본다'고 생각했을 정도로 일식과 월식을 임금의 정치에 대한 판단 지표로도 생각했다.

특히 태양을 군주의 상징으로 여겼기에 천문 지식이 부족했던 먼 옛날은 말할 것도 없고, 역법을 이용해 일식 예측이 가능해진 시대에 들어서도 일식을 임금의 안위 등과 연관 지어서 큰 재변으로 생각했다. 하다 못해 해를 관측하는 것조차도 임금을 염탐하는 불경스러운 행위로까지 여길 정도였다. 그러니 개기일식은 어떠했으랴.

해는 양(陽)의 정기(精氣)고 달은 음(陰)의 정기다. 군신(君臣)으로 말하면 임금은 양이요 신하는 음이며, 군자와 소인으로 말하면 군자는 양이요

소인은 음이라 생각했다. 따라서 양이 음을 이기는 것은 큰 문제가 아니나 음이 양에 항거하는 것은 말이 안 되므로, 중국의 역사서 『춘추(春秋)』에서는 월식은 기록조차 하지 않았으니 일식만큼은 반드시 기록했다.

일식과 월식은 지역이나 시기에 따라 차이는 있을지언정 동서고금을 떠나 두려움의 대상이었다. 고대 그리스에서는 일식이나 월식을 제우스 신의 뜻을 보여 주는 불길한 징조로 생각했고, 기원전 6세기에 이란의 고대 왕국인 메디아와 터키에 있었던 리디아 사이에 벌어진 전쟁은 6년이나 끌다가 개기일식이 발생하자 신의 저주로 생각하고 즉시 전쟁을 끝냈다.

우리의 경우 일식과 월식이 예보된 시점이 되면 임금들은 무엇보다도 그 원인을 자신의 책임으로 돌리고 반성부터 했다. 아울러 정전을 피해서 정사를 보았고 사형의 판결 및 집행과 짐승의 도살을 금지했으며, 역사(役事)와 시장도 정지시켰다. 임금들이 이렇게 처신한 것은 '일식에는 덕행을 닦아야 하고, 월식에는 형벌을 잘 처리해야 한다'고 하는 옛말을 의식했기 때문이었다.

특히 고려 시대에는 죄수들에 대해 각별한 조치를 취했다. 일월식(日月蝕)이 예측되면 팔관회와 같은 국가 중요 행사도 날짜를 변경했고, 조정에서는 억울하게 수감된 죄수들이 없는지 재심사했다. 우왕은 월식 때에도 교수형과 참형 이외의 죄수들을 사면하기도 했다.

조선 왕조에 들어서면 조치 사항들이 확대된다. 일월식이 예상되면 임금이 이기(御駕)를 옮기는 일도 많겠고, 사신을 위한 연회에서 음악 사용과 송별 인사도 자제했다.

그러면 일식과 월식을 항상 부정적 시각에서만 보았을까? 일식은 왕과 직결된다고 믿었기에 그렇다고 해도, 월식은 중국과 마찬가지로 우리나라에서도 경우에 따라서는 나쁘게만 생각한 것은 아닌 듯하다.

조선 시대 풍속화의 대가인 혜원(蕙園) 신윤복(申潤福)의 그림 중 '월하정인(月下情人)'이라는 작품이 있다. '달 아래의 연인'이라는 제목이 말해 주듯이 달빛이 희미하게 비추는 밤, 길모퉁이 담벼락 옆에서 사랑하는 두 남녀가 남이 볼세라 은밀히 만나는 장면이 그려져 있다.

그림 가운데에는 "월침침 야삼경 양인심사양인지(月沈沈 夜三更 兩人心事兩人知)"라고 쓰여 있다. '달도 침침한 깊은 밤, 두 사람의 마음은 두 사람만이 알지요.' 그중 눈길을 끄는 대목은 '월침침 야삼경' 여섯 글자다. 야삼경이면 자시(子時)로 밤 12시를 전후한 시각이다. 통금 시간인 데다 그야말로 한밤중이다.

여기서 '월침침'이라는 표현의 배경으로 그려진 달은 그동안 초승달이 잘못 그려진 것이라고 여겨져 왔다. 그런데 ㈜천문우주기획의 대표이자 충주고구려천문과학관 관장인 이태형 박사는 '월하정인' 그림 속의 달은 윗면이 볼록하게 그려진 것으로 볼 때 부분 월식이라고 말한다. 초승달은 오른쪽이 둥근 눈썹 모양이고, 그믐달은 왼쪽이 둥글기 때문이다.

이태형 관장은 신윤복이 26세였을 때인 1784년 8월 30일과 35세였던 1793년(정조 17년) 8월 21일에 각각 부분 월식이 있었는데, 기록을 보면 1784년에는 8월 29일부터 31일까지 서울 지역에 3일 동안 계속 비가 내려 월식을 관측할 수 없었으나, 1793년 8월 21일(음 7월 15일)에는 오후까지 비가 오다 그쳐서 월식을 관측할 수 있었다고 밝히고 있다. 그러니까

'월하정인' 속의 달을 1793년 8월 21일 밤 11시에서 8월 22일 새벽 1시 사이에 일어난 부분 월식으로 분석한 것이다.

이태형 관장은 『승정원일기』에 그날 밤 2경에서 4경까지 월식이 있었다고 명확히 기록되어 있는 것 역시 확인하고, 신윤복이 실제로 월식 상태의 달을 보고 그림을 그렸다고 추정하고 있다.[13] 아마도 신윤복은 감춰진 달을 보고 두 남녀의 감추고픈 사랑을 그렸던 것은 아니었을까? 아무튼 월식이 남녀 간의 애틋한 사랑을 담은 로맨틱한 그림 속에 표현된 것이다.

일월식은 언제 예측하고 어떻게 보고했을까?

해는 임금의 상징으로 여겨졌기 때문에 역사서에는 일식을 포함한 해에 대한 관찰 기록이 매우 상세하다. 일식의 경우는 시작 및 원상 회복 시각은 물론, 해가 먹혀들어 갔다가 다시 살아나는 방위까지도 세밀하게 관찰하여 기록했다.

우리나라의 일월식 기록은 고구려, 백제 때에도 중국과 일본에 비해 더 정확했다는 것이 역사서에 기록될 정도로 세계 최고 수준이었다. 세종 대에 이르러서는 세계에서 일식과 월식을 제대로 예측할 수 있을 정

---

13 이태형, 「신윤복 그림 '월하정인' 속 데이트 시각은?」, 과학향기(제1413호), 한국과학기술정보연구원(KISTI)

도의 천문학 수준을 가진 나라는 조선을 비롯하여 중국과 아랍뿐이었다.

그렇다면 일식과 월식의 예측은 어떻게 했을까? 일식 예측은 신라 때에도 했었으나 틀린 날도 있었고, 고려 시대에도 예측한 날에 일식이 일어나지 않거나 구름 때문에 관측되지 않기도 했다.

고려는 송나라와 요나라의 책력(冊曆)을 받아서 사용하는 한편, 독자적으로 역법을 연구하여 편찬했을 정도의 과학적 수준을 갖고 있었다. 그럼에도 현종(顯宗) 때부터는 중국의 일진(日辰) 표시가 고려와 다른 경우가 종종 발생하자 일식과 월식을 독자적으로 예측했다. 고려 말에는 원나라에서 일식 예정일을 알려 왔는데, 지리적 위치의 차이 등으로 일식이 관측되지 않은 경우도 많았다.

조선 왕조에 들어서면서 일월식의 예측 업무 절차가 까다로워지고 예측 오류 시의 처벌도 강화된다. 그러면 일월식 예측에 있어 가장 중요한 것은 무엇이었을까? 뭐니 뭐니 해도 정확성이었다. 일월식 예보관들의 목숨까지 달려 있었기 때문이다. 그러나 그에 못지않게 관상감에서 신경을 곤두세워야 할 사항은 임금에 대한 보고 시한이었다.

관상감에서는 매년 정월에 일월식술자(日月食述者)로 하여금 이듬해 열두 달 동안의 일식과 월식 시점을 미리 계산토록 했다. 그러니까 1년 전에 일월식 예측을 시작하는 것이다. 일월식술자는 관상감의 천문 분야 관원 중 일월식 담당 예보관이었다.

그 결과 일식이나 월식이 예측되면 다른 수술관(修述官;관상감에 속한 종9품 벼슬로 음양과 급제자 중에서 선발했다)들과 함께 추가 정밀 검토에 들어갔다. 여기서 중요한 것은 임금에 대한 보고 데드라인. 반드시 일월식이 일어나기 다섯 달 전까지 일월식의 정도, 일월식 시각과 방위에 대한 검산을 마쳐야 했다. 만약 정해진 기한 내에 맡은 일을 마치지 못하면 처벌을 피할 수 없었다. 내용인 즉 임금은 일월식에 대하여 최소한 5개월 전부터 마음의 준비를 해야 한다는 뜻이리라.

그러면 예측 결과는 어떻게 보고했을까? 일월식 예측에 대한 계산이 끝나면 일월식술자가 식(蝕)이 있을 날짜・시각과 식의 방위 및 식의 정도를 적어 임금에게 보고했다. 그런 다음 중국 예부(禮部)의 자문(咨文;조선 시대에 중국과 외교적인 교섭, 통보 및 조치할 일이 있을 때 주고받던 공식 외교 문서)으로 검증했다. 청나라의 예부에서는 1721년부터 일월식을 예보하는 자문을 보내왔으며, 그것이 조선에 도착하는 시기는 대략 일월식이 발생하기 3개월 전쯤이었다.

조선 왕조에서는 세종과 정조만큼 일식과 월식에 대하여 마음을 둔 임금이 없었다. 세종은 일월식 시점에는 사형은 물론이고 태형 및 장형에 해당하는 가벼운 죄일지라도 보고조차 일체 못 하게 하였을 정도로 일월식을 엄중히 생각했다.

조선 왕조에서 형벌은 태(笞)・장(杖)・도(徒)・유(流)・사(死)의 다섯 가지가 있었다. 태형은 주로 경범죄에 대하여 볼기를 치는 형벌로서 10대에서 50대까지 5등급이 있었는데 오형(五刑) 중에서 가장 가벼운 형벌이었다. 장형은 태형보다는 중한 형벌로 역시 장 60대에서 100대까지 5등급이 있었다. 태와 장은 둘 다 가시나무로 만든 몽둥이로, 가는 것이 태이고 굵은 것이 장이다.

한편 도형은 강제노역 형벌로 1년에서 3년까지 5등급으로 되어 있었으며, 유형은 도형보다 무거운 형벌로 서정배 또는 귀양이라고도 한다. 먼 섬이나 벽지의 배소(配所;유배지)에 거주를 제한하는 형벌로서, 유 2,000리 · 유 2,500리 · 유 3,000리의 3종이 있었으며 속형(贖刑;돈을 바쳐 형벌을 면함)이 허용되었다.

마지막으로 사형은 오형 중에 가장 무거운 형벌로 교(絞)와 참(斬)의 두 종류가 있었는데, 참형이 교형보다 더 무거운 형벌이었다. 교는 목을 죄어 질식시켜 죽이는 형벌이고, 참은 형칼이나 도끼로 목을 베어 죽이는 형벌이다. 이 외에 사람의 팔과 다리를 각각 다른 수레에 묶고 그 수레를 반대 방향으로 끌어서 찢어 죽이는 환열형(轘裂刑, 거열형(車裂刑)이라고도 한다), 죄인이 살아 있는 상태에서 사지를 하나씩 베어 내고 마지막에 목을 베어서 여섯 토막을 내어 죽이는 가장 잔인한 형벌인 능지처사(陵遲處死, 좌참(剉斬) 또는 지해(支解)라고도 한다) 그리고 사사(賜死) 등이 있었다. 사사는 죄인에게 독약을 하사하여 강제로 마시게 함으로써 생명을 끊게 하는 형벌로 그 독약을 사약이라고 한다.[14]

세종은 이러한 형벌 관련 업무에 대한 보고 중지 외에도 예측된 시각은 물론 실제 일월식의 시작 및 복구 시각까지 모두 기록하여 바치게 하고 뒷날의 고찰에 대비토록 했다. 일월식은 관측 내용뿐만 아니라 관측한 형상까지 그림으로 그려서 임금에게 보고하게 할 정도였다.

정조 또한 세종 못지않은 군주였다. 정조는 어느 해 관상감 제조를 파직시키고, 후일에도 관직 복귀를 영구히 금지시킨다. 그 이유는 일식과

---

14 박병호, 「형벌」, 『한국민족문화대백과사전』, 한국학중앙연구원

월식의 발생일을 5개월 전까지 보고하도록 되어 있었는데, 그가 깜빡 잊었다고 하면서 3개월 전에야 보고하였기 때문이다.

이렇게 일월식에 대해 임금들이 크나큰 관심을 가지다 보니 일월식을 관측하는 것도 유별났다. 일식과 월식이 궁궐 내 정원과 같은 평지에서 육안으로 살피기 어렵거나 하늘가에서 나타날 경우에는 으레 북악산이나 삼각산 꼭대기, 금강산 일출봉 등 높은 곳에 관상감 관원이 직접 올라가서 관측하게 했다.

특히 월식의 경우에는 관상감의 감관(監官) 2명이 남산에 올라가서 하늘을 바라보다가 달이 뜰 때에 만약 일그러진 형상이 있으면, 불화살(火箭)을 쏘아 올리거나 불을 피워 구식(救蝕)의 판단 기준으로 삼았다. 구식은 일월식 현상이 빨리 해소되기를 바라며 드리는 제사 의식이었다.

세종은 더없이 철두철미했다. 예측했던 일식이 발생하지 않으면 서운관 관원에게 명하여 종일토록 관측하게 했다. 날씨가 흐려 일식·월식을 보지 못했을 땐 중국이나 일본에 가는 사신이 돌아올 때에 반드시 일월식의 발생 유무를 묻고, 지방의 각 고을에도 또한 공문을 보내 반드시 확인하게 할 정도였다.

구름 때문에 사형에 처해질 뻔했던 천문 관원

일월식을 이렇게 중하게 생각하다 보니 조정에서는 일월식에 대한 예측이 빗나가면 해당 천문 관원을 직위 해제 시키거나 파면하는 등 엄히 문책했다. 심한 경우에는 사형에 처하기도 했다.

그러나 고려 초기에는 예측이 틀려 일식이 발생하지 않았거나 일어났더라도 구름이 끼어 관측이 어려웠던 경우, 일관에 대한 질책은 전혀 하지 않고 오히려 신하들이 임금에게 하례하였다. 임금을 상징하는 해에 변고가 일어나지 않았으니 신하들로서는 당연히 축하할 일이었다. 그러니 일관에게 어떻게 벌을 내릴 수 있었겠는가.

그러나 예측하지 못했던 일식이 발생하면 일관은 한때는 사형을 피할 수 없었다. 이는 해가 관념적으로 왕을 상징하는 상황에서 왕이 정전 이외의 장소에서 집무하거나 구식제(救蝕祭) 준비 등의 사전 조치를 취할 수 없었기 때문에 일관에게 막중한 책임을 물은 것이다.

그러면 일식이 있었다 하더라도 장소에 따라 관측되지 않을 수도 있는데, 그때는 일관들이 무사했을까?

공민왕(恭愍王) 때의 일이다. 일식이 예측된 날 사천대(司天臺;고려 시대 천문·역수·측후·각루의 일을 관장하던 관청)의 일관이 "일식이 마땅히 일어났을 것이나 마침 날이 흐려 보이지 않았다"라고 보고했다. 그러자 고려 시대 관리를 감찰하고 풍기를 단속하던 기관으로 오늘날의 감사원 격인 어사대(御史臺)에서 가만있지 않았다.

어사대에서는 "일식이 실제 일어난 때보다 앞서 일어날 것이라고 예보한 자와 일식이 일어난 때보다 늦게 일어난다고 예보한 자는 사면하지 않고 죽였다"라고 하면서 일관을 사형에 처하라고 진언한다. 목숨이 경각에 달렸던 일관, 천만다행으로 지방에서 일식을 보았다는 사람 때문에 가까스로 죽음을 면한다. 전라도에서 어떤 사람이 일식을 보았다는 지방 수령의 보고가 있었기 때문이다.

세종은 일식 예보에 더욱 엄격했다. 세종 4년(1422)에 일식이 있었는데 예측한 시각과 1각, 즉 15분 차이가 났다. 세종은 일식 예측을 정밀하게 하지 못한 서운관 관리에게 곤장(棍杖;예전에 죄인의 볼기를 치던 형구 또는 그 형벌로서 형구는 버드나무로 넓적하고 길게 만들었다)을 치게 했다. 600년 전에 15분 차이면 그 당시의 과학 기술 수준으로 봤을 때는 거의 정확한 예측이 아니었을까 싶기도 하지만, 세종이 그만큼 일식을 중요시했다는 증거이기도 하다.

일월식 예측이 잘못되면 예보관의 생사가 갈릴 수도 있지만 맞았을 때는 포상이 뒤따랐다. 그런데 문제는 포상과 형벌이 임금에 따라 들쭉날쭉했다는 점이다. 『경국대전(經國大典;조선 시대 통치의 기준이 된 최고의 법전)』을 완성하고 복잡했던 기우 절차를 정립하는 등 불비한 규칙이나 절차를 정비하는 데는 일가견이 있었던 성종이 일월식의 예측과 관련하여 관상감 관원에 대한 상벌 규정을 직접 정했다. 일식 예측이 정확했던 사람에게는 상으로 어린 말을 주고, 월식 예측의 경우에는 명주 저고리와 같은 의복을 상으로 주기로 한 것이다.

그러면 막상 일식이나 월식이 일어날 때 임금은 무엇을 했을까? 임금은 구식제부터 지냈다. 구식제는 일식이나 월식이 있을 때 임금이 천담복(淺淡服;엷은 옥색의 제복(祭服))을 입고 해나 달을 향해 앉아서 해나 달이 다시 나오기를 기도드리는 것인데, 일식의 경우에는 해가 다시 완전히 둥글어진 때까지 정전이 월대(月臺;궁절 앞에 있는 섬돌)에서 기도했다.

이때 여러 신하들도 모두 좌우로 나누어 열을 서서 기도하는데, 좌우에 악기를 벌려 놓기는 하나 연주는 하지 않는다. 일식 때는 시작부터 끝날 때까지 북을 쳐서 양기를 돕고, 월식 때는 종을 쳐서 음기를 도왔다. 그 이유는 북은 양기이고 종은 음기이기 때문이다.

임금은 해가 없어지고 되살아나는 이 엄청난 광경을 무척이나 보고 싶어 했다. 그러나 직접 육안으로 볼 수가 없으니까 임금은 그릇에 담긴 물을 통해 간접적으로 일식을 관찰했다. 바람이 불어 물이 출렁일 때는 규일경(窺日鏡) 또는 규일영(窺日影)이라는 기구를 이용하여 해를 직접 바라보았다. 그러나 영조는 규일영을 통해 해를 직접 바라보는 것은 좋지 못한 무리들이 위를 엿보는 기상(氣象)이 되는 것이라고 하면서 규일영을 깨뜨리라고 명하기도 하였다.

구식에 참여하는 모든 관원은 정성을 다해야 했는데, 임금들은 이 점을 항상 중요하게 생각했다. 정조는 일식이 있는 날이면 사관(史官)을 각 기관에 보내 모든 관원들이 성의껏 구식제에 참여하는지 감찰했다. 하루는 중학(中學;한성부의 중부에 설치되어 유생들의 교육을 담당하던 관립학교)의 한 교수가 구식제에 나오지 않자 그를 즉시 파직했다. 하늘에 대한 제사에 정성이 부족한 관리들에 대해서는 엄격한 잣대를 적용한 것이다.

햇무리(日暈)와 달무리(月暈)

조선 왕조에서는 일월식만 중요시한 것이 아니다. 햇무리와 달무리 등 해와 달 주변의 이상현상도 색적(色赤;해나 달이 뜨거나 질 때 색이 붉은 것), 훈

〔暈;무지개 같은 기(氣)가 해나 달의 둘레에 둥그렇게 나타나는데, 안쪽은 붉고 바깥쪽은 푸른 것〕, 이(珥;해나 달의 곁에 기가 귀고리처럼 둥글게 맺힌 것), 관(冠;해나 달 위에 기가 있는데, '일(一)'자 모양이고 양끝이 아래로 굽은 것), 배(背;해나 달 위에 기가 있는데, '일(一)'자 모양이고 양끝이 위로 굽은 것), 포(抱;해나 달의 곁에 반훈(半暈) 모양의 기가 있는 것), 경(璚;해나 달의 곁에 기가 있는데, 이(珥)와 비슷하나 구멍이 있는 것), 극(戟;해나 달의 아래에 창을 바로 세운 것 같은 기가 있는 것), 이(履;해나 달 아래에 '일(一)'자 모양의 기가 있는 것)와 같이 세밀하게 구분 관측하여 기록했다.

임금들은 특히 햇무리를 가까이 있는 신하들이 반란을 일으키거나 모반하는 자가 있을 징후로 여겨 크게 두려워했다. 그래서 낮이나 밤이나 조선 8도 어디에서든 관측되는 대로 즉시 보고케 하였을 정도였다. 집권 과정이 순탄치 않았던 임금일수록 더욱 그러했다. 특히 즉위 초나 재난이 많은 시기에는 임금들이 일변(日變)에 더욱 예민해졌고, 어떤 때는 임금이 직접 일변을 관찰하기까지 했다.

태종과 중종, 두 임금 모두 집권 과정이 통상적인 것은 아니었다. 그래서였을까, 태종은 일관에게 엄한 명을 내린다. 햇무리와 달무리의 빛깔을 자세하게 살피고, 무지개까지도 색깔과 함께 나타난 방향을 아울러 보고토록 한 것이다.

중종도 해의 재변에 누구보다 민감했다. 하루는 함경도 관찰사가 덕원부사(德原府使)가 그린 햇무리 그림을 올리자 승정원에 내리면서 관상감에서 관측한 것과 같은지 확인까지 했다. 한번은 햇무리가 지고 양이(兩珥;두 개의 해무리)가 있었는데, 관상간에서 서면 보고만 하고 도형으로 그려서 보고하지는 않았다. 이에 중종은 지엄한 어명을 내린다. "해는 모든 양의 주종(主宗)으로 임금의 상징인데 이러한 해에 햇무리가 지고 양이 있는 것은 비상한 재변이므로, 햇무리가 지는 날마다 도형으로 그려 보고하라."

명종(明宗)은 한술 더 떠 천문의 형상을 실상에 가깝게 채색까지 하여 궁 안으로 들이라고까지 명했다.

흰 무지개가 해를 꿰뚫다

무지개를 의미하는 홍(虹)이라는 한자는 본래 '커다란 입에 뿔이 있고 머리가 두 개 달린 괴물'을 뜻한다. 그래서인지 옛사람들은 무지개를 용이 나타난 것으로 생각하고 무지개가 해를 꿰뚫는 것을 비상한 재변으로 간주했다. 이는 음이 양을 범한 큰 변고이므로 무지개, 특히 흰 무지개를 모든 재앙의 근원으로 여겼다.

'흰 무지개가 해를 꿴다'는 것은 해의 좌우에 흰 운기가 길게 뻗어 마치 흰 무지개가 해를 관통한 듯이 보이는 현상을 말한다.

흰 무지개가 해를 꿰뚫은 성변은 신라 효성왕(孝成王) 때에도 나타났는데, 이러한 현상을 정성이 하늘을 감동시킨 결과 나타난 것으로 보기도 하고, 한편으로는 흰 무지개가 전쟁의 상징이고 해는 임금을 가리키므로 임금에게 해가 미칠 징조로 풀이하기도 했다. 거의 모든 임금들은 후자로 생각했다.

흰 무지개가 해를 꿰뚫는 것이 얼마나 두려웠던지 조선 숙종은 이를 그림으로 그려 궁중에 걸어 두고 항상 경계를 단단히 했다. 한번은 흰 무지개가 해를 꿰뚫자 임금이 한탄하면서 오히려 신하들의 기강 확립을 촉구하는 계기로 활용하기도 했다.

> "아! 국세(國勢)의 불안함과 생민(生民)의 곤궁하고 초췌함과 조정의 기강이 쇠하여 떨치지 못하는 것이 오늘 같은 적은 없었다. 전번에 음홍(淫虹:상서롭지 못한 무지개)이 해를 꿰뚫는 이변이 몇 순(旬)안에 거듭 나타나 근심과 두려움이 갑절이나 더하고 온갖 감회가 가슴속에 교차하니, 차라리 깊은 잠에 들어 깨어나지 않았으면 한다. (중략) 조정은 사방의 근본인데도 당론(黨論:관리들이 붕당을 만들거나 여러 파로 갈리어 정치·사상적으로 대립하던 일)이 날로 심해져 안정될 기약이 없고, 문무백관들은 게으름에 빠져 한 사람도 그 직책을 다하는 자가 없으니, 이 버릇을 제거하지 않는다면 무슨 일을 할 수 있으랴. 아! 그대 대소 신료는 나의 지극한 뜻을 본받아 획연(劃然)히 다시 도모하여 나랏일에 전심하여 조금이라도 하늘의 견책에 답하도록 하라."[15]

흰 무지개가 해를 꿰뚫는 변이 나타나면 신하들은 임금에게 시정(施政)의 잘못된 점을 진언했다. 영조 때의 일이다. 하루는 승정원에서 흰 무

---

15   숙종 38년(1712) 3월 19일(임인) 1번째 기사, 숙종실록 51권
      (국사편찬위원회 조선왕조실록 http://sillok.history.go.kr/id/ksa_13803019_001 accessed
      2017.03.02.)

지개가 해를 꿰뚫은 변괴에 대해 보고하면서, 국정 운영에 대하여 임금의 적극적인 대응을 주문했다.

"작년에 겨울 천둥이 있었던 변괴나 요사이 봄 우박의 재해가 경악할 만한 것이 아님이 없었지만, 흰 무지개가 해를 꿰뚫는 변괴에 이르러 그 극에 달했다고 하겠습니다. 신들은 알지를 못하겠습니다마는, 깊은 궁중에서 한가하실 때에 천도(天道:천지 자연의 도리)에 호응하는 정성이 혹 부족하였습니까? 정사의 의주(擬注)에 공명한 도리를 다하지 못하였습니까? 가까운 친족을 중용하여 소원한 사람은 나아오지 못하게 하였습니까? 습속이 오염되어 염치가 모두 없어져서 그렇단 말입니까?

대신은 안일에 빠져 묘당(廟堂:의정부를 달리 이르던 말)에서는 문서의 보고만 기다리고 있으며, 언로가 막히어 대각(臺閣:조선 때 사헌부·사간원의 총칭)에서는 고지(故紙)만을 등전(謄傳)하고 있습니다. 전하의 지나치신 거조나 비상한 하교를 대소 신료는 분주하게 받들기만 할 뿐 한마디도 광구(匡救:잘못된 것을 바로잡음)하는 말이 없었습니다. 더구나 대리하게 하신 뒤로는 대각의 인접을 윤허치 않으시고 소계(疏啓:임금에게 글로 아룀)의 길을 막으셨으며 간혹 보잘것없는 상언이 있었으나 끝내 몇 자(字)의 비답마저 아끼시고 문득 타당하지 않은 하교만 버리시니, 이러고서 임금의 잘못은 누가 바루며 관가의 부정은 누가 바로잡겠습니까?"[16]

　오랫동안 임금의 자리에 있었던 영조도 승정원 승지, 지금의 대통령 비서들의 직언에 마땅히 대꾸할 말이 없었다. 영조는 "바야흐로 두려워하고 조심하는 일이 절실한 시기에 그것을 힘쓰도록 하니 옳은 말이다. 마땅히 힘써 반성하도록 하겠다"라고 신하들에게 답하면서 자신의 마음을 다시 가다듬는다. 국정이 제대로 운용되지 않자 승정원 승지들이 기탄없이 임금에게 직설적으로 간언했고, 임금 또한 승지들의 충정을 진정으로 받아들인 것이다.

　그 후 영조는 흰 무지개가 해를 꿰뚫는 변이 생기면 거둥 때 전후의 고취(鼓吹;북과 피리 등 타악기와 취주악기)를 수행하게만 하고 연주는 못 하게 했다. 더욱이 환궁할 때는 고취 및 부련(副輦;임금이 거둥할 때 임금이 탄 거가보다 앞장서서 예비로 가는 빈 가마)마저 없애라고까지 명했다.

16　영조 26년(1760) 3월 0일(임자) 1번째 기사, 형소실록 /1권
　　(국사편찬위원회 조선왕조실록 http://sillok.history.go.kr/id/kua_12603009_001 accessed 2018.04.25.)

4

계엄령까지 내리게 했던 성변(星變)

임금이 두려워한 별의 변고

별의 이동 경로나 빛깔, 다른 별과의 상대적 위치 등이 평상시와 다르거나 새로운 별이 나타나는 것을 성변이라 한다. 옛날에는 이러한 현상이 발생하면 일관이 성변이 뜻하는 바를 점쳐서 임금에게 보고했다.

성변은 대부분 임금의 안위나 나라의 운명에 나쁜 징조를 나타내는 것으로 인식되었다. 그렇기에 일관들 중에는 성변이 있으면 임금에게 거짓으로 해석하여 보고하거나, 직접적인 표현을 피하고 두루뭉술하게 보고하는 사람도 있었다.

고구려의 제7대 군주 차대왕(次大王) 때의 일이다. 재위 4년(149) 5월 어느 날 금성·목성·수성·화성·토성의 다섯별이 동쪽 방향에 모였다. 오성취합(五星聚合) 현상이 일어난 것이다. 일관은 왕이 화낼 것이 두려워 '이는 임금의 덕이고 나라의 복'이라고 허위 보고했는데, 왕은 내용도 모르고 마냥 기뻐했다고 한다.

우리 역사를 바꾼 조선의 하늘, 그 비밀코드로의 시간여행

원래 오성취합은 왕의 교체나 천명(天命)의 변화 등의 정치적인 변동을 상징하는 것으로 해석되던 천문 현상이었다. 그때의 오성취합이 차대왕의 운명을 예견했던 것일까? 차대왕이 국정은 살피지 않고 사냥만 일삼는 데다가 하늘의 재변이 겹치자 백성들의 원망이 날로 높아졌다. 결국 그는 연나부 출신의 명림답부(明臨答夫)라는 재상에 의해 시해되고 만다.

일관이 임금에게 사실대로 보고하지 않은 것은 고려 때에도 있었다. 신종(神宗) 때에 해에 크기가 자두만 한 흑점이 생겼는데, 그 현상이 3일 동안 나타났다. 일관은 임금에게 "해라는 것은 군주의 상징이니, 만약 티가 있다면 반드시 그 나쁜 점을 드러내는 것"이라고 극히 완곡하게 보고했다.

이때 일관이 성변의 의미를 곧이곧대로 보고하지 않은 데에는 그럴 만한 이유가 있었다. 중국의 진(晉)나라 때 흑점이 발생했었는데 그해 여름에 황제가 서거했었다는 것을 생각하고는, 그 징조가 두려워 임금에게 감히 꼭 집어서 말하지 못한 것이다.

고려 때에는 일관의 역할과 입지가 다른 어느 왕조보다도 강한 편이었다. 일관은 매번 성변을 해석하여 임금에게 보고하면서 대처 방안도 함께 제시했는데, 임금들은 대부분 이에 따랐다. 특히 일관들은 형혹성(熒惑星), 즉 화성의 움직임에 주목했다. 화성에 이상이 있으면 전쟁이 일어나거나 신하 가운데 반역하는 자가 있을 징조이기에, 임금으로 하여금 가까운 신하들과 주위를 경계토록 진언했다. 과학적 지식이 없었기에 충분히 그럴 만했다

성변에 대한 비과학적 해석은 서양에서도 비슷했다. 14세기에 전 유

럽 인구의 30~50%를 사망케 한 인류 최초의 대역병(大疫病) 흑사병이 발생했다. 당시 파리 대학 학자들은 1345년 3월 20일, 토성·목성·화성이 물병자리에 나란히 서고 이것이 기후변화를 유발하여 흑사병이 발생했다고 발표했다. 흑사병이 성변과 관련이 있다고 주장한 것이다. 그러나 흑사병의 원인은 발병 후 550여 년이 지난 1894년에 가서야 쥐를 매개체로 한 '예르시니아 페스티스(Yersinia Pestis) 박테리아'로 밝혀졌다.

그러면 임금들은 성변에 대해 어떤 조치를 취했을까? 조선 태종은 성변이 나타내는 의미를 생각해 관행까지도 바꾼다. 태종이 태조(太祖) 이성계(李成桂)의 장례를 마친 후에 처음으로 조회(朝會)를 받았다. 그런데 관리들의 옷이 모두 흰 빛에 가까운 것이 아닌가. 태종은 이 광경에 놀라움을 금치 못했다.

그 이유는 '성문(星文)이 도수(度數)를 잃는데 흰옷을 입는 것은 오랑캐의 조짐'이라는 옛사람들의 말이 기억났기 때문이다. 태종은 명을 내린다. 이후의 조회부터는 신하들이 회색과 옥색(玉色) 옷 대신 울긋불긋한 빛깔과 무늬 옷인 채의(彩衣)를 입도록 한 것이다.

숙종 때에는 달이 태미성(太微星)에 들어가는 이변이 연이어 발생했다. 영의정 김수항(金壽恒)이 임금에게 달의 이변에 대해 경계하기를 청하면서 진언한다.

"(상략) 하늘에 나타나는 기상(氣象)이란 아득히 멀어서 측량할 수 없사오나, 방술〔方術:방사(方士)가 행하는 신선의 술법〕에 관한 책을 보면 달은 음에 속하므로 궁중에 어지러운 일이 있으면 이러한 응보가 있다고 합니

　　우리 역사를 바꾼 조선의 하늘, 그 비밀코드로의 시간여행

다. 성명(聖明)께서 계시는 이즈음에 별다른 염려는 없겠지만, 예로부터 궁중의 단속이 엄하지 못한 것은 모두 여알(女謁)로 말미암는 것으로서 마침내는 임금의 어진 덕에 누를 끼치고 정사를 해치는 지경에 이르게 됩니다. 어찌 크게 두려운 일이 아니겠습니까?"[17]

이에 임금은 "경계하는 말이 매우 적절하다. 어찌 깊이 생각하지 않겠는가?"하고 흔쾌히 영의정의 상언에 답했다. 여기서 여알은 궁중의 여인에게 청탁하여 임금을 뵙고 자신의 뜻을 이루는 것을 일컫기도 하고, 대궐 안에서 정사(政事;관리의 임명과 해임에 관한 일)를 어지럽히는 여인을 지칭하기도 한다.

「광해군일기」(중초본) 14년(1622) 7월 14일자 기록은 여알이 판쳤던 당시의 세태를 잘 말해 주고 있다. "여알이 성행하고 뇌물이 횡행하였기 때문에 정사하는 날에는 차비문(差備門;궁궐 편전의 앞문) 밖에 사람들이 장터와 같이 모여들었다. 뇌물을 받은 궁녀가 어떤 사람을 낙점받게 하여 감사·병사·수사 및 수령·변장이 되면 반드시 드러내 놓고 말하기를 '백금 몇 냥으로 나는 이 벼슬에 제수되었다' 하고 즉시 들인 밑천을 바치도록 독촉하였다. 그러므로 관직에 부임하는 날부터 공공연하게 빚을 갚아야 한다고 말하면서 징수하기를 재촉하는 사람도 있었고, 교묘하게 명

---

17   숙종 12년(1686) 11월 23일(계묘) 1번째 기사, 숙종실록 17권
      (국사편찬위원회 조선왕조실록 http://sillok.history.go.kr/id/ksa_11211023_001 accessed
      2018.08.26.)

목을 만들어 마구 거둬들이는 사람도 있었다."

조선 왕조에서 여알이 끼치는 폐해에 대하여는 최항(崔恒)이 성종 1년에 펴낸『역대제왕 후비명감(後妃明鑑)』서문에서도 짐작할 수 있다. '계명유계 여알불행(鷄鳴有戒 女謁不行)', 즉 '닭 울음소리만 들어도 경계하니 여알이 행해지지 않았다'는 의미다. 최항은 신숙주(申叔舟)·성삼문(成三問) 등과 함께 훈민정음 창제에도 참여한 조선 전기의 문신으로 서거정(徐居正)이 그의 처남이다.

낮에 보이는 샛별, 왜 두려워했을까?

『조선왕조실록』을 비롯한 우리나라 역사서에는 성변 중 태백성(太白星)에 대한 기록이 유난히 많은데, 특히 태백성이 낮에 나타났다는 기록이 많다. 조선 왕조의 경우만 보더라도 3,047회의 태백성 기록 중 3분의 2에 해당하는 2,077회가 태백성이 낮에 나타났다는 기록이다.

태백성은 금성을 말하는데, 나타나는 시각과 위치에 따라 달리 불렸다. 초저녁에 서쪽에 보일 때는 개밥바라기 혹은 태백성이라 하고, 새벽에 동쪽에 보이는 것을 샛별 또는 계명성(啓明星)이라 했다.『사기(史記)』에 따르면 태백성은 서방(西方), 쇠, 가을 그리고 60갑자에서 10개의 간(干) 중 경신(庚辛)을 상징한다.

예전에는 태백성이 본래 음한 기운이 있는 별이므로 해가 뜨면 당연히 져야 하는데도, 한낮에 태백성이 보이면 이를 전쟁이나 신하의 반란,

우리 역사를 바꾼 조선의 하늘, 그 비밀코드로의 시간여행

국왕의 교체 그리고 강국이 약해지고 약한 나라가 강해지는 조짐으로 여겼다.

이 때문에 임금은 물론이고 조정의 대소 신료들도 모두 두려워했다. 공양왕(恭讓王)은 태백성이 낮에 자주 보이자 겁을 먹고 궁궐의 경계를 강화하라고 명하기도 하고, 조선 태종은 태백성만을 위한 금성독초제 (金星獨醮祭)를 지내기까지 했다.

태백성이 낮에도 보이는 것을 주현(晝見)이라 하고, 동쪽에 나타나서 정오가 지나도록 사라지지 않는 것을 경천(經天)이라고 했다. 경천은 주현에 비해 더욱 큰 재변으로 여겨, 신하들은 임금이 이를 경솔하게 여겨서는 안 된다고 충언했다.

『문헌통고(文獻通考)』에서는 "태백이 낮에 보이면, 주병(主兵)을 상하든가, 외척이 전권(專權)하든가, 여주(女主;여자 임금)가 창성한다"라고 했다. 태백성의 움직임과 변화에 군사 문제와 왕실 및 국가의 운명이 좌우된다고 믿은 것이다. 『문헌통고』는 원나라의 마단림(馬端臨)이라는 사람이 중국 고대로부터 남송(南宋) 영종(寧宗) 때까지의 제도와 문물에 대하여 기록한 책이다.

따라서 태백성이 낮에 보이면 가뭄 때와 마찬가지로 재액(災厄)에 대비해 임금은 정전을 피하거나 반찬 가짓수를 줄이고, 불요불급한 공사의 중지와 함께 소재도량(消災道場;재난을 물리치기 위해 행하던 불교 의례)을 행하는 등 국사(國事)를 집행함에 있어 극히 조심했다.

이렇다 보니 서운관에서는 태백성이 낮에 나타나면 그 시간과 위치를 자세히 기록하여 다음날 임금에게 서면으로 보고해야 했다. 세종은 이

부분에서도 과학적으로 접근했다. 서운관에서 임금에게 보고할 때 태양과의 거리와 별의 분도(分度)까지 써서 보고토록 한 것이다.

한편 중종은 태백성이 한 달 가까이 낮에 나타나자 하늘의 육기(六氣)를 고르게 하지 못한 자신의 탓이라고 자책하면서, 태백성이 사라지기 전까지 모든 연회를 일체 중지하여 하늘의 재변에 응하라고 명했다. 여기서 육기는 추위·더위·건조·습기·바람·불(寒·暑·燥·濕·風·火)을 뜻한다.

그러나 모든 임금들이 태백성의 이변에 긴장한 것은 아니었다. 연산군은 태백성이 낮에 나타나도 전혀 신경 쓰지 않았을 뿐만 아니라, 발생 사실의 보고 자체를 없애도록 명하기도 했다.

혜성이 가르친 것

성변 중에는 태백성이 낮에 보이는 것 외에 유성(流星;별똥별)과 혜성(彗星)의 출현도 중요하게 인식하였다. 역사서에선 '모든 유성의 변은 백성들이 유리(遊離)하는 형상'이라 했으며, 특히 『개원점경(開元占經)』에서는 '유성이 낮에 나타나면 크게 가문다'고도 했다. 『개원점경』은 천문과 점괘에 관하여 기록한 책으로 당나라 때 천축역법(天竺曆法)을 맡고 있던 구담실달(瞿曇悉達)이 저술한 것이다.

우리 역사 기록에는 유성 못지않게 혜성이 많이 나타나는데, 혜성은 '빗자루(彗)처럼 생긴 꼬리 달린 별(星)'이란 뜻으로 꼬리별이나 살별 또는 장성(長星)이라 불리기도 했다.

옛날에 우리나라와 중국, 일본에서는 혜성도 유성과 같이 요성(妖星)으로 여겨, 이 별이 나타나는 것을 천도에 이상이 생긴 것으로 간주하고 불길한 징조로 보았다. 혜성을 '머리를 푼 별'로 인식한 서양에서도 혜성을 재앙의 전조로 여겼다.

우리나라에서는 특히 혜성이 임금을 상징하는 태양 근처에 나타날 경우에는, 임금의 권한을 위협하는 신하가 출현하거나 반란이 일어날 징조로 해석했다. 이때에는 임금이 사면령을 내리거나 엄중하게 근신했다.

세종 역시 혜성이 나타나면 크게 염려했는데, 이에 중신들은 무엇보다도 임금이 두려워하고 반성하면서, 백성을 편히 쉬게 하고 불요불급한 일을 중지하도록 임금에게 건의했다. 성군 세종에게도 성변은 가뭄과 더불어 두려움의 대상이었다.

성변에 극히 예민했던 조선 성종, 그는 성변을 직접 관측하기도 하고, 유성과 혜성이 출현하면 전국의 관리들에게 "본연의 임무를 게을리하지 말고, 특히 형정(刑政)을 잘 행하여 하늘의 경계에 대응하도록 하라"라고 신하들의 심기일전을 당부했다.

성종은 특히 즉위 초기에 혜성이 연이어 나타나자 왕조의 안위가 걱정돼 계엄(戒嚴) 체계를 갖추기까지 했다. 상당부원군(上黨府院君) 한명회(韓明澮)를 서영장(西營將)으로 삼아 군사를 거느리고 충훈부(忠勳府)에 주둔케 하고, 문성군(文城君) 유수(柳洙)를 동영장(東營將)으로 삼아 군사를 거느리고 장춘문(長春門)에 주둔하게 하였는데, 이는 혜성 때문에 임금이 계엄 조치를 취한 것이다. 성종은 이와 더불어 천지에서 물러나 있던 유능한 중신들을 다시 조정으로 불러들이는 유시를 내리고, 역마로 속히 오라고 어명까지 내렸다.

천변으로 인해 계엄령을 내린 임금은 고려 때도 있었다. 명종은 "하늘이 경계를 보인 지 오래되었으므로 가을에 나뭇잎이 떨어지면 이에 따라 변고가 발생할 것"이라는 일관의 예언을 듣고는 전국에 계엄 조치를 취한 것이다.

옛사람들은 화재가 발생해도 혜성 탓으로 돌리곤 했다. 역시 조선 성종 때의 일로 시중에 화재가 빈발한 적이 있었는데, 도적들이 고의로 방화하고는 물건을 훔쳐가기도 했다. 상황이 이렇게 되자 임금이 신하들에게 화재의 원인이 무엇인지를 물었다.

참찬관(參贊官;조선 시대에 경연청에 속한 정3품 벼슬)이 『춘추좌씨전』의 말을 빌려 "화재가 일어나는 것이 혹시 시운(時運;시대나 그때의 운수) 때문은 아닌지 의심된다"라고 했다. 그러니까 운이 나빠서 불이 난 것이라는 뜻이다. 그러나 이에 대해 도승지는 견해가 달랐다. "혜성이 나타나면 화재가 발생한다"라고 보고한 것이다. 화재는 혜성 출현에 따른 천재(天災)라는 것이다.

혜성은 아니지만 '달 가까운 곳에 별이 있으면 화재의 위험이 있다'는 속담이 있기는 하다. 달 옆에 별이 있다는 것은 공기가 상층까지 건조하여 달의 곁에 있는 별을 볼 수 있다는 뜻이다. 공기가 건조하면 불이 나기 쉬운 것은 불문가지 아닌가.

이렇게 혜성이 갖는 의미가 다양하다 보니 관상감에서는 혜성이나 유성이 나타날 때 해당 별이 나타난 시각, 나온 곳 및 들어간 곳과 함께 모양, 빛깔도 세밀하게 관측하여 기록했다. 묘사한 모양은 병(瓶)·샛별·

됫박(斗)·작은 배(梨)·술잔 그리고 주먹 및 용(龍)과 같이 다양했고, 빛깔은 붉은 색과 흰 색 등이었다.

연산군조차도 혜성만큼은 두려워했다. 연산군은 금성에 대하여는 무심했으면서도 혜성에 대해서는 간관들의 간언을 의식해서였는지 상대적으로 민감했다. 관상감에서 혜성이 나타났다는 보고를 하면 입단속부터 시켰다. 「연산군일기」 6년(1500) 4월 21일 기록을 보면 혜성 출현에 대한 연산군의 전교가 나온다. "이것은 아직 정확히 알 수 없는 일이다. 그러니 떠들어서는 안 된다. 만일 대간에게 말이 새면 반드시 와서 시끄럽게 말할 것이다."

특히 중종은 "옛 기록을 찾아보면 혜성이 자주 나타날 때는 병란의 조짐인 경우가 많았다"라고 하면서, 성종 때에도 혜성이 보이고 나서 병란이 크게 일어났다고 걱정했다. 중종은 마음이 놓이지 않았다. 그래서 병란에 대비해 군사를 충원하여 정비하고, 죄를 짓고 징계 받은 군사들도 용서하여 임용토록 만반의 조치를 취했다. 게다가 임금은 무사들을 동서반(東西班)의 여러 자리에 보임하였다가 유사시에 활용토록 했다.

시대가 변하면 생각이 바뀌고 말도 달라지는 법. 요즈음은 사람들이 혜성을 아주 긍정적으로 인식한다. 어떤 분야에서 갑자기 뛰어나게 자신을 드러내는 존재를 비유적으로 말할 때 '혜성처럼 나타났다'거나 '혜성같이 등장했다'고 표현하니 말이다.

5

지진, 해괴제로 과연 괴이한 일을 풀었을까?

지진, 서운관 주관의 해괴제로 풀다

해괴제(解怪祭)는 천재지변이나 특이한 자연 현상이 있을 때, 그 나쁜 기운을 해소하기 위해 나라에서 제관을 보내거나 향(香)과 축문(祝文)을 내려주어 지내던 제사였다. 조선 왕조에서는 지진·땅꺼짐·산사태 그리고 운석 또는 벼락이 떨어지거나 바다에서 적조가 발생하면 임금이 서운관 관리를 현장에 파견하여 상황을 확인하고 해괴제를 지내도록 했다. 기우제는 예조가 직접 주관한 반면 해괴제는 서운관이 담당했다.

선조 27년(1594) 임진왜란이 한창일 때에 한양에 지진이 일어난다. 선조는 지진이 자신의 부덕의 소치로 발생했다고 여기고, 세자인 광해군(光海君)에게 선위하려 했을 정도로 해괴제의 대상 중 지진을 중요시했다. 인조(仁祖) 이후에는 지진에 대해서만 해괴제를 지내게 된다.

해괴제는 고려 때에도 지냈는데 현종 때에 지금의 김해인 금주(金州)에 지진이 발생하자, 지진이 처음으로 일어난 곳에서 해괴제를 거행했다.

현종은 '땅이 4월에 진동하여 소리가 있으면 오곡이 익지 아니하고, 백성이 크게 굶주린다'고 한 고사(古史)를 인용하면서, 4월의 지진을 크게 걱정하고 해괴제를 지내게 한 것이다. 서너 개 이상의 고을에서 지진이 일어나면 가운데쯤 있는 고을에서 해괴제를 지냈다.

임금들은 해괴제도 기우제만큼 중히 여겼을까? 기우제에 관심이 컸던 태종은 해괴제에 대해서는 소극적이었다. 어느 날 전라도에서 지진이 발생하자 관례대로 서운관에서 해괴제를 행할 것을 청했다. 그러자 임금은 제사를 행할 것이 없다고 하면서 "천재지변을 만나면 마땅히 인사(人事;사람의 일 또는 사람으로서 해야 할 일)를 닦으라"라고 명했다.

연산군 때에는 경상도 17개 고을에서 3일 동안 지진이 났고, 하루에 4번까지 지진이 일어나기도 했다. 홍문관(弘文館;조선 시대에 궁중의 경서, 문서 등을 관리하고 임금의 자문에 응하는 일을 맡아보던 관아)의 부제학이던 이세영(李世英) 등 대신들이 이 기회를 놓치지 않고 임금에게 간언하면서 대책으로 임금의 공구수성(恐懼修省)을 강조했다. 공구수성은 '몹시 두려워하면서 마음을 가다듬고 반성하는 것'을 뜻한다.

"화기(和氣)는 덕이 있는 곳에 응하고 궂은 징조는 덕을 잃은 곳에 생기는 것입니다. (중략) 삼가 전인의 기록을 상고하건대, '임금이 약하고 신하가 강하거나 포학하여 함부로 죽이면 지진이 있고, 여알이 용사(用事;권세를 부림)하면 지진이 있고, 외척이 전자(專恣;거리낌 없이 제 마음 내키는 대로 함부로 함)하고, 내시가 권세를 쓰면 지진이 있고, 형과 벌이 중(中)을 잃으면 지진이 있고, 옥에 원통한 죄수가 있으면 지진이 있고, 임금이 간하는 말을 듣지 않거나 안으로 여색에 빠지면 지진이 있고, 외이(外夷:오랑캐)가 침범하여 사방에 병란의 조짐이 있으면 지진이 있다' 하였습니다. (하략)"[18]

「연산군일기」 4년(1498) 7월 8일의 기록이다. 이때 대신들은 "하늘과 사람의 정을 탐색하고 예와 이제의 논(論)을 참작하면, 변괴란 헛되이 생기지 않고 반드시 부르는 바가 있다"라고 하면서 당시의 국정 운영에 대하여 잘못된 점을 지적했다. 지진의 원인을 임금의 실정에 돌리면서 국정 쇄신을 촉구한 것이다.

이에 덧붙여 대신들은 '하늘에 순응하는 것은 덕을 닦는 데 있고 덕을 닦는 것은 학문을 부지런히 하는 데 있으므로, 임금이 경연에 부지런히 참석할 것과 신하들의 접견 및 정무 처리를 성실하게 할 것'을 요구했다. 선정전 벼락 사건 때 했던 충언을 신하들이 다시 강조한 것이다.

그러나 연산군은 이렇게 답하면서 끝내 경연에 참석하지 않았다.

"경연이 비록 중하지만 내 몸도 또한 중하다. 지금 만약 억지로 경연에 나갔다가 점점 큰 병을 이루게 되면 일이 도리어 경연보다 중할

---

18   연산 4년(1498) 7월 8일(임인) 3번째 기사 일부, 연산군일기 30권
     (국사편찬위원회 조선왕조실록 http://sillok.history.go.kr/id/kja_10407008_003 accessed
     2017.12.22.)

것이다."[19]

해괴제까지 올리게 했던 부엉이 울음

해괴제는 궁궐의 용마루 위에서 부엉이가 울거나 궁중의 내원(內園) 등에서 올빼미가 울 때, 그리고 절의 부처가 땀을 흘리는 등의 이변이 있을 때에도 행해졌다. 이러다 보니 서운관 관리들은 하늘만 살피는 것이 아니라 부엉이 우는 것까지도 확인해야 하는 신세였다.

조선의 제2대 임금 정종(定宗) 때의 어느 날, 산 올빼미가 근정전 위에서 울고 그 이튿날에는 수창궁(壽昌宮) 옥상에서 울었다. 서운관에서는 임금에게 엄중하게 근신할 것을 권했다.

세종 때에는 유난히도 부엉이가 많이 울어 그때마다 해괴제를 지냈다. 하루는 밤에 부엉이가 건춘문(建春門)과 홍례문(弘禮門)에서 울자 조정에서는 해괴제를 행하였고, 같은 해 10월 말부터 12월 초까지 궁궐뿐만 아니라 한양 각처에서 부엉이가 울어 해괴제를 지냈다. 부엉이가 하도 여러 곳에서 시도 때도 없이 울어 대니 나중에는 대호군 최보인(崔寶仁)으로 하여금 여러 관청의 종들을 총동원하여 부엉이를 잡는 상황까지

19   연산 4년(1490) 7월 0일(임인) 0번째 기사 일부, 연산군일기 00권
     (국사편찬위원회 조선왕조실록 http://sillok.history.go.kr/id/kja_10407008_003 accessed
     2017.12.22.)

벌어졌다.

부엉이가 우는 것이 큰 이슈가 되자 세종은 특단의 조치를 내린다. 부엉이가 근정전에서 울 때 외에는 해괴제를 지내지 말라고까지 하였다가, 나중에는 대궐 안에서 부엉이가 울어도 해괴제를 지내지 말도록 했다. 세조는 더 나아가 부엉이 우는 것은 보고조차 하지 말라고 서운관에 명했다. 이로써 서운관 관원들이 부엉이 울음소리를 관찰하고 보고하는 일은 없어지게 되었다.

그러면 왜 부엉이 울음에 그렇게 민감했을까? 당시 중국에서 전해져온 말 중 '부엉이는 어미나 새끼를 잡아먹는다'고 하여 세상 사람들이 부엉이를 싫어했다. 특히 '밤에 부엉이가 옥상에서 울면 반드시 그 집 주인이 죽는다'는 이야기까지 전해져 여러 임금들이 부엉이 울음소리를 극도로 싫어한 것이다.

이에 따라 민간에서는 올빼미를 잡으면 죽여서 나무에 매달아 불효에 대한 경각심을 주었다고 하는데, 죄인을 교수형에 처하여 효시(梟示) 또는 효수(梟首)한다고 할 때 부엉이를 가리키는 '효(梟)' 자가 들어간 것도 같은 맥락에서였을 것이다.[20] 올빼미와 부엉이는 둘 다 올빼미과에 속한 야행성 조류로, 영어권에서는 그 둘을 구분하지 않고 'owl' 한 단어로 칭한다.

세종 때에는 부엉이 울음 외에도 유난히 특이한 현상이 많이 일어나

---

20   김진옥, 「태종과 부엉이」, 고전산문(사백쉰아홉 번째 이야기, 2016.12.26), 고전산책, 『한국고전종합DB』, 한국고전번역원

임금이 직접 해괴제를 지내도록 명했는데, 나중에는 표범이 한양에 나타났을 때도 해괴제를 행하게 했다. 한번은 흰 나비 떼가 압록강과 두만강 이북에 살던 여진족 땅으로부터 함경도 회령·종성·경원·경흥 등지로 날아 들어와 하늘을 뒤덮고 이틀이나 지난 후에야 날아가자 해괴제를 지내기도 했다.

여러 가지 자연 현상이 일어나다 보니 해괴제 외에 다양한 제사가 많이 행해졌다. 가뭄이나 지진 외에 이상 기상 현상이 발생하면 위안제(慰安祭)를 지냈다. 위안제는 특이한 자연 현상 등으로 산소나 신주(神主;죽은 사람의 위패)가 놀라서 다른 곳으로 움직이지 않도록 하기 위해 지내는 제사였다.

중종 때에는 지진이 일어나 종묘 안의 난간과 담이 무너지자 '임금들의 신주가 놀랐다' 하여 해괴제 대신 사죄하는 뜻으로 고사제(告謝祭)를 지내기도 했고, 명종 때에는 함경도에 풍재(風災)가 심하자 안신제(安神祭)를 행했다.

영조 때에는 특히 강풍에 의한 피해가 있을 때 위안제를 많이 지냈는데, 한번은 연일 비바람이 몰아쳐 종묘와 능침의 나무가 많이 부러져 위안제를 지냈다. 어느 해에는 영녕전(永寧殿;조선 왕조 때 임금이나 왕비로서 종묘에 모실 수 없는 분의 신위를 봉안하던 곳으로 종묘 안에 있다) 담장 밖의 큰 소나무가 비바람에 넘어지면서 그 소리가 궁궐 안까지 들리자 위안제를 행하기도 했다.

해괴제, 위안제, 고사제, 안신제 모두가 하늘의 노여움을 푸는 임금의 몸부림이었다.

6

겨울 천둥과 번개, 그리고 우박

임금이 사과까지 하게 만든 겨울 천둥

본래 천둥은 2월에 시작해 8월에는 그쳐야 하는 것으로 여겨졌다. 천둥은 양기이고 임금의 상이 있으므로 제 시기를 벗어난 때에 천둥이 치면, 이는 양이 숨어 있지 않고 절도(節度) 없이 새어 나오는 것이라고 하여 사람들은 이를 불길하게 생각했다.

옛사람들은 겨울 천둥이 일어나는 것은 근본적으로 음양이 법도를 잃었기 때문으로, 양기가 10월부터는 지하에 갇혀 있다가 봄이 되어 발설(發洩)해야 만물이 자라게 된다고 믿었다. 그런데 겨울 천둥으로 양이 때보다 먼저 외부로 새어 나오면 만물이 자라기 어려워 다음 해의 농사를 걱정해야 했다. 따라서 특히나 시월의 천둥은 초하루부터 그믐까지 발생하는 즉시 임금에게 보고해야 했다.

비가 많은 여름철 천둥과는 달리 겨울철 천둥은 백성들이 무슨 잘못을 저질러 이에 대해 하느님이 화가 나서 욕하는 소리로 인식되기도 했다.

우리 역사를 바꾼 조선의 하늘, 그 비밀코드로의 시간여행

중국의 『시경(詩經)』에서는 "10월, 계절이 바뀔 때에 번쩍 번쩍 뇌성하고 번개가 치는 것은 좋지 않으며 편안하지 않아서다"라고 했다. 더구나 『항사제국방통력(恒沙諸國方通曆)』이라는 음양서에 따르면 "12월에 천둥을 하게 되면 그 이듬해 7월에 군사(軍事)가 일어난다"라고 하여 임금들이 더욱 불안해했다.

10월의 천둥이 얼마나 두렵게 느껴졌으면 중종은 사과까지 했을까.

> "어젯밤에 큰비가 오고 번개가 쳤다. 지금은 10월절(十月節)이라 천둥소리가 걷혀야 하는데도 재변이 이 지경에 이르렀으니, 어찌 재변을 부른 까닭이 없겠는가? 지극히 송구하다."[21]

제주도 속담에 '겨울철 석 달에 천둥하면 머리빡 센 사람 많이 죽는다'는 말이 있다. 이 말은 겨울 천둥소리는 그 사회의 지도층 인사에 해(害)가 있고, 사회적으로 큰 혼란이 일어날 수 있다는 것을 암시한다.

겨울 천둥과 번개가 있으면 많은 신하들은 이러한 재앙의 원인으로 간언의 거절, 형벌의 부적정, 자리에 어울리지 않는 인사의 고위직 임명 등을 들면서 이의 시정을 임금에게 강력히 요청했다.

고려 시대 일관들은 겨울 천둥에 대해 '태양이 약하고 음기가 역(逆)하

---

21   중종 10년(1515) 9월 24일(정미) 1번째 기사, 중종실록 23권
     (국사편찬위원회 조선왕조실록 http://sillok.history.go.kr/id/kka_11009024_001 accessed 2018.01.23.)

기 때문에 나는 것으로 반드시 숨은 음모가 있을 것'이라고 여기고, "강포한 이를 물리치고 노약자를 보살펴 주며, 현량한 이를 등용한다면 이를 구할 수 있다"라고 임금에게 진언했다.

특히 옛사람들은 겨울 천둥을 고요(鼓妖;하늘에서 북소리 같은 것이 들리는 변괴)라고 말하면서, 임금이 도리를 잃거나 소인들이 벼슬자리에 있거나 처첩이 남편을 이기면 일어난다고 했다. 이렇게 생각하다 보니 연산군은 어느 날 천둥과 번개가 치자 재앙을 물리치는 일에 쓴다고 하고는, 산여우를 잡아서 진상하라는 해괴한 명을 내리기도 했다.

태종과 세종도 천둥에 대한 두려움에서 자유롭지 못했다. 태종은 겨울에 천둥이 치고 나무에 서리가 내려 눈같이 되자, 예조 참의 이지강을 각도에 보내 백성들의 고통을 파악하고 억울한 옥사를 심리했다. 세종은 천둥이 쳐 연생전이 울리자 부당한 요역(徭役;국가가 백성의 노동력을 무상으로 징발하던 제도)과 급하지 않은 부렴(賦斂;조세 등을 매겨서 거두던 일)을 모두 정지하거나 혁파했다.

천둥에 민감하기는 중종은 말할 것도 없고 명종 또한 마찬가지였다. 겨울 천둥에 사과까지 했던 중종, 어느 날 번개가 치고 천둥소리가 크게 있자 매우 놀라고 두려워했다. 중종은 사람의 억울한 일은 형옥보다 큰 것이 없다고 생각하고는, 날이 밝자마자 3정승을 불러 장기 미결 사건을 전수 조사케 했다. 확인 결과 어느 도에서는 93번이나 고문을 당한 사람도 있었고, 사건 처리가 9년이나 지체된 것도 있었다.

특히 명종은 겨울 천둥이 연일 치자 "이야말로 보통 재변이 아니라서 어찌할 바를 모르겠다"라고 하면서 속히 삼공을 부르라고 승정원에 명했다. 이에 사관들은 임금보다도 당시의 재상과 중신들을 강하게 비판했다.

> "하늘은 백성의 눈을 통하여 보고 백성의 귀를 통하여 듣는 것이니(天視自我民視 天聽自我民聽, 『서경』에 나오는 말) 얼마나 두려운 일인가? 하늘을 본받는 것은 임금의 일이고 음양을 섭리하는 것은 재상의 직이다. (종략) 재상 자리에 있는 자가 모두 그른 사람은 아닐 텐데도 바람에 쏠리듯이 따랐고, 이목(耳目)의 직을 맡은 자들도 모두 그른 사람은 아닐 텐데도 전부 입을 다물고 말이 없었으니, 시사(時事:세상 일)가 잘못되어 가고 있음을 알 만하다."[22]

우박, 안개도 두려움의 대상

천둥은 양기의 발생이라 여긴 반면에 우박은 '사나우면서 화합하지 않고 해를 끼치는 요사한 기운의 응결'이라고 믿었기에, 예전에는 우박도 겨울철 우레 못지않게 두려운 천기로 생각했다. 이는 음의 성질인 우박이 양을 위협하는 것이며, 신하가 임금을 침노하는 상(象)이기에 순양

---

22 명종 4년(1549) 10월 11일(정미) 1번째 기사 일부, 명종실록 9권
    (국사편찬위원회 조선왕조실록 http://sillok.history.go.kr/id/kma_10410011_001 accessed
    2018.04.21.)

(純陽)의 달인 음력 10월에는 더욱 이를 두려워했다. 특히 옛사람들은 우박이 기(氣)를 거스르는 데서 나온다고 믿었다.

조선 태종은 여름철 우박도 국정 운영의 잘못으로 인식했다. 어느 여름철에 경상도의 한 고을에서 탄환만한 우박이 내렸는데, 이때 어떤 사람이 밭에 가다가 우박에 맞아 죽고, 꿩·뱀·까마귀·참새도 많이 죽었다. 태종은 "여름에 우박이 내리는 것은 정령(政令;정치상의 법도와 규칙)이 번거롭고 까다로우며 부렴과 요역이 과중한 까닭"이라고 말하면서, 의정부로 하여금 재변을 그치게 할 도리를 강구하라고 명했다. 우박도 중요한 재이로 본 것이다.

연산군은 우박에 대해 어떻게 생각했을까? 하루는 그 전날에 태백성이 경천하고 큰 우박이 내린 데다가 천둥과 번개까지 치는 바람에 성균관에서의 대사례(大射禮;국가에 행사가 있을 때 임금이 신하들과 함께 활쏘기를 하는 국가의례)도 정지했다.

연산군은 자기가 보았던 고서의 내용을 거론하면서, 신하들의 득세를 경계하는 발언을 한다.

"어제 우박이 쏟아진 것은 실로 나의 부덕에서 온 것이니, 진실로 공구수성하여야겠다. 그러나 내가 문헌통고를 보건대, 우박이 내리는 것은 음(陰)이 양(陽)을 위협하는 형상이라 하였으니, 신하가 강성해서 그러는 것이 아니냐?"[23]

명종 때에는 추석이 지났는데도 밤에 천둥이 사납게 울리고 우박의 피해가 크자, 승정원에서는 이를 이용해 당시 문신들이 가지고 있던 불만 사항을 해결했다. 평소 가슴 속에 담아만 두었던 숙원 과제를 우박이 풀어 준 것이다.

"(상략) 상께서도 천재를 만나면 경계하고 두려워하는 뜻을 가져야 합니다. 그런 뒤에야 위로는 천심에 응답하고, 아래로는 민심에 순응할 수 있는 것입니다. 오늘 있을 전강(殿講;조선 시대 경서(經書)의 강독(講讀)을 장려하기 위하여 실시한 시험)이 비록 재앙을 그치게 하는 도리에 크게 해로운 것은 아니나, 재앙을 만났을 때 치도(治道)를 자문하는 일이 아니니 잠시 정지하는 것이 낫겠습니다. 신들이 전하의 측근에 있으면서 품은 뜻을 진달하지 않을 수 없으므로 아뢰는 것입니다."[24]

임금은 흔쾌히 신하들의 진언을 받아들여 전강을 정지했다. 당시 명

---

23 연산 4년(1498) 9월 2일(정유) 1번째 기사 일부, 연산군일기 31권
    (국사편찬위원회 조선왕조실록 http://sillok.history.go.kr/id/kja_10409002_001 accessed 2017.12.29.)
24 명종 6년(1551) 9월 10일(을미) 2번째 기사 일부, 명종실록 12권
    (국사편찬위원회 조선왕조실록 http://sillok.history.go.kr/id/kma_10609010_002 accessed 2018.06.25.)

I. 임금을 가르친 하늘

종은 전강에서 문신들에게 이문(吏文:조선 시대에 중국과 주고받던 문서에 쓰던 특수한 용어나 문체)과 한어(漢語:중국어)를 강(講)하려 했는데 문신들의 반대가 심한 상황이었다.

그러면 안개는 어떠했을까? 고려 시대에는 안개도 큰 재이로 여겼으나 조선 왕조에 들어서는 큰 의미를 부여하지 않았다.

고려 명종 때에는 입동 이래로 짙은 안개가 끼고, 또한 날마다 가랑비처럼 안개가 내려앉은 적이 있었다. 일관이 임금에게, "안개라는 것은 사사로운 기운으로, 음이 양에 충돌하고 간신이 군주에게 모반하려 하면 하늘에서는 가랑비가 되고 땅에서는 안개가 되는 것"이라고 하면서 덕을 닦아 이변을 소멸시키도록 청했다.

그러나 세종 때에 와서는 안개 같은 것은 괴이한 현상이 아니므로 차후에는 서운관에서 번거롭게 보고하지 말라고 했다. 안개는 천재에서 제외시킨 것이다.

Ⅱ

최고의 금기 사항,
천기누설(天機漏泄)

1

천문 정보는 국가 기밀이었다

극비 사항이었던 천문 정보

동서양을 막론하고 옛날의 임금들은 국정 운영에 있어 별의 움직임 등 하늘의 변화에 극히 민감했다. 그 이유는 천문 현상을 왕권의 안위를 나타내는 표지자로 생각했기 때문이다.

과학 기술이 발달하지 않았던 당시로서는 임금들이 일식·월식, 혜성이나 유성의 출현, 태백성이 낮에 보이는 현상 등 대부분의 천문 현상을 하늘의 어떤 암시, 특히 '왕위와 관련한 하늘의 뜻'으로 해석하여 이를 대단히 중요한 통치정보로 인식한 것이다.

천문을 중요하게 생각한 흔적은 세계 각지에서 확인되는데, 우리나라에서는 이미 기원전 3000년경에 천문도(天文圖)를 고인돌에 새겨 넣었다.

신라나 고구려에서는 당나라에 유학갔던 승려 등에 의하여 중국의 천문도가 전래되었는데, 이 천문도는 왕실의 권위를 나타내는 핵심 상징물이었다.

조선 왕조에서는 태조 4년(1395)에 왕명으로 「천상열차분야지도(天象列次分野之圖)」를 돌에 새겼다. 현재 국보 제228호로 지정되어 있는 이 별자리 석판은 돌에 새겨진 것으로는 세계에서 두 번째로 오래된 별자리 지도다. 이 각석(刻石)은 임진왜란 때 경복궁에서 사라졌다가 영조 때 찾았는데, 영조는 흠경각[欽敬閣;자동 천문 시계인 옥루(玉漏)를 설치했던 건물]을 짓고 숙종 때에 만든 새 천문도 각석과 함께 이를 보관했다. '천상열차분야지도'란 하늘의 모양을 차(次)와 분야(分野)에 따라 배열하여 그린 그림이란 뜻이다.

임금들이 이렇게까지 천문도를 아꼈던 것이야말로 통치자들의 천문에 대한 각별한 관심을 보여 주는 징표다. 조선 왕조 시대에 관상감과 흠경각의 위치가 왕궁의 정전인 근정전과 지근(至近)거리에 있었다는 점도 국정 운영에 있어 천문을 중요하게 인식하고 활용하였음을 뒷받침한다고 볼 수 있다. 이러니 당시에 천문학을 제왕학(帝王學)으로 일컬었던 것도 무리는 아니다.

그렇다면 임금들은 실제로 천문을 어떻게 생각했을까? 그들은 천도(天道)는 멀어서 알기 어려워 혹 천변이 있더라도 어떤 일이 원인이라고 특정할 수 없고, 또한 그것이 무엇을 뜻하는지 정확히 알 수가 없기에 국가의 변란이나 왕위의 찬탈 등 여러 가지로 해석될 수 있다고 믿었다. 그렇기 때문에 천문 정보는 당연히 비밀스럽게 관리하여야 하고 전파되어서는 안 되는 것으로 여겼다.

천문 현상에 대한 정보는 '모든 조화를 꾸미는 하늘의 기밀', 주 천기(天機)이기에 국가 기밀로 간주한 것이다. 천기누설은 바로 이러한 기밀이 알지 말아야 할 사람들에게 알려지는 것이었다. 이에 따라 조정에서는 법을 제정하여 사사로이 천문을 익히는 사람을 처벌했다.

특히 천문 정보는 임금에게 보고되는 과정에서 최소한의 관계자만 알수 있도록 했으며, 더 나아가 궁 밖에서 천문을 관측하는 외관상감(外觀象監)에는 잡인(雜人)의 출입을 엄격히 금지했다.

당시 조선에서는 천문 관측 기구인 간의(簡儀)를 관천대(觀天臺)에 올려놓고 천체를 관찰했다. 경복궁에는 대간의를 설치하여 관측했는데 이곳을 내관상감이라 불렀다. 그리고 지금의 현대건설 사옥 자리에 있었던 서운관에 소간의를 설치해 천문을 관측했는데 이곳을 외관상감이라 칭했다.

임금은 성변에 관한 보고 내용은 단지 승정원에만 내려 줄 뿐이고 외부로는 일체 전파하지 않았다. 승정원으로 하여금 보고서를 들일 때에도 다른 사람이 볼 수 없도록 밀봉해서 올리게 했다.

그러면 국가의 비밀에는 천문 정보만 있었을까? 관상감에서 정하는 임금과 왕비의 합궁(合宮) 날짜와 관련된 내용도 극비 중의 극비였다. 임금과 왕비의 합방일을 결정하는 것은 왕자 생산을 염두에 두었기 때문에 절차가 복잡하고 은밀할 수밖에 없었다. 이때 왕비의 사주 등은 아무나 열어볼 수 없는 특급 비밀이었다.

이와 함께 비를 오게 하는 방법도 중요한 비밀이었다. 당시 사람들은 가뭄 때 주문(呪文)이나 방술을 사용해 음양의 작용을 일으키고 이를 통해 비를 오게 할 수 있다고 믿었는데, 이때 사용되던 술법을 음양압승술(陰陽壓勝術)이라 한다. 이 음양압승술은 비밀의 술수였기에 조정에서는 백성들로 하여금 함부로 가르치거나 배우지 못하게 했다.

천기누설을 극히 우려했던 임금들의 고뇌

천문 정보가 중요한 국가 기밀이다 보니 이에 대한 보안 또한 엄격했다. 세종은 천문 정보의 비밀 유지를 위해 서운관 내에서조차도 천문 분야와 다른 직종 간의 정보 공유도 금지시킬 정도였다.

당시 서운관에는 천문·금루(禁漏:궁중의 물시계를 관리하는 일을 맡아보던 잡직 벼슬)와 풍수학이 소속되어 있었는데, 맡은 임무가 각각 다르고 업무상 서로 관계도 없었다. 이에 세종은 분야별로 각각 인원수를 정하고 맡은 일에만 전념하도록 함으로써, 금루 직종의 사람이 천문의 비밀을 아울러 익히게 되는 사례가 발생하지 않도록 조치했다.

세종은 보안 관리에 그야말로 철두철미했다. 천문 분야에 속하게 될 사람은 공개적으로 그 능력을 시험하여 뽑지 못하게 하고, 천문 지식이 서로 비밀히 전해지게 했다.

비밀 유지에는 가족만 한 사람이 없을 터. 따라서 조선 왕조에서는 관상감 천문 관원의 자리가 많은 경우 세습되었다. 한국학중앙연구원 나영훈 교수의 연구에 따르면 조선 후기에는 관상감의 천문 관원 10명 중 8명은 부친, 조부, 증조부나 외할아버지 등 4대조 안에 천문 분야를 전공한 관상간 관리가 있었다.

나영훈 교수는 『운관선생안(雲觀先生案)』에 기재된 종5품 판관 이상의 관상감 관원을 대상으로 '친족 네트워크'를 분석했다. 『운관선생안』은 조선 후기 관상감 관원들의 명단으로 총 649명이 등재되어 있는데, 나영훈 교수는 특히 18세기에서 19세기에 해당되는 441명을 대상으로 그들의 성관(姓貫)과 가계, 전공 및 혼인 관계 등을 조사했다.

관상감 관원의 직계 선조인 부친의 경우는 67.8%, 조부는 50.9%, 증조부는 41.9%가 관상감에 근무했다. 집안에 따라서는 8대에 걸쳐 관상감 관원을 배출했고, 어느 집안은 다섯 아들·여섯 손자·네 명의 증손 도합 15명이 3대에 걸쳐 관상감에서 봉직했다.

어디 그뿐인가. 한발 더 나아가 관상감 관원을 배출한 가문끼리 서로 통혼하는 풍조도 강해졌다고 한다. 관상감 관원의 외조부는 38.5%, 처부(妻父)는 32.8%가 천문학 전공자였다. 관상감 천문 관원의 세습적 자리 승계는 천문 지식의 비밀 유지는 물론이거니와 전문성의 계승 측면에서도 큰 의미를 지닌 것으로, 집단 내부의 협동을 중시했던 전통이었다고도 할 수 있다.[25]

천문 서적 또한 당연히 엄중한 보안 관리 대상이었다. 하다못해 세종은 서운관이 간수했던 『천문비기(天文秘記)』까지도 궐내로 옮겨 보관토록 했다. 이때 세종은 승정원에 비밀 관리의 중요성을 강조하면서, 사신이 중국에 갔을 때 서류를 비롯한 여러 물건을 도둑맞았던 경험을 예로 든다.

---

25 나영훈, 「조선 후기 관상감(觀象監) 관원의 친족 네트워크와 결속」, 한국학 2019 가을호 제42권 제3호(통권 제156호), 한국학중앙연구원, pp51-52·p58·p64

"옛날에 입조(入朝)하다가 도둑의 겁탈을 당하였다. 그 뒤에 형부(刑部: 중국의 사법 담당 부서)에서 그 도둑을 잡아 그 물건을 모조리 찾았는데, 작은 조각편지[片簡]까지도 나왔다. 만일 비밀 문서가 있었다면 후회한들 무슨 소용이 있는가.

조국관(趙克寬)이 일찍이 아뢰기를, '비밀의 일은 사목(事目)에 적어서는 안 됩니다.' 하기에, 내가 옳게 여기었다. 지금 경 등은 이 뜻을 알지 못하고 천문과 같은 비밀한 것도 모두 사목에 적으니 대단히 불가하다. 금후로는 비밀한 일은 사목에 적지 말고 따로 한 본(本)을 써서 통사(通事;통역)로 하여금 노중(路中)에서 외어 익히고, 의주(義州)에 이르거든 머물러 두고 가게 하라."[26]

천문의 비밀 유지에 대한 세종의 생각이 오롯이 담겨 있다.

세종에 비해 세조는 천문 정보 등의 비밀 사항이 특히 임금에게 보고되는 과정에서의 누설을 더 염려했다. 하루는 음양학 제조(陰陽學 提調)가 역일법[曆日法;천체의 운행(運行)을 추산하여 세시(歲時)를 정하는 방법]을 서운관에서 관장할 것을 건의하자 세조는 이를 윤허한다.

"역일법은 중국 조정에서도 이를 비밀로 하여 동지 전에는 반포를

---

26   세종 27년(1445) 12월 26일(을축) 1번째 기사, 세종실록 110권
     (국사편찬위원회 조선왕조실록 http://sillok.history.go.kr/id/kda_12712026_001 accessed
     2016.11.25.)

허가하지 않고 있습니다. 이제 교서관(校書館:조선 때 경서(經書)의 인쇄나 교정,

향축(香祝), 인전(印篆:도장에 새긴 전자)등을 맡아 보던 관아)으로 하여금 감인(監印)하게

하니 비밀로 되지 않을 뿐 아니라, 서원(書員)이나 장인(匠人)들이 임의

로 사인(私印:비밀히 간행)함은 불가합니다. 청컨대 구례(舊例)에 의하여 서

운관으로 하여금 이를 관장하도록 하소서."[27]

　　나중에 세조는 모든 비밀 사항의 보고 절차까지 변경했다. 종전에는

비밀이라 하더라도 승정원에서 먼저 무슨 내용인지 확인하고 임금에게

보고했는데, 이렇게 하다 보니 임금이 알기 전에 기밀이 외부로 누설되

는 경우가 많았다. 세조는 이러한 폐단을 없애기 위해 기밀 사항은 임금

에게 먼저 보고한 후에 승정원에 그 내용을 알려주도록 조치한 것이다.

　　한편 성종은 즉위 초기 천문 관측 업무에 대하여는 관상감 관원보다

더 신뢰했던 문신들조차도 천문 정보에 대한 비밀 관리가 허술하다 하

여 엄히 질책했다.

　　　"그대들이 천문을 살펴보고 사람들에게 전하여 말하니, 어리석고 미

　　　혹된 무리들이 이로 인하여 혹 요언(妖言)을 퍼뜨리는 자들이 있는데,

　　　그대들은 모두 이치를 아는 사람들로서 어찌 이와 같은가? 그러니

27　　세조 7년(1461) 3월 6일(정미) 3번째 기사, 세조실록 23권

　　　(국사편찬위원회 조선왕조실록 http://sillok.history.go.kr/id/kga_10703006_003 accessed

　　　2017.09.15.)

마땅히 비밀로 하도록 하라."[28]

세월이 지날수록 임금들의 천문 정보에 대한 비밀 유지 조치는 더욱 강화되었다. 현종(顯宗)은 승정원의 승지와 사관까지도 천문 정보에 대하여 알지 못하게 했다. 어느 날 한 신하가 재변에 대한 상소와 함께, 역대로 혜성이 나타났을 때 논한 바를 모은 것이라고 하면서 책자 하나를 임금에게 바쳤다. 그런데 그가 그 상소를 견고하게 봉해 승지와 사관으로 하여금 뜯어보지 못하게 했다.

승지와 사관이 누군가? 지엄하고 때로는 내밀한 왕명을 출납하고 모든 정사를 세세하게 기록하는 사람들이 아니던가. 승정원에서 가만히 있었을 리 없다. 도승지가 현종에게 항의성 간언을 했으나 현종은 수용하지 않았다. 임금에 대한 보고 절차상 어쩔 수 없이 승지와 사관을 거치지만 대부분의 임금들은 천문과 관련되는 정보만큼은 임금 혼자 보기를 내심 원했던 것이다.

---

28   성종 21년(1490) 10월 15일(계해) 2번째 기사, 성종실록 246권
      (국사편찬위원회 조선왕조실록 http://sillok.history.go.kr/id/kia_12110015_002 accessed
      2018.01.16.)

철저했던 천문 기상 정보 보고 시스템

조선 왕조에서는 국가에서 서운관을 설치한 것이 오로지 악한 기운을 살피고 재이와 상서(祥瑞;복되고 길한 일이 일어날 징조)를 살피기 위한 일이라고 생각했다. 그러므로 서운관에서는 천상(天象)에 관계되는 일이라면 햇무리나 유성, 안개와 같이 자주 일어나는 것들도 반드시 일어나는 대로 곧바로 임금에게 보고하고, 이보다 큰 것은 더욱 상세히 보고했다. 각도의 지방관들은 각각 그 지방에서 일어난 재이와 상서를 보고하고, 또 각도에는 겸춘추(兼春秋)가 있어서 평상시와 다른 모든 조짐을 보고 듣는 대로 곧 춘추관에 알려 사책(史冊)에 기록하도록 했다.

조선 시대 서운관에는 천문학 3명, 명과학 1명이 밤낮으로 연이어 입직하고, 지리학 관원 1명은 낮에만 근무했다. 천문학 관원 3명은 낮과 밤의 시간을 상·중·하로 번(番)을 나누어 교대로 근무하면서 관천대에서 측후했고, 명과학 관원은 오로지 길한 날짜와 시간 그리고 길한 방위를 가리는 일만 맡았다.[29]

『서운관지(書雲觀志)』에는 천문 현상 13종, 기상 현상 18종과 지진 등 지질 현상 2종을 합하여 총 33종의 천변과 지변이 관측 대상으로 기록되어 있다. 『서운관지』는 조선 후기의 천문학자 성주덕이 순조 18년(1818)에 저술한 책으로, 서운관의 개요와 서운관원의 채용 및 인력 운용 그리고 천문·지리·역법과 기상 관측 및 관측 기기 등에 대하여 기술하고 있다.

---

29   성주덕 편저/이면우·허윤섭·박권수 역주, 『서운관지』, 소명출판, 2003.04., p78

그러면 극비 사항이었던 천문 정보의 보고 절차는 어땠을까? 우선 성변 등이 관측되면 관상감에서는 임금과 상급 기관에 보고하는데, 관측 현상에 따라 구두로 즉시 보고하는 즉계(卽啓)와 단자(單子;보고서)를 작성하여 보고하는 서계(書啓)의 두 가지 방식이 있었다.

'즉시 구두 보고' 대상의 천변지괴가 일어나면 상번(上番)이 관측 즉시 승정원과 시강원(侍講院;조선 시대 왕세자의 교육을 담당하기 위하여 설치되었던 관서)에 구두로 보고하여, 임금과 세자에게 아뢰게 했다. 밤이면 임금의 침실 문틈으로 긴급히 쪽지(小單子)를 밀어 넣어 보고했다. 임진왜란을 겪었기 때문이었을까, 선조와 광해군은 천변에 대해 다음날 그 전보다는 더 상세하게 관상감이 직접 대면 보고하게 했다. 한편 중번(中番)과 하번(下番)은 세 정승과 관상감의 두 제조에게, 그리고 행정 실무자인 서원(書員)은 구임관(久任官)에게 구두로 보고했다. 그러니까 중요한 천변에 대하여 즉시 보고받는 사람은 임금과 세자를 포함하여 8명 내외에 불과했다.

즉시 보고 대상은 9종이었다. 이 9종의 천문 기상 현상이 당시로서는 그만큼 중요했다는 이야기다.

흰 무지개가 해를 관통하는 백홍관일(白虹貫日)과 흰 무지개가 달을 관통하는 백홍관월(白虹貫月), 지동(地動)과 지진(地震;빠른 것을 지동이라 하고 느린 것을 지진이라 한다), 객성(客星;항성이 아니고 일시적으로 보이는 별), 혜성, 패성(孛星;꼬리가 분명하지 않거나 전혀 없는 상태의 혜성으로 비치는 빛살이 사방으로 나오는 것), 치우기(蚩尤旗;꼬리가 깃발이 나부끼듯 구부러진 혜성), 영두성(螢頭星;별이 낮에 떨어지는 것, 운석)이 관측되자마자 즉시 보고해야 하는 주요 천변지괴였다. 이때 백홍관일과 백홍관월은 관측 내용뿐만 아니라 관측한 형상까지 그려서 보고했

다. 해와 달에 관련되는 현상은 더욱 상세하게 보고한 것이다.[30]

한편 '서면 보고'는 성변이 관측될 때 관상감 관원들이 '성변측후단자 (星變測候單子)'를 작성하여 상부에 보고하는 방식으로 이루어졌다. 성변측후단자에는 관측내용과 함께 관측자의 직위와 성(姓)이 기재되었다. 『성변등록(星變謄錄)』은 이러한 성변측후단자를 책으로 묶어 정리한 것으로 관상감의 관측일지 모음집인데, 현재 원본 3권이 전해지고 있다.

객성・혜성・패성・치우기 등의 중요한 성변 관측에는 현직 관상감 관원 외에 전직 관상감 관원과 함께 홍문관 등 중앙 관서의 전・현직 문신 두세 명이 참여했는데 이들을 문신측후관(文臣測候官)이라 불렀다. 이러한 성변 관측에는 일상의 입직관(入直官)들 외에 별도로 차출된 관원들도 합류했는데 이들은 별측후관(別測候官)이라 불렀다.[31]

중요한 성변 외에 무지개, 천둥, 번개, 우박, 안개, 서리, 눈, 비, 흙비 〔土雨;바람에 날려 올라갔던 모래흙이 비처럼 땅으로 떨어지는 것〕 등의 기상 현상도 규정에 맞추어 서면으로 임금에게 보고했다.

관상감 관원들은 임금에게 보고는 보고대로 하되, 세부적인 내용은 『풍운기(風雲記)』에 남겼다. 『풍운기』는 조선 시대 관상감에서 하루 동안 측후한 바를 그림과 함께 기록한 측후 기록 원부다. 매일 오전・오후와 매 경(更)에 무슨 변이 있었는지를 조목별로 나누어 적고, 각 시간대별로 측후를 담당한 관원의 성명을 적어 훗날의 고증에 대비했다. 경은 일몰

---

30 성주덕 편저/이면우・허윤섭・박권수 역주, 『서운관지』, 소명출판, 2003.04., pp79-80
31 성주덕 편저/이면우・허윤섭・박권수 역주, 『서운관지』, 소명출판, 2003.04., pp112-113

부터 일출까지 하룻밤을 다섯으로 나누어 부르는 시간의 이름으로, 밤 7시부터 시작하여 두 시간씩 나누어 각각 초경, 이경, 삼경, 사경, 오경이라고 이른다. 경은 다시 다섯 점(點)으로 나뉜다. 한편 날씨의 경우에는 그날의 일기를 청(晴, 맑음), 담(曇, 흐림), 우(雨, 비), 설(雪, 눈), 상(霜, 서리), 무(霧, 안개) 등으로 상세히 기록하고 관측 일지에 서명했다.[32]

만약 측후하는 것을 빠뜨리고 보고하지 않은 것이 있으면 그 시간대를 맡은 해당 관원을 처벌했으며, 매년 정월과 7월의 상순에 6개월 동안의 성변을 모아 정리해서 춘추관에 보고했다.[33] 이렇듯 '관측 실명제'에 처벌까지 엄했으니 관상감 관원들은 한시라도 긴장의 끈을 놓을 수가 없었을 것이다.

임금이 궁금해한 것은 천변만이 아니었다. 농경 사회에서 가장 중요한 비의 양, 즉 측우기의 수심도 동틀 무렵부터 해질 때까지의 것은 해진 뒤에 서면으로 임금에게 보고하고, 해진 후부터 오경(五更;새벽 5시)까지의 것은 개문하기를 기다려 서면으로 보고하는 등 보고 체계가 정밀했다.

---

32   박성래, 「풍운기」, 『한국민족문화대백과사전』, 한국학중앙연구원

33   성주덕 편저/이면우 · 허윤섭 · 박권수 역주, 『서운관지』, 소명출판, 2003.04., pp84-85

보고 잘못에 따른 엄한 처벌

천문 현상에 대한 보고가 이렇게 엄격하다 보니 보고가 늦거나 보고를 하지 않았을 때, 또는 관측이 정확하지 않았을 경우에는 파직되거나 직첩(職牒)을 빼앗기고 장형에 처해지기도 했다. 직첩은 조정에서 내리는 '관리 임명장'이다.

엄한 처벌이 있어도 임무를 해태하는 관원은 있기 마련이다. 비록 천변이 있어도 한밤중에는 전혀 보고하지 않는가 하면 임금이 친히 하늘을 살폈는데도 관상감에서는 보고조차 하지 않은 경우도 발생했다. 이럴 때는 더욱 엄한 징계를 받았는데, 특히 조선 명종 때 그러한 경우가 많았다.

한편 세종은 어느 날 날이 흐리고 구름이 이는 것만 보고 유성의 변화를 살피지 않았다 하여 해당 서운관원에게 장 60대를 치도록 하면서, 서운관 관원들의 보고 행태에 대하여 개선을 명했다.

> "서운관은 직책이 천후(天候)를 맡았으므로, 하늘의 변동을 자세히 살피지 않을 수 없다. 그런데 관리들이 마음을 써서 살피지 않기 때문에 비록 천변이 있어도 잠시 동안은 계달하지 않고서, 유성·햇무리·해 귀고리[日珥] 따위와 같은 것은 사람들이 함께 보는 것이기 때문에 살펴보고 아뢰고, 만약 그것이 사람들이 알지 못하는 변이면 계하지 아니하니, 좌경(坐更)의 예에 의하여, 천후를 맡은 관리는 1경(更)마다 몇 사람을 정하여 천문을 살피게 하여, 각각 그 소견대로 성문 열

기를 기다려 아뢰게 하는 것이 어떻겠는가."[34]

좌경은 밤에 궁중의 보루각(報漏閣;장영실이 만든 자격루가 설치되어 있던 전각)에
서 북과 징을 쳐서 시각을 알리던 일이다. 경을 알릴 때에는 북을 치고
점에는 징을 쳤으며, 서울 각처의 경점 군사가 이 소리를 받아 다시 북
과 징을 쳐서 차례로 알렸다.

현종 때에는 어느 날 혜성이 나타났는데 여러 날이 지났어도 관상감
관원이 승정원에 알리지 않았다. 승정원에서 이 사실을 임금에게 보고
하자 임금은 엄한 벌을 내린다. 반란이 일어날 징조로도 해석되는 혜성
에 대하여 보고에 문제가 있었으니 무사할 리가 없었다. 현종은 입직했
던 관상감 관원을 전원 구속시켰다.

그러나 문제가 생겼다. 임금이 단호한 조치를 취하긴 했지만 막상 그
렇게 하고 보니 관상감에 정작 중요한 천변을 관측할 관원이 부족했던
것이다. 현종은 할 수 없이 곤장만 치고 구속되었던 관상감 관원 모두를
풀어 주었다.

업무를 해태한 천문 기상 관원에 대한 처벌은 주로 승정원이나 사간
원 또는 의금부에서 임금에게 건의하거나, 경우에 따라서는 임금이 직
접 처벌을 명하기도 하고 관상감에서 임금에게 건의하기도 했다.

---

34   세종 13년(1431) 6월 3인(을미) 2번째 기사 일부, 세종실곡 52권
    (국사편찬위원회 조선왕조실록 http://sillok.history.go.kr/id/kda_11306003_002 accessed
    2016.11.03.)

처벌받은 사람은 대부분 천변을 관측하던 당직 관상감 관원이지만, 사안이 중대하다고 판단되면 관상감 제조도 예외가 아니었다. 그도 파직이나 중징계로부터 자유롭지 못했다. 관상감의 관제상 수장은 정3품의 관상감정(觀象監正)이었고, 서운관 시절에는 판서운관사였다. 제조는 조선 시대, 기술·잡직 계통의 중앙 관아에서 종1품이나 정·종2품의 품계를 가진 사람이 겸직으로 임명되었는데, 직제상 기관장은 아니지만 맡은 관아의 업무를 지휘 감독하는 역할을 담당했다.

천문음양서
- 임금에게는 비록(秘錄), 백성에게는 목숨까지 잃는 불온서적

그렇다면 조선의 임금들은 천문·지리·음양 서적들을 어떻게 관리했을까? 임금들은 자신의 처지, 특히 집권 과정의 정당성 여부 등에 따라 강도의 차이는 있지만 천문이나 풍수지리 그리고 길흉화복을 점치는 음양 관련 서적을 독점하려 했다.

백성에게는 책의 소지는 물론 열람도 금하고, 심지어는 서적을 불태워 없애버리기도 했다. 그 이유는 간단했다. 이러한 서적들이 본래의 취지를 벗어나 왕위의 찬탈이나 국가의 흥망 등과 연관되어 잘못 이용되지 않을까 두려워했기 때문이다.

고려 때에도 사정은 비슷했는데, 제16대 임금 예종이 유별났다. 그는 즉위하자마자 유학에 조예가 깊은 문신들과 일관들로 하여금, 음양지리에 관한 여러 학자들의 서적을 종합하여 한 권의 책으로 편찬케 했다. 그리고는 책 이름을 지어 주었는데 그것이 『해동비록(海東秘錄)』이었다.

예종은 책의 보관 장소까지 지정했는데 정본(正本;원본)은 어부(御府;임금의 물건을 보관하던 곳)에 소장하게 하고, 부본(副本)은 중서성(中書省), 사천대 및 태사국에 내려 주었다. 책 이름도 '비록'이라고 붙일 정도로 비밀스럽게 칭하고, 배포처도 오직 고려 시대 최고의 정무 기관인 중서성과 천문 기상 관련 부서로만 한정했다.

고려 예종과 묘호가 같은 조선의 제8대 임금 예종(睿宗)도 고려 예종과 비슷했다. 그도 즉위 초부터 천문·지리·음양 서적을 왕위와 국가의 존망 등도 점칠 수 있는 비밀 서적으로 여겨 그 관리를 대단히 엄격히 했다.

예종은 관상감 훈도(訓導)가 천문서인 『해탁자림(解拆字林)』과 『금연진경(禽演眞經)』을 한 왕족에게 빌려준 사건이 일어나자 관상감 훈도를 곧바로 의금부 옥에 가두고 궁궐의 비밀 서적을 사사로이 빌려준 이유를 캐물었는데, 이로 인해 옥에 갇힌 관리가 50여 명이나 되었다.

임금은 향후 재발되지 않도록 엄중한 다짐을 받고 일단 이들을 풀어 주었다. 이를 계기로 예종은 천문음양서의 관리를 더욱 강화하게 되었는데, 그동안 관상감에서 관리해오던 것을 꼭 필요한 책을 제외하고는 모두 대내(大內;임금이 거처하는 곳)로 들여놓도록 조치했다.

예종은 더 나아가 『주남일사기(周南逸士記)』, 『삼성밀기(三聖密記)』 및 『호중록(壺中錄)』 등 여러 고서적과 함께, 모든 천문·지리·음양에 관계되는 서적을 집에 간수하고 있는 자는 그 서적을 조정에 바치도록 했다. 바친 사람에게는 2품계를 높여주되, 상으로 받기를 원하는 자와 관청이나 개인 집의 노예에게는 면포 50필씩을 주었다. 숨기고 바치지 않는 자를 신고한 사람에게는 앞의 항목에 따라 상을 주었다. 그러나 숨긴 자는 엄벌에 처했다. 참형(斬刑)이었다. 책을 숨기면 목숨을 잃는 것이었다.

조선 왕조의 정종과 연산군은 다른 시각에서 백성들의 천문음양서 접근을 차단하려 했다. 정종은 개경의 수창궁이 불타자 한양으로의 환도(還都) 문제를 논의하면서, 문신들에게 서운관의 비밀 도서를 참고하여 환도의 이해득실을 의논해 보고토록 했다. 그런데 신하들의 의견이 분분했다. 임금은 참위술수(讖緯術數;미래 길흉화복의 조짐이나 그에 대한 예언, 또는 그런 술수를 적은 책)의 말이 이러쿵저러쿵하고 또 그것이 민심을 현혹시킨다고 하면서, 술수ㆍ지리에 관한 서적을 감추도록 서운관에 명했다. 음양서에 대해 의구심도 있었지만 무엇보다도 국론 분열을 막기 위해 관련 서적을 은닉하도록 어명을 내린 것이다.

연산군 역시 천문 서적의 오용에 대해 두려워한 것은 마찬가지였다. 하루는 유성이 나타나자 관상감으로 하여금 천도(天圖)의 여러 별 가운데 유성이 가다 그친 데를 표시해 들이도록 했다. 그러면서 연산군은 천도를 가진 자는 그것을 궁궐에 바치게 하고, 만일 천도를 들이지 아니했다가 뒤에 탄로 나는 자가 있으면 강력히 처벌하겠다고 엄포를 놓았다.

정종과 연산군, 두 임금은 왕위의 안전도 안전이지만 국론 분열이나 신하들의 충언을 막기 위한 측면에서 조치를 취한 것으로도 보인다.

조선 시대의 영의정, 기상청장을 겸임하다

조선 왕조에서는 영의정이 서운관이나 관상감의 수장인 영서운관사 또는 영관상감사를 당연직으로 겸임했다. 영서운관사나 영관상감사는 정1품으로서 관상감의 명목상 최고책임자다. 이에 따라 천문 정보의 보고 과정에서 영의정은 천기를 빨리 알 수 있는 위치에 있었다.

영의정의 영관상감사 겸직은 '정승이 음양을 다스린다'는 의미가 강했다. 즉, 민생과 함께 억울한 형옥은 없는지 등을 살펴보기 위한 차원에서 필요했기 때문으로 보인다. 『경국대전(經國大典)』 「이전(吏典)」 '경관직(京官職)' 조에 의하면, 의정부의 기능은 백관을 통솔하고, 서정(庶政)을 공평하게 하며, 음양(陰陽)을 고르게 하고, 나라를 경륜해 가는 것으로 규정되어 있다.[35]

이러한 상황은 고려도 비슷했는데, 공민왕은 신돈(辛旽)에게 공신호(功臣號)를 내리고 영도첨의사사사(領都僉議使司事) 및 판중방감찰사사(判重房監察司事) 등의 중요한 관직 외에 겸판서운관사(兼判書雲觀事)직을 함께 제수했다. 인사권을 비롯한 내외의 모든 권력을 장악하여 절대적인 힘을 행사할 수 있는 신돈이 서운관의 최고 책임자 자리를 겸임한 것이다.

공양왕 때는 정몽주(鄭夢周)가 문하찬성사(門下贊成事) 겸 성균관 대사성

---

05 「의정부 시사제」, 우리역사넷, 국사편신위원회
(http://contents.history.go.kr/front/hm/print.do?treeId=010501&tabId=03&levelId=hm_07 4_0040&whereStr=accessed 2020.11.10.)

영서운관사(成均館 大司成 領書雲觀事)가 되었는데, 정2품의 정승으로서 서운관의 으뜸 벼슬을 겸직한 것이다.

서운관은 세조 때 관상감으로 명칭이 변경되었는데『경국대전』에 의하면 기관장이 오늘날의 1급 관리관급인 정3품의 기관이지만, 당시 80여 개의 관청 중 정1품의 영의정이 영사(領事)직을 겸임하는 몇 안 되는 중요한 관청이었다. 당시 영의정이 영사직을 맡은 관아는 관상감 외에 홍문관(弘文館)·예문관(藝文館)·춘추관(春秋館) 등이었다.

『조선왕조실록』에 따르면 처음으로 서운관의 영사직을 겸임했던 영의정은 태종 때의 유정현(柳廷顯)이었다. 그 후 서운관이나 관상감의 영사직을 겸임한 주요 영의정으로는 세종 때의 이직(李稷)과 황희(黃喜), 단종 때의 수양대군 그리고 세조 때의 정인지(鄭麟趾) 등이 있다.

그중에서도 대표적인 인물은 세조였다. 수양대군은 계유정난(癸酉靖難) 바로 다음날 영의정에 오르는 동시에 영경연서운관사를 겸직함으로써, 천기를 빨리 보고받을 수 있게 되었다.

2

핵심 국정 자문관이었던 고려의 일관(日官)

옛사람들은 천문과 기상을 어떻게 생각했을까?

옛사람들은 천문을 왕의 안위나 국가의 홍망성쇠를 예견하는 징표로 받아들였다. 또한 농경 사회에서는 기상 재해로 인한 기근 등으로 왕위까지 위태로워질 수 있었기 때문에, 기상 역시 지대한 관심의 대상이었다.

특히 천문에 대한 관심은 우리의 역사 기록에 고스란히 남아 있다. 한국천문연구원 고천문연구센터의 민병희 박사가 분석한 자료에 따르면 천문 기록 글자 수가 『삼국사기』 3,762자, 『고려사』 7만 7,908자, 『고려사절요』 5,564자, 『조선왕조실록』 30만 5,070자이며, 『승정원일기』, 『동궁일기』, 『비변사등록』 등의 기록에도 수십만여 자가 될 것으로 추정하고 있다.

그러면 기상에 대하여는 어떠했을까? 유네스코 세계 기록 유산인 『승정원일기』의 기록 순서를 보면 날씨를 가장 먼저 적고, 그다음에 그날 임금이 머물렀던 장소에 이어 그날 일어난 주요한 일을 기록했다. 이는 그날의 기상 상황과 임금이 머문 장소가 가장 중요한 정보라는 뜻이라고도 해석할 수 있다.

『삼국유사』를 보면 「제1기이〔紀異第一〕」편 '고조선 왕검조선'조에 풍백·우사·운사〔雲師〕의 이야기가 나온다. 환인〔桓因〕의 아들인 환웅〔桓雄〕이 무리 삼천을 거느리고 태백산 꼭대기 신단수〔神檀樹〕 아래에 내려와 신시〔神市〕를 열었다. 그때 환웅은 풍백·우사·운사를 데리고 곡〔穀〕·명〔命〕·병〔病〕·형〔刑〕·선악 등 무릇 인간의 360여 가지 일을 주관하며 세상을 다스리고 교화하였다고 기록되어 있다.

그러면 풍백, 우사, 운사는 누구일까? 일부 학자는 풍백을 바람을 관장하는 신, 우사는 비를 관장하는 신 그리고 운사는 구름을 관장하는 신으로 해석하고 있다. 또 다른 학자는 풍백은 풍속을 단속하고 교화하는 관직, 우사는 관개〔灌漑〕를 책임진 관직, 운사는 천문을 책임진 관직으로 추정하기도 한다. 어찌 됐든 이렇게 중요한 관직의 이름에 바람〔風〕, 비〔雨〕, 구름〔雲〕을 넣은 것은 그 당시에도 천문과 함께 기상을 중요하게 인식하고 있었다는 증표라고 볼 수 있다.

고구려의 건국 설화를 보면 시조 주몽의 어머니 유화 부인은 하백〔河伯〕의 딸로 나온다. 하백은 중국 신화에서 물의 신〔水神〕이다. 이는 주몽이 하백의 외손으로서 '물의 신'이 가진 영험한 재주를 지녔다는 것으로, 주몽이 비를 다스리는 주술적 능력을 가지고 있음을 뜻한다. 기상 특히 비가 얼마나 중요했으면 건국 설화에까지 그 내용을 담았을까.

조선 왕조에 들어서는 특히 가뭄 때에 우사의 역할에 대해 각별한 인식을 보여 준다. 종묘에서 기우제를 지낼 때 세종이 내린 제문에서 우사에 대한 간절한 소망을 엿볼 수 있다.

> "(상략) 한재(旱災)로써 우리의 누른 곡식을 해쳤습니다. 다만 내가 덕이
> 없으므로 실로 죄와 허물이 있지마는, 이 백성은 무슨 까닭으로 이런
> 재앙을 만나리까. 내 마음의 근심과 두려움이 어찌 그 다함이 있겠
> 습니까.
> 사람이 궁하면 반드시 부모를 부르므로, 감히 이같이 애원하오니, 원
> 컨대, 상제의 궁궐 문을 열고 좌우에서 사정을 진술하여, 이 성물(成物:
> 거짓없는 참된 마음으로 베푸는 것)할 때에 미쳐서 저 우사에게 명하여 비를 흡
> 족하게 내린다면, 연사의 흉년은 면할 수 있으며, 드디어 국가로 하
> 여금 길이 무궁하게 보전할 것입니다. (하략)"[36]

서운관(書雲觀), 운물(雲物)을 기록(書)하다

일관은 고대의 샤먼에서 시작하여 점차 그 직능이 분화하고 변화했
다. 고대 사회에서는 임금의 측근으로서 역수와 간지(干支)를 관장하면
서 일월성신(日月星辰)의 운수를 알려 주었다. 일관은 일식 등 천문의 변

---

36   세종 5년(1423) 7월 13일(신묘) 2번째 기사 일부, 세종실록 21권
     (국사편찬위원회 조선왕조실록 http://sillok.history.go.kr/id/kda_10507013_002 accessed
     2016.12.26.)

화와 자연재이를 관찰하고 그 의미를 점쳤으며, 그 점괘를 바탕으로 국가의 정책 결정에 깊이 관여했다.

삼국 시대에는 일관이 일자(日者)로도 불렸다. 백제에서는 일관들의 업무를 얼마나 중요하게 여겼던지 일반 행정을 담당하던 외관 10부 중의 하나로 일관부(日官部)라는 중앙부처 차원의 관청과 함께 역박사(曆博士)라는 직책까지 두었다.

고려 시대에는 천문 기상 관련 기관이 시대와 임금에 따라 태사국·태복감·사천대·사천감·관후서 등 여러 이름으로 불리고 합병과 분리를 계속했다. 그러다가 충렬왕(忠烈王) 때 당시의 사천감과 태사국을 통합하여 서운관이 되었다.

그러면 서운관이라는 이름은 어디서 온 것일까? 본래 서운관은 '구름(雲)을 살펴보고(觀) 그것을 기록(書)한다'는 뜻으로, '춘분·추분·하지·동지에는 반드시 운물(雲物)을 기록한다'고 한 『춘추좌씨전』의 내용에서 온 것이다. 따라서 서운관의 '관'은 예문관이나 홍문관 등에서처럼 건물이나 기관을 뜻하는 '관(館)'이 아니라 볼 '관(觀)'자를 쓰는 것이다. 여기서 운물은 해 옆에 떠도는 구름의 빛깔인데 춘분과 추분, 하지와 동지에 해가 뜨고 질 때 운물을 보고 하늘의 징조를 예측했다고 한다.

고려 시대에는 서운관에서 천문·지리·역수·측후·각루 등의 일을 담당했다. 서운관은 세조 12년(1466) 관장업무에 점주(占籌;점치는 일)가 추가되면서 관상감으로 개칭되었으나, 서운관이라는 이름은 오랫동안 남아 있었다. 사람들은 관상감보다는 옛 이름인 서운관으로 호칭했던 것이다. 순조 때 천문학자인 성주덕이 펴낸 책 이름이 관상감지(觀象監志)가 아니라 『서운관지』로 했던 것이 그 증거이리라. 이름으로만 보면 서운관보다는 천문이나 기상을 관측한다는 의미의 관상감이 더 합리적인데 말이다.

서운관의 흔적은 궁과 동네 이름에 아직도 남아 있다. 대궐이 아닌데도 궁으로 불렸던 운현궁은 조선의 제26대 임금 고종이 태어나고 대원군이 거처했던 장소다. 당시에는 창덕궁 옆, 현 현대건설 사옥 자리에 외관상감과 관천대가 있었는데, 외관상감, 즉 서운관의 앞 고개를 서운관고개[書雲觀峴]라고 불렀다. 그러다가 줄여서 운관현으로, 나중에는 더 줄여서 운현(雲峴, 구름재)이라 칭했다. 대원군의 사저는 서운관 앞의 구름재에 있다 하여 자연스럽게 운현궁으로 불렸다. 서운관은 대원군 사저 이름과 지금은 그 명칭이 바뀌었지만 운현동이라는 동네 이름에 그 흔적을 남긴 것이다.

조선 왕조에서 서운관은 예조에 속했으며, 이 기관에는 영사(領事) 한 자리가 있는데 영의정이 으레 겸임했고 인신(印信)을 가지고 있었다. 인신은 정사를 집행할 때 쓰는 도장으로, 인신을 가지고 있다는 것은 그 관서 또는 부서의 최고 책임자라는 의미이다.[37]

조선 왕조 초기에 서운관의 정원은 총 34인이었다. 서운관은 이후 몇 번의 직제 개편을 거쳤는데, 관상감으로 개칭될 때 인원도 65명으로 대폭 증원되고 천문학, 지리학, 명과학(命課學)의 3학 체제로 바뀐다. 명과학은 음양, 운명, 길흉 등을 점치는 학문으로, 명과학 관원은 왕비나 세

---

37   성주덕 편저/이면우 · 허윤섭 · 박권수 역주, 『서운관지』, 소명출판, 2003.04., p23

자빈을 간택할 때 대상자들의 팔자를 점치기도 했다. 연산군 때에는 관상감이 잠시 사력서(司曆署)로 격이 낮아졌다가 중종 때 이전의 관상감 체제로 환원되었다.

대부분의 임금들은 관상감을 매우 중요하게 여겼는데, 특히 인조가 유별났다. 오죽했으면 관상감 청사에 '관상감은 측후하는 중요한 곳이므로 다른 관서의 관원들은 관상감에 모여 개좌(開坐;법정이나 관청에서 공사(公事)를 처리하기 위해 관원들이 자리를 정하고 사무를 보는 일)하지 못한다'는 경고문까지 걸어 놓고 관계자 이외의 출입을 완전 금지시켰을까.

관상감은 고종 31년(1894)에 관상국(觀象局)으로 개명되었다가 대한민국에서는 중앙 관상대와 중앙 기상대를 거쳐 오늘날의 기상청에 이르렀다.

국정에 깊이 개입했던 고려 시대의 일관

고려 시대에는 특히 일관들이 국정 운영에 깊이 관여하고 적극적으로 의견을 개진했다. 임금도 일관의 건의를 대부분 수용했을 뿐만 아니라 임금이 먼저 일관의 의견을 묻기도 했다.

고려는 태조 왕건 때부터 일관에 크게 의존한 왕조였다. 왕건은 최지몽(崔知夢)이라는 일관을 늘 자신의 곁에 두고 조정의 대소사를 함께 의논했다. 최지몽은 그야말로 태조의 총애를 받은 측근 중의 측근이었다. 나중에는 최지몽에게 금중고문(禁中顧問)이라는 높은 벼슬까지 내렸다.

그럼 최지몽은 누구일까? 그는 본래 전라도 영암의 호족인 최상흔의 아들 최총진(崔聰進)으로 어려서부터 별에 푹 빠져 천문학과 주역에 능통했고, 점성술에 의한 그의 점괘는 백발백중이었다. 왕건이 이상한 꿈을 꾸고 난 후 전국에 걸쳐 해몽에 능한 사람을 찾았는데, 그가 바로 최총진이었다. 그때 그의 나이 18세였다. 최총진의 해몽을 듣고 난 왕건은 최총진에게 꿈을 안다는 의미의 "지몽"이라는 이름을 하사한 것이다.

최지몽은 태조의 뒤를 이은 혜종(惠宗), 제3대 임금 정종(定宗) 때까지 승승장구하다 11년을 외지에서 보낸다. 그런데 경종(景宗)이 즉위 후 최지몽을 다시 불러들이면서 대광(大匡;고려 전기의 종1품 관직으로 관리들의 품계 중 실질적으로 최고위에 해당) 및 내의령(內議令;고려 초기 정사를 논의하던 내의성의 으뜸 벼슬, 종1품)의 관직과 동래군후의 봉작, 그리고 식읍 1,000호를 내린다. 대광으로 왕명을 다루는 내의령을 겸직하게 된 최지몽은 조정의 실세로 떠오른다.

최지몽은 성종(成宗) 대에 이르기까지 탁월한 예지력으로 임금의 총애를 받았다. 그가 사천관(司天官;천문 기관의 관리)으로 있을 때 유성을 보고 내린 족집게 점술은 혜종을 왕규(王規)의 시해 음모 위기로부터 구해내고, 경종도 왕승(王承) 등의 역모를 모면케 했다. 최지몽은 경사[經史;경서(經書)와 사기(史記)]에 널리 통달하고 천문과 복서(卜筮;길흉을 점침)에 정통한 고려 전기의 문신으로, 여섯 임금을 모시며 국왕의 측근에서 정치적 영향력을 발휘했다.

최지몽은 성종 때 여든한 살의 나이로 별세했는데, 그가 병이 들자 성종이 친히 문병할 정도였다. 성종은 최지몽의 공을 지극히 여겨 막대한 부의(賻儀)를 하사했다. 베가 1,000필, 쌀 300석, 보리 200석, 차(茶) 200

근, 향(香)이 20근이나 되었다. 고려 최고의 외교관이라 할 서희가 별세했을 때 임금이 내린 부의에 버금가는 규모였다. 고려 초기 최지몽이 닦아 놓은 일관의 입지는 고려 전 시대에 걸쳐 위력을 발휘한다.

제16대왕 예종 때에는 임금이 서경에 행차하여 여진 정벌군을 환송했는데, 이 행사 역시 일관의 건의에 따른 것이었다. 대통령의 주요 일정을 해당 사안과 관계없는 기상청이 기획한 셈이다. 이는 당시 조정 내에서 일관의 위치와 실질적 영향력이 얼마큼 컸는지를 말해 준다.

예종이야말로 고려의 국왕 가운데 일관에게 거의 전적으로 의지한 임금이었다 해도 과언이 아니다. 예종은 국정을 운용하는 데 있어 일관에 의한 음양비술을 아주 중요하게 생각했다.

예종은 집권 중반부에는 일관의 건의에 따라 서경으로 옮겨 체류하면서 '국정 쇄신 교서'를 발표하고, 중앙과 지방의 관제까지도 개편한다. 예종은 '일관의 요청에 따라 교서를 반포한다'는 내용까지 명백히 밝히면서 미래의 국정 방향에 대하여 천명했다. 이때 예종은 도참서(圖讖書)를 인용하는데, 도참서는 풍수지리나 미래의 일에 대한 주술적 예언을 기록한 책으로 참서 또는 비결(秘訣)이라고도 불린다.

"(상략) 장차 모든 것을 다시 고쳐 시작하고 백성으로 하여금 돌아갈 곳을 알게 함으로써 선왕께서 이룩하신 옛 왕업을 부흥시키려고 한다. 또한 성현의 가르침과 여러 도참서의 기록에 이르기를, '음양에 순응하여 받들고 불교를 존숭하며 형벌을 확실하게 밝히고, 어리석은 사람은 물리치고 현명한 사람을 서용하며 불교의 재물을 함부로 허비하지 말고, 사선(四仙:신라의 네 국선인 영랑, 술랑, 남랑과 안상을 이른다)의 자취는 마땅히 영광을 더해야 한다'고 하였으니, 이에 의거하여 시행하되 어긋남이 없도록 하라. (하략)"[38]

충렬왕 때의 어느 날, 태사국에서 흰옷 착용을 금지시키라는 별난 진언을 한다. 동방은 오행 중 목(木)에 속하므로 푸른색을 숭상해야 하는데 금(金)의 색깔인 흰 것을 좋아하니 이것은 금이 목을 이기는 것으로 좋은 일이 아니라는 이유에서였다. 목이 금에 제압당하는 것이 옳지 않다는 것은 신라 말기 도선국사(道詵國師)가 주장했던 것이다. 도선국사는 당나라에서 풍수지리를 공부하고 돌아온 당대 최고의 고승이자 풍수지리의 대가였다.

충렬왕은 곧바로 흰옷 금지령을 내린다. 조정 신하들은 물론이고 백성들도 백색 옷을 입지 못하게 한 것이다. 흰옷 금지령은 공민왕 때에도 있었을 뿐만 아니라 조선의 현종, 숙종과 영조 때에도 내려졌다. 마지막으로는 고종 32년(1895)에도 민과 관이 모두 검은 색깔의 옷을 입도록 명했으나 민간에서는 제대로 먹히지 않았다. 우리 민족이 어떤 민족인가? '백의민족'에게 흰옷 금지령이 지켜질 리가 없다.

그러면 고려 시대에는 모든 임금들이 일관의 말에 전적으로 귀를 기

---

38 예종 11년(1116) 4월 17일(경진) 1번째 기사 일부, 고려사 세가 권 제14
    (국사편찬위원회 한국사데이터베이스 http://db.history.go.kr/KOREA/item/level.
    do?itemId=kr&types=r#detail-kingYear/kr_014r_0020_0050_0180/16/1116/04 accessed
    2016.02.23.)

울렸을까? 예외가 없을 수 없다. 당시는 무당 풍습이 크게 유행하고 음사(淫祀;부정한 귀신에게 지내는 제사)가 날로 성행하던 시절이었다. 일관들은 가만있지 않았다. 일관들이 무당들을 먼 곳으로 내쫓으라고 요청하자 인종은 이를 수용했다.

음률과 서화에 능하고 김부식(金富軾)으로 하여금『삼국사기』를 편찬하게 했던 인종, 그는 일관의 요구로 내린 자기의 명을 거둬들인다. 이유는 쫓겨날 위기에 처했던 무당들의 뇌물 공세에 있었다. 무당들이 은병 100여 개를 거두어 권세가에게 뇌물로 주고 청탁을 한 것이다. 뇌물 받은 권세가가 임금에게 아뢴다. "귀신이란 형체가 없으니 그 허실을 알지 못할까 두렵습니다." 인종은 이를 그럴듯하게 여기고 금령을 완화했다. 임금이 무당으로부터 뇌물을 받은 권세가의 회유에 넘어간 것이다.

3

임금의 합궁 날짜까지 고른 조선의 일관

택일과 택시(擇時), 일관들의 막중한 임무

택일은 어떤 일을 하거나 길을 떠날 때 음양오행의 원리와 육갑신살법(六甲神煞法) 등에 의해 좋은 날을 가리고 나쁜 날을 피하는 행위다. 좋은 날을 점을 쳐서 가린다는 의미에서 '복일(卜日)'이라고도 한다.[39]

고려나 조선 왕조에서도 기우제 등을 비롯한 각종 제사, 왕실 건물의 건축이나 장례 또는 능의 축조 등에 있어서, 기상 관서였던 태사국 또는 서운관이나 관상감의 일관들이 길일(吉日)을 잡았다. 조선 왕조에서는 관상감의 명과학 관원이 택일을 담당했다.

관상감에서 정성을 다해 날을 가려야 하는 행사는 나라의 제사, 책봉, 임금의 거둥, 임금과 왕비의 합궁, 열무(閱武:임금의 군대사열) 등이었다. 특히 임금이 능에 거둥하는 능행(陵幸)일을 더욱 중요하게 여겼다. 그래서

---

39 김만태, 「택일」, 『한국민속신앙사전』, 국립민속박물관

였을까. 일관들은 봄·가을의 가운데 달인 2월과 8월의 초하루에 모두 관아에 모여 능행의 길일을 미리 뽑고, 선택된 날짜를 예조를 통해 임금에게 사전 보고했다.

택일을 얼마큼 중요하게 여겼는지는 그 과정이 잘 보여 준다. 매번 길일을 가린 후에는 예조에서 어느 명과학 관원이 날을 가렸는지를 써서 임금에게 보고하고, 관상감에서는 그것을 기록해 두었다가 날을 제대로 가렸는지를 검증했다. 요즈음 시각으로 보면 '택일 실명제'였고 '결과 확인제'였다.

결과가 나빴을 때는 필연적으로 처벌이 따르는 법. 한 번 날을 잘못 가리면 일관에게 포(布;삼실이나 무명실 또는 명주로 짠 옷감)를 주는 것을 건너뛰고, 두 번 잘못 가리면 포와 요(料;급료로 주던 곡식)를 주는 것을 건너뛰었으며, 세 번 잘못 가리면 겸교수(兼敎授) 선발 시험에 응시할 자격을 박탈하고, 여러 번 잘못 가려서 끝내 그 일을 맡아 감당할 수 없는 자는 파면했다.

왕비가 출산할 때는 각 단계마다 택일과 택시 과정이 더욱 엄격했다. 출산 과정 전 기간에 비상이 걸렸는데, 영의정 등 3명의 대신이 야근하고, 출산에 앞서 산실청(產室廳)이 설치되면 약방에서 3명의 제조가 돌아가면서 숙직할 정도였으니 택일 등의 과정이 치밀했던 것은 당연지사. 그러다 보니 관상감에서는 산실청의 설치부터 보수, 해산한 지 삼 일째 되는 날 산모와 아기가 목욕하는 세욕(洗浴)과 태를 깨끗이 씻는 세태(洗胎) 그리고 안태(安胎;태를 묻는 것으로 다섯째 달에 행했다)할 때의 길시, 물을 길어 오고 버릴 때의 길방까지 사전에 예조에 알려 임금에게 보고케 하였다.[40] 하다못해 왕비가 임신하면 해산달이 언제인지 알기 위해 진맥하는 데도 길일을 택했다. 임금은 왕비의 임신 때부터 태를 묻을 때까지 매 단계마다 좋은 날과 시각, 그리고 좋은 방향까지도 세세하게 보고받은 것이다.

이뿐만이 아니다. 실록을 사고(史庫)에 넣을 때도 길일을 택했다. 심지어 왕세자가 사망한 영의정을 문상할 때도 그 날짜와 출궁할 시각까지 관상감에서 정할 정도였다. 그러니 외국에 가는 사신들의 출국일도 사전에 길일을 잡은 후 예조에 알려 임금에게 보고하는 것은 더 말할 나위가 없었다.

길한 날과 길한 시각을 잡는 것이 얼마나 중요했으면 나중에는 '대령일관(待令日官)'까지 생겨났을까. 대령일관은 항상 임금 가까이에 대기하고 있던 관상감의 택일담당 명과학 관원이었다. 5분 대기조였던 셈이다.

임금과 왕비의 합궁 날짜 택일

택일을 하는 데 있어 관상감이 아주 중요하게 참여했던 것이 임금과 왕비의 합궁(合宮) 날짜를 정하는 일이었다. 조선 왕조에서는 임금과 왕비의 침전(寢殿)이 따로 나뉘어 있었는데, 경복궁의 경우 임금은 강령전(康寧殿), 왕비는 교태전(交泰殿)이었다. 합궁 장소는 교태전으로 경복궁의

---

40 성주덕 편저/이면우·허윤섭·박권수 역주, 『서운관지』, 소명출판, 2003.04., pp138-140

가장 중앙에 있어 중궁전(中宮殿) 또는 줄여서 중전(中殿)이라고도 했다. 이에 왕비도 중전으로 칭했다.

어느 시대나 마찬가지였지만 특히 조선 왕조 시대 임금의 주요한 임무 중 하나는 왕자를 생산하여 왕계를 잇는 것이었다. 그러다 보니 임금과 왕비의 합궁은 하늘의 기운을 받아 왕자를 생산해야 하는 국가적 행사이고, 부부간의 애정을 나누는 것이라기보다는 왕자를 잉태하기 위한 행위였다고 해도 과언이 아니다.

그러면 중하디중한 합궁 날짜는 어떻게 정했을까? 기본적으로 합궁은 전 과정에 걸쳐 제조상궁(提調尙宮;내전(內殿)의 어명을 받들고 내전의 모든 재산 관리를 맡아보던 상궁으로 상궁 서열 1위다)이 총괄 지휘한다. 따라서 합궁 날짜는 제조상궁이 먼저 관상감과 협의하여 길일을 잡는다.

합궁 날짜를 정할 때는 크게 5가지를 중요하게 고려했다. 첫째, 음양 학적으로 문제가 없어야 하고 둘째, 천문과 날씨에 이상이 없어야 하며 셋째, 금기일(禁忌日)을 피해야 하고 넷째, 왕과 왕비의 사주에 맞아야 하며 다섯째, 왕비의 건강 상태가 좋고 임신 가능성이 높아야 했다. 앞의 네 가지는 관상감에서 결정할 사항이었고, 왕비의 몸 상태는 제조상궁이 판단해야 했다. 그러니까 합궁 날짜 택일에 있어 관상감의 책임이 막중했던 것이다.

합궁일 택일 절차는 지밀상궁(至密尙宮;대전의 좌우에서 잠시도 떠나지 않고 임금을 모시던 상궁으로 대령상궁이라고도 불렸다)이 관상감으로 왕과 왕비의 사주(생년·월·일·시)를 적어서 가져오는 것으로 시작된다. 그러면 관상감에서는 소속된 관리들 중에서 합방일을 점치게 할 사람을 선정하는데 선정 기준은 두 가지였다. 첫째는 아들이 많아야 하고, 둘째는 전염병을 앓은 적이 없어야 했다.

선정된 관상감 관원은 우선 금기일(禁忌日)부터 확인했다. 먼저 일식과 월식이 예보된 날 그리고 책력에 나와 있는 초하루·보름·그믐날과 나라의 제삿날인 국사일(國祀日)은 배제 1순위였다. 해와 달은 왕과 왕비의 상징이었기에 일식과 월식이 있는 날을 피하는 것은 당연했다. 또한 초하루와 그믐은 달이 보이지 않아 안 되었고, 보름은 달의 기세가 꺾이기 시작하는 날이기 때문에 기피했다. 이와 함께 날의 간지(干支)에 뱀을 의미하는 사(巳)나 호랑이를 뜻하는 인(寅)이 들어가는 날도 피했다.

관상감 관리는 하늘의 별자리와 날씨를 종합적으로 살펴본 뒤 임금과 왕비의 사주에 맞는 합방일을 골라 내시부에 통보했다.

그러면 제조상궁은 왕비가 아프거나 아프고 난 직후를 피하되, 우선은 여성의 몸에 배란이 가장 잘 되는 날로 정했는데, 당시에는 왕비의 생리 후 닷새 되던 날을 그날로 여겼다.

그러나 무엇보다 중요한 것은 어렵게 선택한 합궁일 당일의 여러 상황이었다. 우선 임금의 몸 컨디션이 좋아야 하고 특히나 혜성·유성이나 샛별이 낮에도 사라지지 않는 등의 성변이 일어나지 않아야 하며, 천둥·번개·비·바람 등도 없어야 했다.

이렇게 까다로운 조건을 따지다 보니 임금과 왕비의 합궁이 가능한 날은 1년에 잘 해야 5~6일 정도에 지나지 않았다. 그나마도 합궁 중에 성변이 발생하거나 갑자기 날씨가 나빠지면 관상감에서 제조상궁에게 급히 알려 임금과 왕비의 중요한 행사를 중단시켜야 했다. 따라서 관상감 관원은 합궁일 택일에도 무척이나 신경을 써야 했지만, 합궁 당일에는 한순간도 긴장을 풀지 못하고 하늘을 쳐다보며 이상 상황이 발생하는지 감시해야 했다. 초비상 근무 상황에 돌입하는 것이다.

임금과 왕비의 합궁은 극히 중요한 국사(國事)였기에, 택일부터 합궁이 끝날 때까지 제조상궁, 관상감 관원, 그리고 합궁 시 임금이 자는 방을 둘러싼 8개의 방에서 합궁을 살피고 지켜야 했던 상궁들에게는 모두 힘든 일이었으리라.

왕비에게는 왕자를 잉태해야 한다는 심리적 압박감 외에도 합궁 시에 임금의 벗은 몸을 보지 말고, 임금의 몸에 손을 대지 말며, 소리를 내어서는 안 되는 등의 금기 사항이 있었다고 하니 왕비가 느꼈을 어려움 또한 컸을 것이다.

사형 집행일

조선 왕조에서는 사형일을 매우 중요하게 인식하여 임금들은 사형 집행일 선택에 극히 조심했다. 특히 금형일(禁刑日)에 사형이 이루어지지 않는지 임금들은 신경을 곤두세웠다.

성종이 사형 집행은 율문(律文;법률의 조문)을 살피고 고찰해서 시행하라고 명하며 각도의 관찰사에게 내린 지시를 보면 어느 정도였는지 짐작이 간다.

"율해변의(律解辯疑)의 사수복주대보(死囚覆奏待報) 주(註)에 이르기를, '대제사(大祭祀), 치재(致齋), 삭망, 상현과 하현, 24절기와 날이 밝지 아니한 때, 비가 개지 아니한 때, 십직일(十直日), 금도월(禁屠月)에는 사형을 집행하지 못한다' 하고, 또한 경국대전에 이르기를, '무릇 용형(用刑)은 모두 대명률(大明律)을 사용한다' 하였으니, 모든 사형수의 사형 집행은 마땅히 율해변의에 의거하여 시행해야 되는데, 혹시 관리들이 율문을 살피지 아니하고 대전(大典;경국대전) 가운데에 사형수에 대한 거론(擧論)이 없어서, 문득 금형일에 사형을 집행함이 있을까 염려되니, 금후로는 율문을 살피고 고찰해서 시행하도록 하라."[41]

　여기서 십직일은 사형을 금하는 열흘, 즉 매월 1일·8일·14일·15일·18일·23일·24일·28일·29일·30일을 말하는데, 이날은 도가(道家)의 명진재일(明眞齋日)로서 하늘에 사는 태일(太一) 신선이 하강하여 사람의 선악을 살핀다고 한다.

　『율해변의』는 중국 명나라의 기본 법전인 「대명률」의 주석서이다.

41　성종 3년(1472) 5월 27일(계해) 4번째 기사, 성총실록 18권
　　(국사편찬위원회 조선왕조실록 http://sillok.history.go.kr/id/kia_10305027_004 accessed 2018.09.21.)

4

일관들의 수난과 영광

일관들을 신뢰했던 고려의 임금, 불신했던 조선의 임금

시대에 따라 그리고 임금에 따라 일관에 대한 신뢰가 달랐지만, 특히 고려 시대에는 조선 왕조에 비하여 상대적으로 일관에 대한 믿음이 강했다.

고려의 숙종(肅宗), 예종 때에는 의전 절차뿐만 아니라 국방 등 국정 운영 전반에 걸쳐 일관들의 영향력이 컸다. 일관들은 임금에 대한 자문 정도에 그친 것이 아니라 국정에 적극적으로 관여했고 임금도 일관들에게 크게 의존했다.

예종 때의 일이다. 어느 해 여름에 전염병이 크게 돌아 시신들이 길에 가득 널려 있는 상황이 벌어졌다. 이러자 사천대(司天臺)에서는 예종에게 해당 관청으로 하여금 시신들을 수습해서 매장하게 하라고 건의했고, 임금은 즉각 이에 따랐다. 사천대는 천문을 관측하던 기관이다. 임금은 해당 업무 담당 부서보다도 일관들의 의견에 귀를 더 기울인 것이다.

고려의 숙종·예종과는 대조적으로 조선의 태종은 일관들을 불신한 군주였다. 그러면 태종의 불신은 어디서 연유된 것일까? 무엇보다도 한양으로의 재천도(再遷都) 과정에서 일관 중 풍수지리 담당 관원들이 보여준 처신이 원인이 된 것으로 보인다. 당시 개경에서 한양으로 재천도하는 문제는 태종에게는 머리 아픈 사안이었다.

태조 이성계는 조선 건국 후 도읍을 개경에서 한양으로 옮긴다. 그런데 정종 1년(1399), 한양 도성에서 까마귀가 떼로 모여서 울뿐만 아니라 들까치가 와서 깃들고, 재변까지 여러 번 나타났다. 서운관에서는 이것을 이유로 도읍을 다시 개경으로 이전하자고 건의한다. 그러자 당초부터 한양으로의 천도를 탐탁치 않게 여겼던 종친과 공신(功臣)들이 기다렸다는 듯이 이에 합세하여 개경으로 환도한 것이다.

그런 상황에서 등극한 태종은 자신의 오른팔 격이었던 하륜(河崙)이 개경을 떠나 무악(毋岳)으로 옮기자고 주장하는 데다가, 국가적으로 가장 중요한 종묘가 이미 한양으로 이전해 있었기 때문에 고민이 깊어가던 상황이었다.

여론 주도층인 사대부들은 주택과 편의 시설이 구비된 개경에 잔류하자는 것이 대세였다. 이럴 때 중심을 잡아 주어야 할 서운관의 풍수 담당 관리들이 서로 간에 의견이 분분하여 임금에게 혼선을 주었기 때문에 태종의 불신이 커진 것이다.

서운관원들에 대한 불신으로 태종은 서운관원들이 궁궐이나 산릉 터를 고르면 반드시 다른 문신들에게 확인시키곤 했다. 급기야 태종은

『개원점경』, 『문헌통고』, 『옥력통정(玉曆通政)』 등의 책을 보면서 천문·지리에 대한 지식을 스스로 익히고, 서운관원들에게 꼬치꼬치 세밀하게 캐묻기 시작한다.

일관들의 능력을 신뢰하지 않은 측면에서는 성종과 명종도 태종 못지 않았다. 두 임금이 모두 천문에 대하여 관심도 많았지만, 그보다도 천문 담당 관원에 대한 믿음이 크지 않았기에 임금이 스스로 천문 지식을 익혀 직접 천체를 관측하기까지 한 것이 아닌가 싶다. 하루는 성종이 관상감 관원들에 대한 불만을 토로하면서 천문 분야의 전문가 양성 방안을 강구하라고 승정원에 지시한다.

> "세종조(世宗朝)에는 이순지와 김담이 천문에 정통했는데, 지금은 그만한 사람이 없으므로, 무릇 성변이 있으면 민간에서 간혹 이를 먼저 알고 있는데도, 관상감에서는 무식해서 알지 못하고 있으니 매우 옳지 못한 일이다. 지금 이순지와 김담과 같은 사람을 골라서 그들에게 천문을 익히도록 하는 것이 어떻겠는가? 그것을 원상(院相)에게 의논하라."[42]

원상은 조선 왕조 때 임금이 병이 나서 정무를 보기 어렵거나 어린 임

---

42   성종 1년(1470) 1월 9일(무자) 3번째 기사 일부, 성종실록 2권
(국사편찬위원회 조선왕조실록 http://sillok.history.go.kr/id/kia_10101009_003 accessed 2018.10.13.)

금이 즉위했을 때 임금을 보좌하여 정무를 맡아 보던 임시 벼슬로, 명성과 인망이 두터운 원로 재상급에서 임명되었다.

성종이 실력 있는 일관에 대해 얼마나 목말라 했으면, 심지어 간통죄를 범한 사람도 음양지리를 잘 안다고 해 관상감 관원으로 임용케 했을까.

일관들의 수난

예전에는 일관이 천문 관측 외에, 지관(地官)이나 택일 및 길흉을 점치는 술사(術士)의 역할도 담당했기에 고충이 무척이나 컸으리라.

일관들의 수난은 고구려의 기록에도 보인다. 『삼국사기』「고구려본기」차대왕 3년(148) 가을 7월의 내용이다. 왕이 평유(平儒) 들에서 사냥을 하는데 흰 여우가 따라오며 울어 왕이 쏘았으나 맞지 않았다. 무당에게 물으니 대답하기를 "여우라는 것은 요사스런 짐승으로 좋은 징조는 아닙니다. 하물며 그 색이 희니 더욱 의심스럽습니다. 그러나 하늘은 타일러 말을 하지 못하기 때문에, 요괴를 보여 주어 임금께서 두려워하며 수양하고 반성하여 스스로 새로워지라는 것입니다. 임금께서 만약 덕을 닦는다면 화를 바꾸어 복을 만들 수 있습니다"라고 하였다. 왕이 말하기를 "흉하면 흉하고, 길하면 길할 것이지, 네가 이미 요사스럽다고 하였다가 또 복이 된다고 하니 어찌 그렇게 꾸며도 되느냐?" 하고는 그를 죽였다

차대왕이 말은 그렇게 했으나 실은 무당이 왕에게 덕을 쌓으라고 했

으니 그 말은 자신이 부덕하다는 뜻이 아닌가. 대단히 불쾌했을 것이다. 여기서 무당은 일관을 뜻한다.

　일관들에 대한 처벌은 집권 과정이 순탄치 않았던 조선의 태종과 중종 그리고 정조 때 더욱 엄격했다.

　태종의 경우를 보자. 어느 날 유성이 정수(井宿;동아시아의 별자리인 28수 중 22번째 별자리)에서 나와서 묘수(昴宿;28수 중 18번째 별자리)로 들어갔는데, 모양이 용 같고 정청색(正靑色)이었다. 태종은 천문 변화를 제대로 확인하지 못한 책임을 물어 서운관의 당직 일관을 순금사에 가두고 장 60대를 치게 한 후 파직했다.

　특히 정조는 일관들의 잘못에 대해서는 추상같은 처벌을 내렸다. 하루는 일관이 예측 오류로 절후를 잘못 짚었으니 죄를 주자고 관상감이 건의하자, 임금은 준엄한 명을 내린다.

> "오늘 비 오고 내일 개이고 하는 것은 꼭 맞히기 어렵다 하더라도, 달이 필성(畢星;28수중 19번째 별자리 별들)에 접근하고 돼지가 물을 건너면 비가 온다는 것은 경전에도 분명히 있는 말인데, 명색이 일관이라는 자가 풍우부(風雨賦) 하나도 제대로 안 읽고 추수(推數;닥쳐올 운수를 미리 헤아려 앎)하는 법도 모르니, 이러한 무리를 어찌 파면시켜 곤장이나 치고 말 것인가.
> 법령을 신칙하는 뜻에서 태거(汰去;잘못이 있거나 필요하지 않은 관원을 가려내어 쫓

아 버림)시키고 참작하여 형조 판서로 하여금 엄히 곤장을 치게 하라."[43]

「풍우부」는 조선 왕조에서 술수류의 저작 중 가장 영향력이 컸던『협길통의(協吉通義)』의 부록으로, 날씨를 점치는 방법을 담고 있다. 『협길통의』는 정조 때 관상감 제조 서유방(徐有防)이 왕명에 의해 편찬한 책으로, 일상생활에서 어떤 행사를 할 경우 흉한 것은 피하고 길한 것은 택한다는 원리를 모아 놓은 음양서다.

일관들은 천문이나 기상 관측뿐만 아니라 택지나 택일의 경우에도 잘못이 있으면 처벌을 면치 못했다. 고려 선종은 일관의 주청에 따라 경릉(景陵;고려 문종의 능묘)의 풍수지리상 흠결을 보수하게 한 적이 있었다. 그런데 나중에 사천소감(司天少監)이 건의문을 올린다. "일관이 보수한 것이 되레 지기(地氣)를 누르는 바람에 선조들의 영령들께서 잠을 못 이루신다"라고. 선종은 그 일관을 수감하여 심문토록 하고, 두 달 후에는 지금의 전남 완도군 청산도인 선산도(仙山島)로 유배까지 보낸다.

태조 이성계는 왕후인 현비(顯妃;신덕왕후 강씨)가 별세하자 행주(幸州)에 거둥하여 능지를 살펴보았는데, 풍수지리 담당 관리들의 생각이 서로 달랐다. 자기들끼리 좋으니 나쁘니 하며 서로 논쟁하다가 결정을 짓지 못했다. 풍수지리 담당 관리들의 주관이 강하고 개성이 뚜렷했던 것일

---

43   정조 16년(1792) 11월 3일(무술) 1번째 기사 일부, 정조실록 36권
    (국사편찬위원회 조선왕조실록 http://sillok.history.go.kr/id/kva_11611003_001 accessed
    2019.01.14.)

까, 아니면 고집이 셌던 것일까? 이로 인해 그들 모두가 매를 맞았다. 자신이 총애했던 왕비의 능지를 고르는 과정에서 서운관원들의 오락가락하고 분분했던 행태에 태조가 화를 낸 것이다.

임금에 대한 생일 선물이 빈약하여 벌금 문 일관

일관들은 업무상의 잘못 외에 기상천외한 이유로 곤욕을 치르기도 했다. 고려 충선왕(忠宣王)은 자신에게 생일 선물을 바치지 못한 전의시(典儀寺)와 서운관에 벌금을 물린다. 그 이유는 모든 관리들이 왕의 생일을 축하하며 각각 다과를 바쳤으나, 전의시는 바치지 못했고, 서운관은 겨우 배 한 그릇만 달랑 바쳤기 때문이었다. 전의시는 제사를 주관하고 왕의 묘호와 시호의 제정을 맡아보던 관청이다. 충선왕은 벌금으로 전의겸관(典儀兼官)과 서운제점(書雲提點)에게 각각 은 1근씩을 징수했다. 서운제점은 당시 서운관의 기관장이었다.

조선 태종 때에는 별 이름의 한자 표기를 잘못하여 천문 기상 관원이 벌을 받기도 하였다. 태종 9년(1409) 6월 26일, 임금이 서운관 월령(書雲觀月令)을 보고 영성(靈星)이 무슨 별인지, 그리고 제사는 어떻게 지내는지를 당시 서운관의 책임자였던 판서운관사 등에게 물었으나 아무도 대답하지 못했다. 태종은 예조에 『문헌통고』를 확인하여 보고하라는 명을 내렸는데, 확인 결과 영성은 본래 천전영성(天田靈星)으로 농사를 주관하는 별이었다. 그렇기에 입추 후 진일(辰日)에 임금이 농공(農功)에 보답하는 의미로 이 별에 제사하는 것이었다.

이 일로 판서운관사 등이 옥에 갇히는데, 그 이유는 서운관에서 잘못 전해 내려와서 축문에 '영(靈)'을 '영(靈)'으로 기재한 지가 오래되었다는 것이었다. 그러나 태종은 며칠 후 구속된 서운관원들을 모두 석방하고 6품 이상의 직첩만 추탈(追奪)했으며, 얼마 후에는 판서운관사를 서운관에 복직시키고 나중에 자리를 옮기도록 선처했다.

그러나 사실은 영성(靈星)을 영성(零星)으로도 써왔다. 『후한서』「동이열전(東夷列傳)」'고구려'조에 그러한 내용이 나온다. 그러니까 서운관원들이 억울하게 벌을 받은 것이다.

천문 기상 관원의 잘못에 유난히 엄격했던 정조, 그는 달력에 간지 표기가 잘못되었다 하여 관상감 관원을 중징계한다. 어느 해에 달력인 칠정력(七政曆) 12월 30일의 간지가 신사(辛巳)인데 사(巳)자가 유(酉)자로 잘못 쓰여 있었다. 이에 관상감이 잘못된 글자를 세분(洗粉)으로 닦아 내고 다시 써넣을 것을 임금에게 청했다.

보고를 받은 정조는 관상감을 크게 질책하고는 엄한 처벌을 명한다.

"일력(日曆)이 얼마나 막중한 것인데 이렇게 간지를 잘못 써 놓고는 몇 달이 지난 지금에 와서 번거롭게 초기 〔草記:한양의 각 관아에서 행정상 그리 중요하지 않은 내용을 간단히 적어 임금에게 올리던 상주문(上奏文)〕 한단 말인가. 관상감의 일이 지극히 해괴하니, 해당 관원은 법에 따라 죄를 징벌하고 제조는 무거운 쪽으로 추고하라."[44]

일관들의 영예

천문 기상 관원들은 업무 특성상 다른 분야의 관리들에 비해 상대적으로 질책과 처벌을 많이 받았다. 그러나 징벌만 받은 것은 아니다. 임금들은 그들의 임무가 대단히 중요하기 때문에 그들에 대한 예우에도 각별히 신경을 썼다. 업무 능력이 뛰어나거나 공적이 있을 때에는 승진과 함께 포상도 아끼지 않았다.

고려 정종 때에 서웅(徐雄)이라는 사람이 지태사국사(知太史局事)의 직위에 있었다. 지태사국사는 천문, 역수와 측후 등을 담당하던 태사국의 두 번째 고위 자리다. 그런데 서웅이 병으로 휴가를 받은 지 180일이 넘었는데도 업무에 복귀하지 않았다. 당시에는 현직 관리로서 휴가를 받아만 100일이 넘어도 복귀하지 않으면 파직하도록 되어 있었다.

문관들의 인사와 서훈을 담당하던 이부(吏部)에서는 이 규정에 따라 임금에게 서웅의 파면을 건의했다. 정종은 이부의 건의를 묵살하고 면직하기는커녕 오히려 200일까지 휴가 일수를 늘려주었는데 그 이유가 간

---

44   정조 13년(1789) 4월 11일(정유) 2번째 기사 일부, 정조실록 27권
    (국사편찬위원회 조선왕조실록 http://sillok.history.go.kr/id/kva_11304011_002 accessed
    2019.02.01.)

단명료했다. 서웅이 음양학에 정통하며, 부하 직원들을 잘 통솔했다는 것이다.

그러면 조선 왕조에서는 어떠했을까? 영조 때에 안국빈(安國賓)이라는 관상감 관원이 있었는데, 그는 8대에 걸쳐 관상감 판관 이상 관원을 배출한 전통 있는 명문가 출신이었다. 그는 중국에 간 사신 편에 사 온 일월식 예측 책을 깊이 연구하여 우리의 역법을 중국의 역법과 차이가 없게 만들었다. 영조는 안국빈이 역상(曆象)을 훤히 이해하고 천체의 관측과 예측에 정통하다는 이유로 품계를 올려 주었다. 역상은 해, 달, 별 등의 천체가 나타내는 여러 가지 천문 현상을 말한다.

안국빈은 그 후에 또 한 번 승급하는데, 관상감의 동료 관원이었던 이세연(李世淵) 및 김태서(金兌瑞) 등과 함께 『신법중성기(新法中星記)』와 『오야배시법(五夜排時法)』을 바탕으로 『누주통의(漏籌通義)』를 저술한 공로를 인정받은 것이다. 『누주통의』는 시간을 알기 위해 저술한 24기(氣)와 28수(宿)에 대한 천문서다.

그러나 무엇보다도 천문 기상 관원들에게는 천문 관측이나 기상 예측이 정확했다거나 능묘 자리를 잘 골랐다고 받는 포상이 최고 영예였을 것이다. 이 부분에서는 천문 기상 관원을 불신했던 태종이 의외로 확실했다. 태종은 검교(檢校) 판한성부사(判漢城府事;정2품)였던 유한우(劉旱雨)가 능묘 부지를 잘 선정했다 하여 쌀과 콩 20석을 하사했다.

한 번은 비 내리는 것을 정확하게 맞힌 전 예문관 대제학(藝文館 大提學) 정이오(鄭以吾)에게 쌀 20석을 내려 주었다. 태종은 가뭄이 길어지자 전이오에게 비 내리는 것을 점치게 했는데, 정이오가 밀봉하여 보고한 예상 시점에 정확하게 비가 왔기 때문이다. 태종은 쌀을 하사하면서 "마음이 바른 사람은 점서(占筮;점)도 잘한다. 내가 심히 이를 가상히 여겨 쌀을 주려고 하는데, 그것이 재상에게 불경이 될까 두렵다"라고 했다. 정이오의 심성까지도 칭찬한 것이다.

한편 세종은 서운관에서 지리를 담당하는 이양달(李陽達)에게 서운관 책임자인 판사(判事)의 직책을 주었다. 이양달은 조선 왕조 개국 당시로부터 공이 많고, 나이도 80세가 넘었다 하여 세종이 이러한 포상을 한 것이다.

천문 기상 관원 중에는 효행이나 세자의 행차 중에 세자를 잘 보필하여 포상을 받은 사람도 있었다. 세종 때의 정습(鄭習)과 광해군 때의 맹윤상(孟胤商)이 바로 그들이다. 승정원은 서운관 전 감후(監候)였던 정습이 효행이 있고 나이가 거의 60세에 가까우며, 특히 그의 모친이 열녀이므로 그에게 다시 벼슬을 주자고 건의했다. 세종은 "왜 일찍 보고하지 않았느냐?"라고 승정원을 질책하면서, 흔쾌히 정습의 벼슬 제수를 윤허하고 그 절의(節義)를 표창하라 명했다.

한편 관상감 판관(判官;관원들의 근무 성적을 평가하는 일을 맡았던 종5품의 관직)이던 맹윤상은 광해군이 임진왜란 중에 세자로서 분조(分朝)를 이끌고 여러 곳으로 이동할 때, 처음부터 끝까지 성실하게 호종(扈從)하였다 하여 원종(原從) 1등 공신으로 서훈되었다.

우리 역사를 바꾼 조선의 하늘, 그 비밀코드로의 시간여행

5

동전 던지기로 최종 결정된 조선 도읍지 한양

풍수지리에 대한 임금과 사대부들의 믿음

고려 인종 때의 묘청(妙淸)은 풍수지리설과 도참설의 신봉자였다. 묘청은 자기의 텃밭인 서경(西京;고려 때 4경의 하나로 지금의 평양이다)으로 수도를 옮기기 위해 '개경은 기가 쇠하고 궁궐도 불탔으나 서경은 왕기(王氣)가 있다'고 인종을 설득했다. 서경길지설(西京吉地說)을 주장한 것이다.

그러나 풍수지리에 밝았던 묘청도 벼락을 피할 수는 없었다. 묘청이 천도를 대비해 서경의 명당자리에 대화궁(大花宮)을 지었는데, 하필이면 대화궁에 벼락이 내리쳐 30여 곳이 파손된 것이다. 엎친 데 덮친 격으로 인종이 완공된 대화궁을 보러 서경으로 행차하던 중에 폭풍우까지 몰아쳐, 마부와 말이 쓰러져 죽는 불상사까지 일어났다.

서경 천도를 내심 반대하던 개경의 귀족들에게는 좋은 핑곗거리가 생긴 셈이었다. 천개지변이 일어난 서경이 풍수지리를 내세워 천도를 반대하고 나서니 인종도 어쩔 수가 없었다. 풍수지리의 대가라 해도 손색이 없을 묘청이 서경의 풍수지리 때문에 본래의 목적을 달성하지 못한 것이다. 이는 나중에 '묘청의 난'으로 이어진다.

본래 서경은 태조 왕건 때부터 중요시하던 곳이다. 그 마음이 얼마나 컸으면 왕건은 죽기 얼마 전에 남긴 「훈요십조(訓要十條)」에까지 남겼을까. 제5조의 내용은 이렇다.

"서경은 수덕(水德)이 순조로워 우리나라의 중요한 곳이 되니, 철마다 서경에 가서 머무르기를 모두 100일 넘도록 하여 그곳의 안녕을 이루도록 한다."

고려 시대에 서운관의 일부 업무였던 풍수지리는 조선 왕조에 들어서면서 천문학, 명과학과 함께 관상감의 3대 핵심 분야로 부각된다. 풍수지리에 대한 신뢰는 임금에 따라 차이가 있었다. 중종은 풍수에 너무 의지한다고 사관들이 비판했을 정도로 믿은 반면에 일부 임금들은 풍수지리에 의지는 하면서도 의구심도 가지고 있었던 듯하다. 이러한 의구심은 풍수지리 자체에 대한 불신이라기보다는 풍수지리를 담당하는 관원들의 생각이 제각각이어서, 임금들에게 혼란을 준 것이 원인이지 않았나 싶다. 정확히 말하면 풍수지리 담당 관원들에 대한 불신이었는지도 모른다.

그러면 사대부들은 어떠했을까? 그들은 풍수지리에 대해 큰 관심과 함께 믿음을 가지고 있었다.

숙종 때에는 사대부로서 조상 묘를 옮기지 않은 자는 열 사람 가운데서 두세 사람도 안 될 정도로 풍수설을 믿고 이에 의지하였으며, 상을 당하면 반드시 이른바 대길(大吉)이라 믿어지는 땅을 찾느라 온갖 노력을 기울였다. 이때 사대부들은 먼저 이름난 지관을 구한 다음, 그들로 하여금 양식을 가지고 전국을 돌아다니게 하면서 좋은 땅을 찾았다.

가세가 곤궁하여 바라는 것을 이루지 못하면 반드시 '조상의 묏자리 가 좋지 않아 그렇다'고 하면서 이장(移葬)을 많이 하기도 했다.

조선의 수도 한양, 동전 던지기로 최종 결정되다

조선 왕조의 수도로 한양이 최종 확정되기까지는 우여곡절이 많았다. 그 과정에서 지관으로서의 택지(擇地) 기능도 가지고 있었던 서운관의 역할이 매우 중요했다. 그럼에도 서운관원들의 통일되지 못한 의견과 중신들의 이견 등으로 인해, 마지막에는 동전 던지기로 조선 왕조의 도 읍지가 최종 결정되는 웃지 못할 일이 발생한다.

개성에서 조선을 건국한 태조 이성계는 왕위에 오른 지 한 달쯤 뒤에 한양으로 도읍을 옮기도록 도평의사사(都評議使司)에 명을 내리고, 삼사우 복야(三司右僕射) 이염(李恬)을 한양에 보내 궁실을 보수하게 했다. 그 후 태 조는 수도를 한양으로 옮기고 그 이듬해 이름을 한성(漢城)으로 바꾼다.

이때 한양의 도읍터에 대해 정도전(鄭道傳)과 무학대사(無學大師)의 견해 가 달랐다. 정도전은 주산(主山)을 현재의 북악산인 백악산으로 정하고 남쪽에 궁을 건설하자는 의견이었고, 반면에 무학대사는 인왕산을 주 산으로 삼고 좌측을 바라보도록 궁을 짓자는 것이었다. 결론은 정도전 의 편이었다.

한편 태조의 왕위를 이어받은 정종은 아직은 여러 가지로 불편한 한성에서 수도를 다시 개경으로 옮길 의향을 가지고 있었는데, 이때 서운관에서 개경 환도에 대해 상언했다. 이유로는 도성에서 까마귀가 떼로 우는 등 당시 발생했던 여러 재변을 들었다. 종친과 여러 재상들에게 의견을 구하자 기다렸다는 듯이 모두가 찬성했다.

환도가 결정되자 도성 사람들이 모두 기뻐하며 손에 손을 잡고 이고 지고 개경으로 가느라 길이 막힐 정도였다. 오죽했으면 조정에서는 성문에서 이들을 통제까지 했을까.

태종 대에 들어와서는 다시 한성으로 재환도하는 문제가 제기된다. 도읍은 본래 종묘와 사직이 있는 곳인데, 임금은 개경에 있고 종묘와 사직은 한성에 있다 보니 임금이 제사를 지내는 데 문제가 있자, 태종은 다시 한성으로 도읍을 옮기는 것을 고민하기 시작했다.

태종은 하륜 등 대소 신료들에게 한성으로의 재천도를 협의하도록 했다. 조정의 각 기관 의견은 각양각색이었다. 일부는 한성으로 돌아가야 한다거나 개경에 있어야 된다고 하고, 심지어는 도읍을 한성이 아니라 무악으로 옮겨야 한다는 등 의견이 그야말로 분분했다. 해가 반나절이 되어도 결정하지 못하고 관련 기관 회의는 파하고 만다.

상황이 이러하자 태종은 길흉을 점쳐서 도읍을 정하리라 마음을 정하고, 점치는 방법으로 척전(擲錢)과 시초(蓍草)점 중 어느 것이 나은지를 신하들에게 물었다.

시초점은 톱풀을 뽑아 의미를 해석하는 방법이다. 톱풀은 국화과의 여러해살이풀로 높이는 60~90cm이며, 잎은 어긋나고 톱 모양으로 가

새풀이라고도 불린다. 반면에 척전은 동전을 던져서 점을 치는 것으로 돈점 또는 척괘(擲卦)라고도 한다. 동전의 앞면을 양이라 하고 뒷면을 음이라 해서, 동전을 던졌을 때 양이 많으면 길하고 음이 많으면 흉한 것으로 해석했다. 한꺼번에 동전 셋을 던져 길흉을 판단하는데, 2개가 앞면이 나오면 '길', 반대로 2개가 뒷면이 나오면 '흉'이다. 이를 세 번 해서 최종 결정을 한다.

태종의 물음에 한 신하가 시초점을 제안했다. "종묘 안에서 척전을 하는 것은 적절치 않다"라는 이유에서였다. 그러나 이 제안은 신하들의 호응을 받지 못했다. 막상 시초가 없을 뿐더러 시초점에 의한 점괘는 여러 가지로 해석될 수 있기 때문에 척전으로 하기로 한 것이다. 척전점은 여러 사람이 한꺼번에 바로 그 결과를 알 수 있기에, 시초점에 비하여 좋다는 것이 척전점을 택한 이유였다.

태종은 비장한 마음으로 동전점을 치러 나선다. 여러 중신들을 거느리고 종묘 묘당(廟堂)에 들어가 향을 올린 다음 꿇어앉아, 한 종친에게 명하여 척전하게 했다. 임금과 신하 모두가 숨죽이고 지켜보는 가운데 동전 던지기가 시작되었다. 결과는 행인지 불행인지 한성이 2길 1흉이었고, 개경과 무악은 모두 2흉 1길이었다. 동전 던지기가 조선의 도읍만 정한 것이 아니라 재환도 문제로 국론이 갈려 있던 상황을 일거에 해결한 것이다.

척전 결과 개경이 한성에 비하여 흉한 것으로 나오자 적지 않은 신하들이 흉년 등의 이유를 들어가면서 한성으로의 재환도를 반대했다. 태종은 이를 무시하고 태상왕인 태조 이성계에게 한성 재환도를 보고한다. 상왕이었던 정종부터 한성으로 이어하고 국사(國史)를 한성으로 운반했다. 마지막으로 태종이 한성으로 이어함으로써 조선 왕조의 천도는 어렵사리 완결됐다.

동전 던지기로 점을 쳐서 결정하는 방식은 로마 시대까지 거슬러 올라간다. 당시에도 동전을 던져 황제의 얼굴이 새겨진 앞면이 나오면 길조로, 숫자가 새겨진 뒷면이 나오면 흉조로 여겼기에 이를 바탕으로 나라의 중요사를 결정했다.

요즈음에도 축구 경기 등에서 경기 시작 전 동전을 던져 진영과 공격 순서를 정하는 관습에 동전 던지기의 잔영이 남아 있다. 보통 일반적인 축구 경기에서는 아무 동전이나 사용할 수 있지만 국가 간 경기인 A매치에서는 피파(FIFA) 동전을 사용한다고 한다. 피파 동전의 앞면에는 피파 로고가 새겨져 있고 뒷면에는 영문으로 '페어플레이'라 쓰여 있다.

6

이미 600년 전에 1년 기상을 예측했다

천문 기상 관원 등용길도 막힌 천첩의 자손

천문 기상 관원의 양성과 임용은 조선 왕조가 들어선 후에야 체계적으로 이루어진다. 태종은 십학(十學)이라는 10개의 교육 분야를 정하고, 국가 운영에 필요한 각 분야의 전문 관리를 육성했다. 십학은 유학·무학(武學)·이학(吏學)·역학(譯學)·음양풍수학·의학·자학(字學)·율학(律學)·산학(算學)·악학(樂學)이며 각각에 제조관(提調官)을 두었다. 이 인재 육성책은 하륜의 건의에 따른 것이었다.

십학의 학생들은 무학은 병조, 율학은 형조, 산학은 호조에서, 그 외 유학과 음양풍수학 등은 예조의 주관하에, 그 배운 학업을 사절기의 첫째 달(四孟月)마다 시험을 쳐서 관리로 등용되었다.

특례도 있었다. 지금의 공무원 채용 시 지역 인재 채용이나 저소득층의 공직 진출 배려와 같이 지방 아전들의 경우에는 아들 세 명이 있으면 그중 한 명은 잡과에 응시할 수 있게 했다.

귀천을 가리지 않고 인재를 발굴하고 육성하는 데 관심이 컸던 세종, 그는 특례 제도를 강화하여 열녀의 아들인 경우에는 앞의 조건에 맞지 않더라도 잡과 시험을 볼 수 있게 했다.

어디 그뿐인가. 세종은 동래현의 관노(官奴)였던 장영실(蔣英實)을 적극적으로 활용한다. 본래 장영실은 태종이 그의 발명가로서의 재주를 알아보고 발탁한 사람이다. 장영실은 그 후 세종의 든든한 지원 아래 혼의, 혼상, 규표, 간의와 자격루, 소간의, 앙부, 천구의, 현주, 일구의, 절기 측정기, 물시계 및 해시계 등 수 많은 천문 관측 기기를 만들게 된다.

장영실은 세종 5년(1423) 34살 때 천문 기기를 제작한 공로로 면천(免賤)되고, 그 후 상의원(尙衣院;임금의 의복과 궁내 일용품, 보물 등의 관리를 맡아보던 관아) 별좌를 거쳐 세종 6년(1424) 5월에는 정5품의 행사직(行司直)에 오른다. 장영실은 승진을 거듭하여 나중에는 정3품의 상호군(上護軍)까지 이른다. 무관직 정3품이면 현재의 소장(少將)급에 해당한다.

세종과 더불어 공과 덕이 있는 임금으로 평가받는 성종은 어땠을까? 성종은 천문 기상 관원의 임용 시 출신 성분에 대한 규정을 명확히 했다. 예조의 건의를 수용한 결과였다. 예조에서 "관상감이 정3품의 기관으로서 동반(東班;문관의 반열)에 들어 있는 관청인데, 양인과 천인이 서로 섞여 있는 것이 매우 마땅치 않다"라고 지적한 것이다.

예조에서는 특히 "천첩(賤妾)의 자손이 섞여 있기 때문에 함께 일하는 사람들이 그들과 같이 있는 것을 부끄럽게 여겨, 전심전력으로 업무에 통달하지 않아 장래가 염려된다"라고까지 했다. 그러면서 이후로는 천첩의 자손은 제외하고 양첩의 자손만을 임용토록 하자고 건의했다. 천첩은 종이나 기생으로서 남의 첩이 된 여자이고, 양첩은 양민의 신분으로 첩이 된 여인을 말한다.

당시 『경국대전』에 의하면 '문무 2품 이상 고관의 양첩 자손은 최고 임용 품계를 정3품으로 제한하고, 천첩의 자손은 정5품으로 제한한다'고 규정되어 있었다. 어머니의 신분에 따라 최고로 오를 수 있는 자리가 정해졌던 것이다.

이때 『경국대전』은 종천제(從賤制)를 따랐다. 종천제는 아버지나 어머니 둘 중 한 사람이 종이면 자식은 무조건 종이 되는 제도다.

그럼에도 『경국대전』의 「주(註)」에는 '2품 이상 관리의 첩 자손은 양첩, 천첩 구분 없이 관상감·사역원·전의감·내수사(內需司)·혜민서·산학·율학에서는 재능에 따라 채용함을 허락한다'고 되어 있었다.

성종이 예조의 건의를 받아들임에 따라 관상감 등에는 천첩의 자손은 임용될 수 없었다. 나중에 이 규정은 더욱 강화되는데, 영의정이 건의하기를 "명과학이나 지리학이라면 몰라도 천문학은 그 임무가 가볍지 않으니, 2품 이상 관리의 첩 자손이라 하더라도 관상감에 소속되는 것을 허가하지 말도록 하자"라고 하자 임금이 이를 윤허한 것이다.

천첩의 자손에 대해서는 제한이 있었다 하더라도 외국인은 능력만 있으면 조정에서는 천문 기상 관원으로 특채했다. 고려 문종은 해당 관청을 시켜 송나라에서 귀화해 온 장완(張琬)이라는 사람이 연구한 둔갑삼기법(遁甲三奇法)과 육임점(六壬占)을 시험해 보게 한 후 태사국 감후로 임명했다. 둔갑삼기법은 방술의 일종으로 음양의 변화를 이용하여 몸을 감추는 은둔술이며, 육임점은 육임식(六壬式)이라고도 하는데 오행(五行) 등

II. 최고의 금기 사항, 천기누설(天機漏泄)

을 근거로 점을 치는 점복술의 일종이다.

한편 조선 태종은 조와국(지금의 자바) 사람 진언상(陳彦祥)을 서운부정(書雲副正)에 임명하기도 했다. 당시 서운부정은 종4품으로 지금으로 치자면 기상청의 3급에 해당하는 고위직이다.

부자 세습과 장기 근무제를 통하여 전문성 높인 천문 기상 관원

천문 기상 관원의 전문성은 예나 지금이나 최우선의 필요조건일 것이다. 그러면 유능한 천문 기상 관원을 어떻게 뽑고 어떻게 전문성을 유지했을까? 한민족 역사상 최초의 과거 시험은 고려 광종 9년(958) 후주(後周)에서 귀화한 쌍기(雙冀)의 제안에 따라 시행된다. 첫 번째 시험에서 진사 갑과 2명, 명경과(明經科;시경 · 서경 · 주역 · 춘추 · 예기 등의 과목을 시험 보던 분과)에 3명 그리고 복업(卜業;천문학)과에 2명을 선발했는데,[45] 복업을 공개 채용 분야에 포함시킨 것은 천문 분야의 전문성과 중요성을 인식했던 것이리라.

조선 태조 때에는 어느 날 간관이 서운관 관원과 전의(典醫)의 전문성 유지를 위해 진언했다. "옛날에는 희씨(羲氏)와 화씨(和氏)는 관직을 세습했으며, 의원(醫員)은 3대를 계속하지 않으면 그 약을 복용하지 않았으니, 원하옵건대 지금부터는 서운관과 전의는 그 관직을 세습하게 하여 그 사무를 정밀히 학습하게 해야 합니다."

---

45 허흥식, 「복업」, 『한국민족문화대백과사전』, 한국학중앙연구원

희씨와 화씨는 중국 고대의 요제(堯帝) 때에 천문과 역상을 맡았던 관직이다. 태조 때의 간관들은 수많은 관직 중에서 유독 서운관원과 전의, 즉 요즈음으로 치면 기상직과 의무직 공무원의 전문성을 강조한 것이다.

그 배경에는 천문을 다루는 것이 매우 중요하여 국가에서는 관상감 관원을 잡과임에도 동반에 서임하도록 한 것인데, 일단 동반에 서임되면 학업을 계속하지 않아 천문에 익숙한 사람이 줄어들게 되는 사정이 깔려 있었다. 조선 성종 때에는 이러한 측면에서 다른 직종의 관직에 임명되더라도 반드시 애초의 본직(本職)에 겸무토록 하여 전문성을 유지하도록 했다.

비슷한 사례가 고려 성종 때에도 있었다. 과거를 통해 임용된 관리들이 일단 입직한 후에는 학문을 멀리하였기 때문에 성종14년(995) 문신월과법(文臣月課法)을 제정하여 이 문제에 대처하였다. 문신월과법은 중앙관료(京官) 가운데 나이가 50세 이하로서 지제고(知制誥;고려시대 조서(詔書)·교서(敎書) 등을 작성하는 일을 담당한 관직)를 거치지 않은 사람은 한림원(翰林院)에서 출제하는 제목으로 달마다 시 3수와 부(賦) 1편을 짓게 하고, 지방관료(外官)로 보임된 문신들은 스스로 제목을 달아 해마다 시 30수와 부 1편을 지어 연말에 계리(計吏;각 지방 관아의 회계직 관리로 해마다 회계장부를 조정에 가지고 와서 보고했다) 편에 부쳐 올리도록 하였다.[46] 부는 작자의 생각이나 눈앞의 경치 같은 것을 있는 그대로 드러내 보이는 한문문체로 글귀 끝에 운을 달고 흔히 대(對)를 맞추어 짓는 글이다.

---

46   이익주, 「문신월과법」, 『한국민족문화대백과사전』, 한국학중앙연구원

조선 태조 때 간관이 건의했던 서운관원의 세습 문제는 조선 후기에 들어서면 어느 정도 해결된다. 부친의 경우 약 3분의 2, 조부의 경우 51%가 서운관원이었으니 말이다. 그러니까 서운관원의 반 이상이 3대에 걸쳐 서운관에 봉직했다고 추정할 수 있다.

관료들의 전문성을 높이는 데 있어서는 세종을 따라갈 임금이 없었다. 특히 세종은 음양과 등 잡과에서 전문성을 높이는 시책들을 어느 임금보다도 적극적으로 시행했다.

당시에는 지리학을 공부한 사람들이 과거에 합격한 후에는, 천문 분야에서 일하는 등 한 가지 전문 분야에 종사하는 경우가 적어 서운관원들의 전문성 저하 문제가 제기되던 상황이었다. 이에 세종은 잡과 출신은 처음 급제한 과목에 정통한 뒤에야 다른 분야 시험을 볼 수 있게 한 것이다.

더 나아가 세종은 구임법(久任法)까지 만들었다. 구임법은 서운관·한성부·봉상시·군자감 등 30여 개 관아에서 일정한 수의 관리들을 장기근무토록 하여 전문 인력화하는 제도이다.

조선 시대에는 양반으로서 한양 근무직인 경관직(京官職), 특히 문반직이 관직 후보자들의 수에 비해 극히 적어 교체가 매우 빈번했다. 그러다 보니 관리들은 해당 업무에 숙달되기도 전에 보직이 바뀌고, 행정 능률도 떨어질 수밖에 없었다.

구임관은 특수한 기술이나 경험이 요구되는 직책에 장기 근무하는 관리를 말하는데, 직종별로 그 인원수가 정해져 있었다. 구임관은 그 관서의 책임자와 해당 조(曹)의 당상관이 협의하여 결정한 후 이조(吏曹)로 통보하면, 이조에서는 임금에게 보고하고 장부에 기록하여 특별하게 관리했다.

구임관 제도가 처음 시행되었을 때는 재정 담당 부서는 3년, 지방 수령은 6년을 기준으로 했다. 구임관은 시간이 지남에 따라 점차 확대되어 세조 때에는 30개 부서 60여 인에 달했다가 최종적으로는 『경국대전』에 25개 부서 49인으로 명시되었다. 구임관들은 다른 관원들과는 달리 3년의 임기 내에는 교체되지 않았고, 심지어 임기가 지났더라도 임금의 허가 없이는 이동시키지 못했다.[47]

세종은 전문성이 있으면 현재의 직책이나 문과·잡과를 구별하지 않고 서운관의 관리로 활용했다. 또한 천문을 맡은 관원의 전문성을 금루 분야 등에 비하여 더욱 중요하게 여겼다. 이에 따라 세종은 측후하는 임무를 맡은 서운관원의 자리를 다른 관원으로 충원할 때는 사유를 갖춰 임금에게 사전 보고토록 하였다. 서운관원, 특히 천문 분야 관리의 인사는 임금이 직접 재가할 정도로 신경쓴 것이다.

세종의 이러한 전문 관리 양성 개념은 집현전 학자들의 육성과 활용에서 그 백미를 보여 준다. 집현전에 소속된 관원들은 경연관, 서연관, 시관(試官), 사관, 지제교(知製敎)의 직책을 겸하였는데, 이들에게 '사가독서(賜暇讀書)'를 내려 학문에 전념할 수 있게 하였다.

사가독서제는 집현전 학사 가운데 젊고 재주가 있는 사람을 골라 출근하지 않고 집에서 학문에 전념하게 한 제도이다. 유급 재택 연구 제

---

47 이영춘, 「구임법」, 『한국민족문화대백과사전』, 한국학중앙연구원

도인 것이다. 특히 세종은 이들을 다른 관서로 전보시키지 않고 집현전에만 10년에서 20년 가까이 장기 근속시켰다. 이를 통해 배출된 쟁쟁한 인재들이 세종 대의 선정과 찬란한 문화를 이루게 한 원동력이 되었음은 당연한 것이리라.

이러한 세종의 숭고한 인재 육성 철학은 오늘날 '스승의 날'을 5월 15일로 정하는 배경이 되었다. 세종대왕을 우리 민족의 스승으로 삼는다는 의미에서 세종 탄일을 스승의 날로 택하게 된 것이다. 2014년도에는 종전의 '문화체육관광부 선정 우수도서'의 명칭을 '세종도서'로 바꾸었는데, 이 또한 세종의 학문 진흥과 문화 창달 정신을 계승하려는 취지에서였을 것이다.

세종의 천문 기상 분야 업무 혁신

세종은 기상 관련 부문에서 어느 임금보다도 많은 개선을 이루었다. 세종은 특히 매일 매일의 기상 기록을 대단히 중요하게 여겼는데, 그 이유는 다름 아니라 훗날에 참고하고자 하는 것이었다. 예조에서 임금에게 다음과 같이 보고했다.

> "일기의 흐림과 맑음을 기록하는 일은 훈도(訓導:정9품의 관리)한 사람에게 맡기어 매월마다 대강 몇 날은 흐리고 몇 날은 맑다고 써서 올렸으니, 일은 비록 숨기지 않았으나 아마도 착오가 있을까 합니다.

청하건대 이제부터는 기술(記述)하는 사람을 윤번으로 정하여, 국(局) 안의 정산자(精算者)와 함께 의논해서 마감하여 한 해 동안의 풍우음청 (風雨陰晴)을 날마다 상세히 써서 책력(冊曆)의 예에 의거하여 매년마다 초(抄)하여 바치게 할 것입니다."[48]

세종이 반대할 이유가 없었다. 세종은 이를 흔쾌히 수락한다. 이로써 실질적으로 이때 우리나라 최초의 기상 연보(年報) 생산이 시작된 것이다.

세종의 개혁 시책은 기상 분야에만 국한되지 않았다. 정부 조직이나 문서 작성에 있어 날짜에 관련된 사안까지 그 범위를 넓혔다.

조선 왕조에서는 지금의 정부 부처 격인 6조(曹)가 있었는데, 그러면 그 순서는 어떻게 정했을까? 본래 부처 순위는 주(周)나라 이후로 천지 와 사시(四時), 즉 춘하추동의 순서를 따랐다. 첫째의 천관(天官)은 이조, 둘째의 지관은 호조, 셋째의 춘관은 예조, 넷째의 하관은 병조, 다섯째 의 추관은 형조, 여섯째의 동관은 공조인 것이다.

세종이 즉위하자 이조에서 천지·사시의 관직 순서를 바로잡을 것을 청했다. 이조에서는 '주(周)나라 이후로 천지·사시의 관직이 그 명칭은 비록 같지 않다 하더라도 그 순서는 한 번도 바뀐 일이 없었는데, 조선 왕조의 건국 초기에 고려의 옛 제도를 그대로 답습하다 보니 하관이 지

---

48   세종 10년(1428) 3월 23일(을사) 3번째 기사, 세종실록 39권
     (국사편찬위원회 조선왕조실록 http://sillok.history.go.kr/id/kda_1103023_003 accessed
     2018.09.06.)

관과 춘관의 위에 있어 온당치 못하다'고 지적한 것이다.

세종은 이를 허락했다. 천지와 춘하추동에 따라 정부 내 부처 순서를 정비한 것인데, 실제적으로는 병조가 호조나 예조보다 앞서 있던 부처 위치를 이조가 원위치시킨 것이다.

세종은 정부 부처 순위만 바로잡은 것이 아니다. 공문서 상의 날짜 기록 규칙도 정비했다. 세종은 어느 임금보다도 공문서의 날짜가 중요하다는 것을 인식하고 있었다.

당시 형조에서는 날짜 기록이 명확치 않아서 어려움을 겪고 있었다. 하루는 형조에서 공문서나 사문서의 문안에 반드시 연·월·일을 기록할 것을 건의했다.

"무원록(無冤錄:중국 원나라 왕여가 송나라의 형사사건 지침서들을 바탕으로 편찬한 법의학서)에 이르기를, '무릇 사유를 고함에 있어서는 반드시 연·월을 기록해야 하며, 문안(文案)에는 거년(去年)이니, 금년이니, 전월이니, 금월이니, 당일이니, 차일(此日)이니 하는 따위를 써서는 안 된다'고 하였으니, 금후로는 인명(人命)에 관계되는 중대사나 뒤에 참고가 될 만한 공·사 문안에 아무 해 아무 달 아무 날을 쓰는 것으로 항례(恒例:상례)를 정하게 하여 주시옵소서."[49]

---

49   세종 1년(1419) 2월 23일(무술) 7번째 기사, 세종실록 3권
     (국사편찬위원회 조선왕조실록 http://sillok.history.go.kr/id/kda_10102023_007 accessed 2018.04.07.)

세종은 이를 윤허했다. 나중에는 한 걸음 더 나아가 시각과 장소까지 기입하게 했다.

> "무릇 전국 중외(中外:서울과 지방을 아울러 이르는 말) 각 관아의 공무에 관한 문서에 다만 그 연·월·일만 쓰고 시각은 기입하지 않기 때문에, 이로 말미암아 후일에 그 문서의 완급(緩急)을 고찰할 만한 증빙이 없사오니 금후 계달 문서에는 반드시 모두 그 시각을 기입하게 하고, 또 모든 대소의 봉사자(奉使者:사신으로 명령을 받은 사람)들은 모두 그 소재지를 써서 후일 고찰에 증빙이 되게 하옵소서."[50]

이를 계기로 이후의 공·사문서에는 날짜와 구체적인 시각, 그리고 장소까지 명기되게 된다. 공문서 작성 시 작성 날짜는 물론 작성 장소까지 적어 넣어 공문서가 보다 세밀하게 관리되기 시작한 것이다.

이미 600년 전에 '1년 기상'을 예측했다

날씨를 미리 알고 싶은 것은 동서고금, 누구를 막론하고 공통된 염원

---

50 세종 20년(1438) 7월 7일(기축) 3번째 기사, 세종실록 82권
   (국사편찬위원회 조선왕조실록 http://sillok.history.go.kr/id/kda_12007007_003 accessed 2018.08.07.)

일 것이다. 지금과 같이 과학적인 일기 예보 기술이 없었던 옛날에는 하늘의 색, 구름의 모양과 움직임 등을 보거나, 동식물의 행동 및 상태를 보고 날씨를 예측했다.

그러다 보니 그와 관련된 속담도 많다. '아침 무지개는 비, 저녁 무지개는 맑음'이라든지 '밤에 달무리가 생기면 다음날 비가 온다'거나 '제비가 낮게 날면 비 올 징조'라는 것 등이다. '밥알이 식기에 붙으면 맑고 떨어지면 비'라는 이야기도 전해 온다.

그러면 우리나라에서는 언제부터 기상을 예측했을까? 예(滅)에서는 새벽에 별자리의 움직임을 관찰하여 그해의 풍흉(豊凶)을 미리 알았다고 하는데, 이는 동예인들이 그들 나름의 기후 변동과 역(曆)에 대한 지식을 가지고 있었고, 그에 의지해 농사를 지었다는 것을 뜻한다.

『삼국사기』「신라본기」에도 제9대 벌휴(伐休) 이사금의 기상 예측 기록이 있다. 임금이 바람과 구름을 점쳐 홍수와 가뭄, 그리고 그해의 풍흉을 미리 알았고, 또한 사람의 사악함과 정직함을 알았기에 사람들이 그를 일컬어 성인이라고 하였다 한다. 벌휴 이사금은 박씨 왕이 끝나고 제4대 왕인 석탈해 이후 왕위에 오른 두 번째 석씨 임금이다.

조선 왕조에 들어서면 특히 태종이 비 예측에 큰 관심을 갖는다. 태종은 날이 가물면 관계되는 신하에게 비 올 시점을 점쳐 보라고 명하곤 했다. 한번은 가뭄 기운이 있자 우선 죄가 가벼운 죄인들을 석방하고는 복사(卜師;점쟁이)에게 비 올 시기를 점쳐 보라고 명했다. 그러면서 『문헌통고』를 승지에게 보이며 서운관으로 하여금 구름 기운(雲氣)을 면밀히 살피게 하라고 명했다.

태종은 서운관에게만 강수(降水) 시기를 점치게 한 것이 아니라 일반 문신에게도 점을 치게 했다. 하루는 대간으로 하여금 가뭄이 든 이유를 의논하여 보고토록 하면서, 전 대제학(大提學:조선 왕조 때 홍문관·예문관의 으뜸 벼슬로 정2품이다) 정이오와 예문관 제학(提學) 변계량(卞季良)의 집으로 주서(注書:조선 시대에 승정원에 속한 정7품 벼슬. 승정원의 기록, 특히『승정원일기』의 기록을 맡아보았다)를 나누어 보내 비 올 시기를 점치라고 명하기도 했다. 그만큼 태종은 가뭄에 애를 태우며 비를 간절히 기다린 것이다.

나중에는 1년의 기상을 미리 예측하여 보고하라는 그야말로 '아주 특별한' 명까지 서운관에 내린다. 매년 정월 초하루부터 12월 그믐까지 매일의 기상을 점쳐 낱낱이 보고하고, 아울러 기록으로 남겨 뒷날의 빙험(憑驗)이 되게 하라고 명했다. 1년 장기 기상 예보가 우리 역사상 처음으로 이루어진 것이다.

과학 기술이 눈부시게 발전한 현대에서도 1년의 기상을, 더더구나 일자별로 예측한다는 것은 정확도 측면에서 무의미한 일일 수 있다. 그런데 600여 년 전에 1년의 기상 예측을 생각한 태종이야말로 '가뭄에 얼마나 고뇌가 컸으면 그랬을까' 하는 생각과 함께, 일면 선각자로서의 통찰력을 보여준 것이라 할 수 있다.

날씨에 대한 태종의 관심이 어떠했는지 또 다른 단면을 보여 주는 어명이 있다. 태종은 각도 수군절제사(水軍節制使) 및 만호(萬戶)·천호(千戶)와 바다에 인접한 각 관아(沿海各官)에 모두 축일부(逐日簿)를 두도록 명했다. 축일부는 그날그날의 진행된 사실을 기록하는 장부다.

"각도의 병선(兵船) 군관이 적선을 만나면 매번 역풍이라고 말하고 즉시 힘을 다하여 쫓아가 잡지 않으니, 금후로는 도절제사(都節制使)와 연해각관으로 하여금 모두 장부를 비치하고, 바람·안개·비·눈이 시작하고 그친 시각과 그 방위를 자세히 기록하여, 매양 그달 그믐날을 당하면 도관찰사(都觀察使)에게 보고하여 고찰(考察)에 빙거(憑據:사실을 증명할 근거)가 되게 하라."[51]

태종은 수군으로 하여금 '날씨 기록부'를 쓰게 하여 적에 대한 전투 대응 군기를 다잡은 것이다.

세종 또한 아버지 태종에 뒤지지 않았다. 세종은 『개원점경』 속의 장마와 가뭄, 맑음과 비 그리고 기후 등을 점쳐 확인하는 부분을 손수 베껴서 서운관에 내려 주었다. 그리고는 매월 일월성신 및 기후를 관찰하여 장마와 가뭄의 징조를 미리 알아내게 하고 이를 규칙으로 삼은 것이다. 세종의 정성이 대단하다.

반면에 성종은 동지 때에 율관(律管)을 이용한 기상 예측에 관심이 많았다. 성종은 가관회비법(葭管灰飛法)을 꼼꼼히 고찰하여 동지의 기상을 예측하도록 예조 판서 이파(李坡) 등 신하들에게 명을 내렸다.

율관이란 음의 고저를 정하기 위해 12율의 각 음에 상당하는 12개의

---

51 태종 3년(1403) 9월 29일(갑진) 3번째 기사, 태종실록 6권
    (국사편찬위원회 조선왕조실록 http://sillok.history.go.kr/id/kca_10309029_003 accessed
    2017.08.29.)

관(管)을 한 벌로 만든 것이며, 가관회비법은 가회(葭灰;갈대줄기 속에 들어 있는 갈청을 태운 재)를 이 율관 속에 넣어 기후를 점치는 것이다. 12율은 6율〔六律;여섯 양음(陽音)〕과 육려〔六呂;여섯 음음(陰音)〕로, 서양 음악의 8도 음계를 12음으로 나눈 것이다.

동지에 해당되는 율이 황종(黃鐘)이므로 11월이 되면 그 황종관 속의 갈대재가 저절로 흩날린다고 한다.

중종도 율관을 이용한 기상 예측에 대해 관심이 컸다. 그러나 마음이 끌리는 부분은 다른 데 있었다. 율관 속의 가회가 동짓날에 정말 움직이는지가 궁금했던 것이다. 그는 곧바로 관상감으로 하여금 내관과 함께 그것을 시험토록 했다.

Ⅲ

하늘을 두려워한
임금과 신하

1

재변에 대한 인식과 임금의 고뇌

재변, 옛사람들에게는 무엇이었나?

천재지변(天災地變)은 하늘의 재앙과 땅의 이변을 말한다. 원래 사람이 낸 불을 화(火)라 하고, 하늘이 낸 불을 재(災)라 하므로 천재(天災)는 하늘에서 발생한 변고를 뜻한다.

예전 사람들은 천재지변 외에도 황충(蝗蟲;풀무치)이 발생하거나 하다못해 복숭아나 살구꽃이 제때에 피지 않는 것도 하늘의 재변으로 보았다. 과학적으로 보면 이상 고온이나 이상 저온도 천재로 본 것이다.

역사 기록을 보면 우리나라에서는 삼국 시대부터 조선 왕조 말까지 약 2,000여 년간 총 40,000여 회의 천재지변이 있었다.[52] 연평균 20회의 재변이 발생한 셈이다. 실제 재해 발생 횟수는 이보다 더 많았을 것으로 여겨진다.

---

52 「자연재해 예방 및 대응」, 『대한민국 국가지도집 II』, 국토교통부

재해 유형별로 보면 가뭄, 수해, 풍해, 서리나 우박 피해 등의 기상 재해와 지진, 황충 피해 등이 있다. 발생 재해 중 가뭄이 가장 많았는데, 조선 왕조에서는 재해의 절반이 가뭄으로 인한 것이었다. 세계기상기구의 전 세계적 상황 분석과 비교하면 우리나라는 상대적으로 홍수 피해보다 가뭄 피해가 더 많았던 것이다.

옛사람들은 '국왕이 정치를 잘하면 천체 운행과 기상이 순조롭고, 정치가 잘못되면 하늘이 여러 변괴를 일으켜 경고를 하고 재앙을 내리는 것'으로 보고 천재지변을 임금의 실정(失政)과 연결시켰다.

그러다 보니 조선 왕조에서는 관상감에서 보고하는 재난 사항(災異)은 『승정원일기』에 당일 기록하는 것을 원칙으로 하였을 정도로 자연 재난을 엄중히 다뤘다.

이러한 하늘의 재이를 중요하게 생각한 데에는 분명한 이유가 있었다. '임금이 마땅히 본받아야 할 것도 하늘이고, 두려워해야 할 것도 하늘이므로 소홀하게 할 수 없다'는 인식 때문이었다. 따라서 자연재해는 신하들이 왕에게 천견론(天譴論)을 내세워 임금의 권력 남용과 국정 운영의 잘못을 막고 선정을 유도하는 중요한 계기가 되었다.

신하들은 하늘이 재변을 내리는 것은 반드시 도(道)가 있는 임금에게 그러는 것으로 생각하고, 임금에게 중국의 걸(桀)·주(紂)왕의 시대에는 하늘이 재이를 보여 주지 않았다고 했다. 그러면서 "반드시 총명하고 강단의 자질이 있어야만 자신을 반성하고 경계해서, 재앙을 상서로 변하게 할 것"이라고 진언했다. 걸은 하(夏)나라, 주는 상(商)나라(마지막으로 옮긴 수도가 은(殷)이기 때문에 은나라로 부르기도 한다)의 마지막 왕으로 둘 다 폭군의 대명사로 꼽힌다.

중국 전한(前漢) 때의 유학자인 동중서(董仲舒)는 "하늘의 마음이 임금을 인자하게 사랑하여 장차 도를 잃게 될 폐단이 있으면, 먼저 천재와 시변〔時變;시세(時世)의 변화, 또는 그때의 변고〕을 내리어 꾸짖고 경고한다"라고 했다. 사람들은 이 말을 떠올리며 '하늘이 상서를 내리는 것은 아버지가 아들을 사랑하여 가르치는 것과 같고, 하늘이 재변을 내리는 것은 아버지가 노하여 가르치는 것과 같은 것'이라고 생각했다.

더욱이 당시 사람들은 '사람들이 밑에서 원망하면 하늘이 위에서 노하는 것은 그림자나 메아리와 같은 것이므로 괴상할 것이 없다'고도 했다.

고려 태조 왕건은 「훈요십조」에서 재이에 대한 생각을 남겼다. 제7조의 내용이다. "신하의 곧은 말은 따르고 헐뜯는 말은 멀리한다. 백성을 부리되 농사철을 피하고, 요역을 가볍게 매기며, 농사짓는 일의 어려움을 알아야 한다. 어진 정치를 하되 상벌을 도리에 맞게 하면 음양이 순조로울 것이다." 백성을 위한 정치가 행해질 때는 재변이 없을 것이라는 의미다.

그러면 성군 세종은 재이를 어떻게 생각했을까? 세종은 즉위 초 『고려사』 교정을 하면서 당초 『고려사』에 쓰여 있지 않았던 재이에 대해 모두 기록하게 했다. "모든 선과 악을 다 기록하는 것은 뒤의 사람에게 경계하는 것인데, 어찌 재이라 하여 이를 기록치 아니하랴."

조선의 제23대 임금 순조(純祖)는 "열조(列朝)의 문적(文籍)과 지난날의 사책(史策)을 살펴보니 재이가 있을 때에는 국가가 무사하고 백성이 안락하였다"라고 하면서, 오히려 재이가 없는 것은 천심(天心)에 노여움이 있어서 그러한 것이 아닌지 걱정하기까지 했다. 역설적으로 재이가 일어나길 바랐던 순조, 그는 관상감에게 하늘의 움직임을 면밀히 관찰하여 이상이 있으면 솔직하게 보고하도록 명한다.

그러나 옛사람들은 재변의 원인이 무엇보다도 원옥(冤獄;죄 없이 억울하게 옥에 갇힘)에 있다고 믿었다. 그들은 여인이 원통함을 품자 3년간 크게 가물었고, 필부(匹夫)가 하늘을 향하여 울부짖자 오뉴월에 서리가 내렸다고 하면서 화기(和氣)를 손상시키기로는 형옥보다 더 심한 것이 없다고 생각했다.

고려 의종(毅宗) 때 선화라는 관비(官婢)가 있었다. 그런데 선화가 한 임산부와 콩과 조 때문에 다투다가 그녀를 살해하는 사건이 발생한다. 그때 선화의 아들이 환관이었는데, 아들이 형조와 한성부에 청탁하여 선화는 형을 면제받은 뒤 곧바로 원주로 보내졌다.

이런 특혜를 보자 언관(言官)들이 들고 일어났다. 임금은 할 수 없이 그녀를 자연도(紫燕島;지금의 영종도)로 옮겨 유배했는데, 그달에 바람과 가뭄이 심하자 사람들은 죽은 임산부의 원기가 사무쳤기 때문이라고 말들을 하였다.

어찌 됐든 재변이 발생하면 백성들은 '임금이 정치를 잘못하여 그렇다'고도 생각했기 때문에, 임금들은 걱정에 휩싸일 수밖에 없었다.

중종은 해에 겹 햇무리가 나타나고 서울에 지진이 일어나자 "이는 더 없는 이변이니 상하가 공구수성 해야 한다"라고 신하들에게 이르면서, 재변이 잇따르는 데 대해 민심이 어떠할지 걱정했다. 여론을 크게 의식한 것이다.

이러다 보니 천재지변은 임금의 절대 권력과 전횡을 제어하는 자연시스템 역할을 톡톡히 했다. 따라서 성군일수록 천재지변과 그에 고심했던 기록이 많고, 암군(暗君)들에게는 그러한 기록이 적은 것이 그 증거이리라. 그래서였을까, 우리 역사상 삼국시대 이후만 보더라도 2,000여 년간 총 176명의 임금이 있었으나 폭군이나 패군(悖君)으로 평가받는 군주가 그리 많지 않은 것이다.

죽음까지 생각했던 임금들의 마음고생

재변이 발생하면 임금들은 무슨 생각부터 했을까? 태종은 가뭄이 들자 육조와 대간에게 그동안 속에 가지고 있던 심경을 털어놓는다.

> "(상략) 가뭄의 연고를 깊이 생각해 보니 까닭은 다름이 아니라, 다만 무인(戊寅)·경진(庚辰)·임오(壬午)의 사건이 부자와 형제의 도리에 어긋남이 있었음이다. (하략)"[53]

여기서 무인·경진·임오의 사건은 1, 2차 왕자의 난과 '조사의(趙思義)

---

53 태종 16년(1416) 5월 19일(경술) 1번째 기사 일부, 태종실록 31권
(국사편찬위원회 조선왕조실록 http://sillok.history.go.kr/id/kca_11605019_001 accessed 2017.11.26.)

의 난'을 말한다.

하루는 태종이 가뭄 때문에 지신사를 비롯한 중신들을 불러 본인의
심정을 토로했는데, 여기엔 가뭄에 대해 태종이 얼마나 번민하고 안타
까워했는지가 구구절절 표현되어 있다.

"내가 부덕(否德)한 사람으로서 하늘의 꺼림과 노여움을 만나서, 가뭄
의 재이가 자주 견고(譴告)를 보여 주니, 밤낮으로 걱정하고 두려워하
여 구제할 바를 알지 못하겠다. 하루라도 스스로 편안할 적이 없고,
하룻밤이라도 편안하게 잠잔 적이 없는 것을 그 누가 알겠는가? 내
가 어찌 의복이 아름다움을 구하여 임금이 되었겠으며, 음식의 진미
를 즐기고자 임금이 되었겠는가?

의복이 단벌이면 춥고, 음식이 떨어지면 굶는 것이니, 이것이 가난한
것이다. 옷이 있어서 몸이 춥지 않고 먹을 것이 있어서 배를 주리지
않고, 편안히 베개를 베고 뜻을 펴고서 평생을 지내는 사람이야 얼마
나 다복한가? 흠선(欽羨:우러러 공경하고 부러워함)하여 마지않는다. 내가 하
루아침에 아예 꼼짝 않고 잠이나 내내 들었으면 하는 마음이 벌써부
터 많았으나 감히 실행하지 못한 것뿐이다. 나의 이 말은 반드시 몸
소 겪어본 자라야 이에 알 수 있다. (하략)"[54]

---

54 태종 16년(1416) 5월 20일(신해) 1번째 기사 일무, 태종실록 31권
(국사편찬위원회 조선왕조실록 http://sillok.history.go.kr/id/kca_11605020_001 accessed
2017.11.26.)

III. 하늘을 두려워한 임금과 신하

태종이 가뭄 때문에 오죽 애가 타고 걱정이 컸으면 수시로 눈물을 흘리고 "아침에 잠에서 깨어나지 않았으면 좋겠다"라고까지 했을까.

어느 날 날이 가물자, 태종은 각도 관찰사들에게 백성들의 괴로움을 파악하여 보고케 하면서 승정원에 어명을 내렸다.

> "어제저녁에는 비올 조짐이 있기에 기뻐서 잠을 자지 못하였다. 몸이 고단하여 정사를 보지 못하겠다."[55]

비를 학수고대하면서 다음날 업무를 보지 못할 정도로 밤을 꼬박 새운 것이다. 태종은 왕위를 세종에게 물려주고 나서도 가뭄에 대한 걱정을 가슴에 달고 산다. 나중에 '태종우'라는 비 이름까지 생겨난 것이 그 증거다.

가뭄 걱정으로 극단적인 선택까지 입에 올린 임금은 태종 외에 또 있었다. 숙종도 가뭄이 계속되자 "죄가 과인 한 사람에게 있는데 하늘이 왜 죄 없는 백성들을 허물하는가?"라고 자책하고는, "이번에 비가 오지 않으면 내 목숨이 거의 끊어지게 되었다"라고 하면서 탄식했다. 숙종도 재변이 계속되자 차라리 깊은 잠에 들어 깨어나지 않았으면 한다며 애타는 마음을 드러낸다.

---

55 태종 17년(1417) 윤 5월 7일(임술) 1번째 기사 일부, 태종실록 33권
    (국사편찬위원회 조선왕조실록 http://sillok.history.go.kr/id/kca_11705107_001 accessed
    2017.11.26.)

애민 정신이 특히 강했던 세종은 가뭄을 걱정하여 10일 동안이나 앉아서 밤을 꼬박 새우기도 했는데, 이 때문에 병까지 났으나 외부 사람에게는 알리지 못하게 했다. 재위 기간 동안 거의 하루도 빠지지 않고 정사를 보고 경연에 참석했던 세종도 한창 가뭄이 심할 때는 상참과 윤대는 물론 정사도 보지 않았고 경연에도 불참했다.

재변에 대한 임금의 고뇌는 영조가 세자에게 보낸 한 장의 편지에 잘 나타나 있다. 영조는 기우제를 지내려고 재전(齋殿;제사를 지내기 위해 지은 집)에 들어가자 손수 쓴 조그만 종이 한 장을 승지에게 보이면서, "돌아가 세자에게 주어 백성을 중히 여기고 그 노고를 염려하는 뜻을 알게 하라"라고 했다.

영조는 그 글에서 이르기를, "내 비록 덕은 박하나, 우리 백성들을 긍휼하는 마음은 선조로부터 받은 것이다. 이제 감개(感慨)가 일어남으로 인해, 옛사람이 어떤 일을 만나면 가르쳤던 뜻을 본받아 원량(元良;세자)에게 써 주노니, 마음속에 명심하여 간직할지어다" 하고는 시 한 수를 내렸다.

"임어(臨御)한 지 거의 20년인데,

한결같은 마음은 오직 군민(軍民)에게 있었노라.

이 뜻은 저 푸른 하늘에 질정(質正;묻거나 따져서 바로잡음)할 수 있으나,

무능하고 덕이 박해 선조께 부끄럽네."[56]

정조 역시 가뭄에 얼마나 노심초사했으면 이조 판서, 우의정 등을 역임하고 후에 영의정에 오르는 심환지(沈煥之)에게 보낸 사적(私的) 편지에 "가뭄 걱정 때문에 마음이 타는 듯하다"라면서, "임금 노릇하기가 이처럼 어려운 법"이라고까지 하며 답답한 마음을 적었다.

임금의 자책

천재지변이 발생하면 대부분의 임금들은 그것이 무엇보다도 자신의 덕이 부족하고 정령이 일정하지 못한 결과라고 자책(自責)부터 했다. 임금들은 특히 '가뭄은 반드시 사람의 일이 천심에 어그러짐이 있어서 생기는 것'이라고 생각한 것이다. 따라서 가뭄이 심하면 임금들은 '상림육책(桑林六責)'을 생각하면서 스스로를 반성하고, 기우제 제문(祭文)에 임금의 허물을 자책하는 내용을 꼭 넣도록 했다.

상림육책은 은(殷)나라의 탕왕(湯王)이 7년 동안 큰 가뭄이 계속되었을 때 비를 빌기 위해 뽕나무 숲에서 여섯 가지 일을 가지고 스스로 자책한

---

56 영조 19년(1743) 윤 4월 20일(계유) 1번째 기사 일부, 영조실록 57권
    (국사편찬위원회 조선왕조실록 http://sillok.history.go.kr/id/kua_11904120_001 accessed
    2018.11.26.)

것을 말한다. 그 내용은 '정치에 절제가 없이 문란해졌기 때문인지, 백성들이 직업을 잃고 곤궁에 처해 있기 때문인지, 임금의 궁전이 너무 화려하기 때문인지, 여알이 성하여 정치가 공정하지 못하기 때문인지, 뇌물이 성하여 정도(正道)를 해치고 있기 때문인지, 참소하는 말로 인하여 어진 사람이 배척당하기 때문인지'를 자책한 것이다.

조선 성종과 중종의 자책은 듣는 사람의 마음을 아리게까지 한다. 성종은 가뭄이 심하면 "총명한 군주가 왕위에 있을 때에는 음과 양이 차례로 운행하여 바람과 비가 때를 맞추고, 그로 인해 백성들이 편안하고 집집마다 넉넉하며, 사람마다 풍족하게 된다"라고 하면서 "어떻게 이런 지경에까지 이르게 되었는가?"라고 한탄했다.

중종의 자책은 더욱 절박하고 애절하다.

"내가 덕이 없는 몸으로서 외람되게 대통(大統)을 이어받아 밤낮으로 두렵게 여기고 삼가해 왔으나, 지금 근고(近古)에 없던 가뭄을 당하였다. 이것은 내 죄인데 백성이 무슨 죄가 있다고 먹을 것이 바닥나고, 목숨이 끊어지는 것이 이토록 박절한가.

가을 곡식이 익을 것을 바랄 수 없을뿐더러 샘이 말라서 사람들이 물 긷기를 다투느라 반드시 싸울 것이고, 겨우 길을 수 있더라도 아침에 길은 것이 저녁까지 가지 못할 것이며, 길 가는 사람은 더욱 마실 것이 없을 것이다.

생각이 여기에 이르면 잠을 자도 자리가 편안하지 않고 먹어도 맛이 달지 않으니, 위아래가 근심하고 두려워하는 심정에 어찌 끝이 있겠는가. 내가 몸소 비를 빈 것이 여러 번이나 한 번도 비를 얻지 못하였으니, 이것은 정성이 지극하지 못하여 하늘에 사무치지 않은 것이다. (하략)"[57]

반면에 재해가 임금의 잘못이 아니라고 주장하며 자책하지 않은 임금도 있었으니 고려 명종이다. 직한림원(直翰林院) 이원목(李元牧)이 기우소(祈雨疏)를 지어 올리면서 당면 정책들의 잘못을 많이 지적했다. 명종은 기분이 상했다. 이원목을 불러 "속담에 '봄 가뭄은 밭에 거름을 주는 것과 같다'고 한다. 그대의 기우소에는 어찌 나의 잘못을 들어 글을 지었는가?"라고 질책하면서 즉시 고치도록 명했다.

연산군도 신하들이 일월식을 계기로 임금의 선정을 촉구하면, "자연법칙인 일월식이 군주에 달렸다고 하는 것은 믿을 수 없다"라고 반박했다. 현재의 판단 기준으로 보면 과학적인 해석이지만 당시로서는 받아들여지지 않는 항변이었다.

---

57   중종 36년(1541) 5월 8일(계사) 1번째 기사 일부, 중종실록 95권,
      (국사편찬위원회 조선왕조실록 http://sillok.history.go.kr/id/kka_13605008_001 accessed
      2019.02.02.)

공구수성(恐懼修省)

옛사람들은 임금이 공경하고 두려워하여 삼가고 조심하면 재앙이 사라지고 복이 내리지만, 소홀히 하여 대수롭지 않게 여기면 잘못에 대한 벌이 없어지지 않는다고 생각했다.

이렇다 보니 임금으로서는 농사에 지대한 영향을 미치는 기상 현상과 그로 인한 백성들의 어려움에 대해 큰 관심을 갖고 적극적으로 대처할 수밖에 없었다. 특히 임금들은 '사람의 일이 아래에서 잘못되면 가뭄 등 하늘의 재변이 위에서 나타나는 것으로, 이 모두 하늘이 임금을 꾸짖고 훈계하는 것'이라고 생각하여 시종 공구수성했다. 공구수성은 군자의 두 가지 기본 과업인 수기치인(修己治人), 즉 군주라도 먼저 스스로를 닦고 나서 백성을 다스린다는 정신의 시발점인 셈이다.

신하들은 재변을 임금의 실정 등에 대한 진언의 계기로 삼고, 임금에게 끊임없이 고언하면서 임금의 지속적인 공구수성을 면려했다. 이에 대부분의 임금들은 '상서는 덕을 말미암아 이르고 재앙은 일을 말미암아 일어난다'고 생각하고, 재변이 발생하면 정사를 반성하면서 국정 운용에 대해 다양한 의견을 듣는 등 임금으로서의 역할을 다하려 노력했다.

고려 광종(光宗) 때의 일이다. 어느 해 정월에 큰 바람이 불어 나무가 뿌리째 뽑히자 재앙을 물리치는 술법을 물었다. 이에 사천감에서 "덕을 쌓는 것이 무엇보다 중요하다"라고 건의하자, 광종은 그 이후 『정관정요(貞觀政要)』를 읽고 정사에 더욱 정성을 기울였다. '정관'은 당 태종 때의 연호이며, 『정관정요』는 당 태종이 여러 신하와 토론한 것을 기록한 책으로, 그 시대의 정치가 훌륭했다 하여 당나라의 역사가인 오긍(吳兢)이 그때의 모범된 정사를 모아서 기술한 것이다. 『정관정요』는 후에 조선 왕조에서 정치 참고서로 활용되었다. 당시 광종이 군주로서 취한 태도 는 똑같이 일관이 '덕을 쌓으라'고 하자 그 일관을 죽여 버렸던 고구려의 차대왕과 너무나 대조적이다.

천재나 기상 이변에 대해 임금에게 공구수성을 진언하는 것은 문신뿐만 아니라 관상감원도 마찬가지였다. 인조 때에는 관상감정 맹윤상이 임금에게 상소한다. 당시 정3품이었던 관상감정은 오늘날의 기상청장 에 해당한다.

"신이 삼가 살피건대 요즈음 하늘의 견책이 거듭 나타나고 있는데, 하늘과 사람의 관계는 자모(慈母)와 적자(赤子:갓난아이)의 관계와 같아 미리 경고해 줌으로써, 반드시 안전하도록 도와주고 돌보아 주려고 그러는 것입니다. (중략)
혹시라도 하늘과 사람이 다른 길을 가 위와 아래가 서로 어긋나게 되면 하늘은 하늘대로 사람은 사람대로의 식이 되어 뒤틀린 기운이 자연 하늘 위에서 이르게 될 것이니, 견책에 대응하는 태도는 참으로 거짓이 없어야 하는 것입니다. 삼가 바라건대 전하께서는 두려워하는 마음으로 수양하고 반성하소서."[58]

　인조는 상소를 올린 맹윤상의 정성을 매우 가상하게 여기고, 상소의 내용을 유념하겠다고 답했다. 맹윤상은 임진왜란 때 분조를 이끌던 광해군을 잘 보필한 공로로 원종 1등 공신으로 서훈되었던 당시 관상감 판관 바로 그 신하다.

58　인조 3년(1625) 11월 3일(무신) 1번째 기사 일부, 인조실록 10권
　　(국사편찬위원회 조선왕조실록 http://sillok.history.go.kr/id/kpa_10311003_001 accessed
　　2019.05.16.)

2
구언(求言)과 상소, 그리고 임금의 조치

임금의 구언

옛날 슬기로운 임금들은 천재를 만날 때마다 반드시 사람의 일에서 그 원인을 찾았다. 국정 운영에 대해 관리들은 물론 백성들에게서도 다양한 의견을 널리 구하여 정책에 반영했는데, 이를 구언이라 한다.

임금이 구언하는 교서를 내리면 신하나 일반 백성들은 임금의 실수, 신하들의 충직과 아첨, 정사의 득실, 법도의 잘잘못, 민생의 고락 등을 밀봉하여 임금에게 올렸는데, 이를 봉서(封書) 또는 봉장(封狀)이라 하였다.

고려 목종(穆宗)은 여러 번 천재지변이 일어나고 또 변방 지역의 걱정도 많아지자 교서를 내린다.

> "(상략) 이제 보니 위로는 재상들로부터 아래로는 일반 관료에 이르기까지 일찍이 직간(直諫)하는 말이 없었으며 다만 아첨하는 말만 있을 뿐이다. 아아! 말을 해도 사용하지 않았다면 내가 마땅히 스스로 부

끄러워하겠지만, 나라가 위태로운데도 제대로 임금을 붙들지 못하였다면 누가 그 허물을 담당하겠는가? 경관으로 개경에 근무하는 5품 이상인 자들은 각자 봉서를 올려 모두 약석(藥石;경계가 되는 유익한 말)이 될 만한 말을 진술하여 함께 나라의 일을 돕도록 하라."[59]

봉서를 통해 임금을 '폭군'으로 신랄하게 비판하는 심한 경우도 있었으나 임금은 이를 처벌하면 진짜로 폭군의 오명을 쓸까 봐 참을 수밖에 없었다. 봉서는 원칙적으로 임금이 담당 관원에게 곧바로 주지 않고 혼자만 먼저 직접 보았고, 혹 잘못된 내용이 있어도 처벌하지 않았다.

임금의 구언하는 마음이 얼마나 간절했으면 조선 태종은 여러 중신들에게 "대신들은 내가 들어주지 않는다고 이르지 말고 모조리 품은 생각을 진달(陳達)하라. 비록 나더러 삭발을 하라 하여도 내가 마땅히 따르겠다"라고 말했을까.

구언을 통해 건의한 내용이 좋으면 임금들은 해당 관원을 포상했다. 태종은 구언 교서에 응답한 각 품 관원의 상소를 친히 읽어 보던 중 예조 좌랑 정효복(鄭孝復)의 상소문을 읽고는 탄복하여 칭찬을 멈추지 않았다.

"곧도다! 이 사람! 조정 신하 가운데 이 사람처럼 곧은 말을 하는 자

---

59   목종 6년(1003) 2월 1일(신유) 기사 일부, 고려사 세가 권 제13
      (국사편찬위원회 한국사데이터베이스 http://db.history.go.kr/KOREA/item/level.
      do?itemId=kr&types=r#detail-kingYear/kr_003r_0270_0020_0010/7/1003/02 accessed
      2016.06.29.)

가 없다.”[60]

태종은 감동한 나머지 붓을 잡고 정효복의 상소문 중 '공동죄일(功同罪一)'이라는 네 글귀에 친히 비점(批點;과거 등에서 시관(試官)이 시가와 문장 등을 평가하여 아주 잘된 곳에 찍던 둥근 점)을 찍었다. 공동죄일은 세운 공이 같고 허물이 같은데도 신분 여하에 따라 그 결과가 다르다는 의미이다.

태종은 파격적으로 그를 사간원 우헌납(右獻納)으로 발탁했다. 헌납은 조선 시대 왕에 대한 논쟁(諫諍)과 논박(論駁)을 임무로 하던 기관의 정5품 벼슬이다. 정효복은 임금의 구언에 올곧게 진언한 덕으로 정6품에서 정5품으로 두 단계나 깜짝 승진하면서 요직에 오른다. 그것도 항상 '임금에게 바른 소리를 하는 자리'로.

어느 임금보다도 구언을 중요하게 생각했던 세종, 그는 구언에 답할 대상자와 기한까지 정해 글을 바치게 했다. 임금의 구언에 대해 신하들의 응답이 시원치 않으면 신하들을 엄하게 질책했다.

대부분의 임금들은 구언에 대한 신하들의 태도에 불만을 가졌다. 많은 신하들은 구언이라는 중요한 국정 운영 제도에 대해 임금만큼 신경 쓰지 않았다. 구언에 아예 답하지 않거나 답하더라도 알맹이 없이 건성으로 한 것이다. 특히나 구언에 답한 내용들이 임금의 과실을 직언하는

60　태종 9년(1409) 6월 25일(병인) 1번째 기사 일부, 태종실록 17권
　　(국사편찬위원회 조선왕조실록 http://sillok.history.go.kr/id/kca_10906025_001 accessed
　　2017.12.30.)

　우리 역사를 바꾼 조선의 하늘, 그 비밀코드로의 시간여행

것은 거의 없고, 대개가 자질구레한 사안들을 가지고 구언에 답해야 하는 책임만 면하려 했기 때문이다.

구언에 대한 상소가 들어오면 대부분의 임금들은 이를 세밀하게 들여다보았다. 특히 세종은 밤을 새워 읽고 채택할 만한 내용은 환관을 시켜 그대로 옮겨 베끼게 한 후, 의정부와 6조로 하여금 검토하여 속히 시행토록 했다. 어떤 때는 그 내용이 수백 개 항목이나 되었다.

이때 세종은 상소한 내용의 조속한 처리를 엄중히 당부했는데, 그간 관리들의 늑장 처리가 있었기 때문이다. 구언에 대한 신하들의 상서에 대해 세종은 검토부터 시행에 이르기까지 확실하게 챙겼다.

세종은 승지들에게 각 품 관원들이 말한 시폐(時弊;그 시대의 잘못된 폐단)를 펴 보게 하여, 이미 정해진 법이 있어 고치지 못할 것과 의논하여 시행할 수 있는 것을 구분하여 표까지 붙여서 보고하게 했다. 세종은 이 보고서를 친히 읽고 나서 도로 승정원에 내려 대신들과 의논한 후 시행하게 했다.

임금이 이렇게 꼼꼼히 건의 사항을 검토하다 보니 승지들은 모든 봉서를 보고 정책으로 시행할 만한 사안이 있으면 주필(朱筆;붉은 먹을 묻혀 쓰는 붓)로 줄을 그었다. 그야말로 '밑줄 쫙' 그은 것이다.

그러나 구언에 대한 상소를 처리하는 과정에서는 승정원의 나태한 태도도 한몫 끼어들어 비난을 받기도 한다. 한 번은 많은 사람들이 성을 쌓는 일과 토지세 제도의 병폐에 대해 불만을 가지고 있었다. 그런데 승정원에서는 구언에 답한 내용 일체를 펴 보고 두 가지 사안에 대해 말한 곳이 있으면, 모두 주묵(朱墨;붉은 빛깔의 먹)으로 지워서 검토 대상이 되지 않도록 했다. 단지 봉상판관(奉常判官)이 기성(箕星)과 필성(畢星)에 제사하기를 청한 내용만 남겨 놓은 것이다.

이는 백성들의 가장 큰 민원 사항을 대통령 비서실 격인 승정원에서 원초적으로 묵살한 것이다. 이를 알고 당시 많은 식자(識者)들이 크게 개탄했다고 『조선왕조실록』은 기록했다.

목숨 걸고 올렸던 상소

재변이 닥치면 뜻있는 신하들은 임금이 두려워할 것은 '하늘과 사필(史筆)'이라고 강조하면서, 임금의 잘못에 대하여 끈질기게 상소했다.

제1차 왕자의 난 후 세자에 책봉되고 곧이어 왕위에 오른 조선 왕조 제2대 임금 정종, 그가 어느 날 종친을 거느리고 강음현(江陰縣;지금의 황해도 금천군)의 원중포(原中浦)로 사냥을 나갔는데, 노상에서 노루를 쏘아 잡았다. 그러자 문하부(門下府;의정부를 설치하기 전까지 나라의 모든 정사를 맡아보던 중앙 최고의 의결 기관)에서 지진과 성변이 있는데도 불구하고 사냥하며 즐기는 것은 옳지 못하니 금하라고 상소했다.

특히 정종 즉위 초에는 임금이 재이를 걱정하자 사헌부에서 임금에게 치도(治道)에 관하여 상소한다.

"(상략) 서경(書經)에 말하기를, '말이 네 마음에 거슬리는 것이 있거든 반드시 도(道)에 구하고, 말이 네 뜻을 순히 하는 것이 있거든 반드시 도 아닌 것에 구하라.' 하였습니다.

엎드려 바라건대, 전하께서는 말을 다하지 않는 것을 걱정하지 마시고 듣기를 민첩하게 하지 못함을 근심하시며, 말의 거슬리고 순함을 꺼리지 마시고 오직 일의 옳고 그른 것을 살피어, 다시 수성(修省)을 가(加)하여 능히 하늘의 경계를 삼가시면, 종사(宗社)에 심히 다행하겠습니다."[61]

『동국통감』과『경국대전』등의 편찬에 깊이 관여했던 조선 전기의 문신 서거정, 그는 천문과 지리, 의약, 풍수까지 통달한 문장가로 세조 때 6조 판서를 모두 역임했던 인물이다. 그런 그가 사간원 우사간의 자리에 있을 때 세조에게 상소한다. 내용은 엄격한 금주령의 시행, 음사의 금지 및 불요불급한 역사(役事)의 중지를 통한 경비의 절약 등이었다.

세조는 이 건의를 받자 서거정을 간원으로 임명한 것은 아주 잘한 선택이라고 하면서, "천계(天戒:하늘이 사람에게 보이는 경계)를 삼가고 더욱 성찰하여 여러 신하들의 근심을 덜겠다"라고 다짐한다. 세조는 임금에게 직언한 신하를 칭찬하고 격려하면서 그의 충언을 흔쾌히 받아들인 것이다.

이때 세조에게서 칭찬받고 성찰하겠다는 다짐까지 받은 서거정의 흔적은 그의 호를 따라 지은 서울 지하철 7호선의 사가정(四佳亭)역 이름에

---

01 정종 1년(1399) 10월 13일(기류) 4번째 기사 일루, 성종실록 2권
    (국사편찬위원회 조선왕조실록 http://sillok.history.go.kr/id/kba_10110013_004 accessed 2016.10.25.)

남아 있다. 그가 주로 용마산 일대에서 거처했기 때문에 그 지역인 중랑구에 '사가정로'라는 도로 이름도 있게 된 것이다.

영조 때에는 목숨 걸고 상소를 올렸다가 파격적인 승진을 한 사람이 있다. 어느 날 용안 현감(龍安 縣監)을 지낸 이정(李瀞)이라는 사람이 상소를 갖고 와서 승정원에 올렸는데, 승정원에서 접수조차 하지 않았다. 용안은 익산 지역의 옛 이름이다.

이정은 분을 참지 못하고 승정원 문밖에서 칼을 뽑아 스스로 목을 찔렀다. 궐내에서 자해를 한 것이다. 그러나 승정원에서는 이 중차대한 사안을 임금에게 보고조차 하지 않았다.

이를 나중에 안 영조는 즉각적인 조치를 취한다. 당직 승지를 파직하고 유배를 보냈다. 영조는 이정의 자해 사건에 대해 특별한 하교(下敎)를 내리는데, 여기에는 이정에 대한 영조의 높은 평가가 담겨 있다.

"'세찬 바람이 불어 보아야 굳센 풀을 알 수가 있고, 나라가 판탕(板蕩: 정치를 잘못하여 나라의 형편이 어지러워짐)함을 겪어 보아야 충성스런 신하를 알 수가 있다'는 것은 바로 이정을 두고 한 말이니, 대각이 판별하지 못한 것을 이정이 능히 판별했다. 이정은 비록 살아났지만 고인(古人:옛날 사람)에게 부끄럽지 않다고 하겠다. 이제 초정(初政:새로 등극한 임금이나 새로 도임한 관찰사, 수령이 집무를 시작하면 일)을 당하여 만약 가납(嘉納)하지 않는다

우리 역사를 바꾼 조선의 하늘, 그 비밀코드로의 시간여행

면 어떻게 세상을 격려하겠는가? (하략)"62

영조는 자결까지 생각하고 상소하려 했던 이정을 첨지중추부사(僉知中樞府事)로 특채했다. 첨지중추부사는 조선 시대 중추원의 당상관 관직이다. 전직 종6품의 이정을 정3품의 자리에 파격적으로 등용한 것이다. 목숨까지 걸었던 이정은 일거에 일곱 등급을 뛰어 임용된 것인데, 지금으로 치면 5급 초임 사무관 경력의 퇴직자가 1급 관리관 자리에 보직된 것이다. 영조가 이정의 충정을 가슴으로 인정한 것이다.

신하들의 직언을 마음으로 받아들인 조선의 성종과 중종

성종 때에는 홍문관 부제학 성세명(成世明)이 재변을 하늘의 경고로 삼아, 경계하고 반성하기를 청하는 상소를 올린 적이 있다.

> "신 등이 듣건대 '좋은 약은 입에 쓰나 병에는 이롭고, 충성스러운 말은 귀에 거슬리나 행하는 데 이롭다'고 하였습니다. 만약 입에 쓰다고 하여 그 약을 꺼리면 병은 고질이 될 것이니 유(兪)·편(扁)의 의술

---

02 영조 30년(1702) 0월 0일(정유) 2번째 기사, 영조실록 99권
   (국사편찬위원회 조선왕조실록 http://sillok.history.go.kr/id/kua_13806006_002 accessed 2019.01.13.)

이라도 시술할 수가 없으며, 귀에 거슬린다고 하여서 그 말을 막으면 위로는 귀먹고 아래로는 막히어 봉(逢)·간(干)의 충성이라도 스스로 들어오지 못할 것이니, 어찌 심히 두려워할 만한 것이 아니겠습니까?

예로부터 천하 국가를 다스리는 이가 밝은 군주〔明主〕가 되려고 하지 않는 경우가 없었으되 항상 혼미(昏迷)한 데에 이르고, 치세하려고 하지 않는 이가 없었으되 항상 혼란한 데에 이른 것은 무엇 때문이겠습니까? (중략)

그 화근은 과실을 부끄러워하고 직간(直諫)을 꺼리며, 이기고자 하는 마음이 강하고 아첨하는 말을 달게 여기며, 종변(縱變:마음대로 변함)하면서 사람의 말을 꺾는 데에 있습니다. (하략)"[63]

유·편은 황제(黃帝:중국 고대 전설상의 제왕) 때의 유부(兪跗)와 주대(周代)의 편작(扁鵲)으로 모두 이름난 의원(醫員)이다. 봉·간은 용봉(龍逢)과 비간(比干)을 말하는데, 용봉은 하나라의 현신(賢臣)인 관용봉(關龍逢)으로 걸왕(桀王)의 무도함을 간(諫)하다가 피살되었고, 비간은 상나라 주왕(紂王)의 숙부로 주왕의 폭정을 간하다가 목숨을 잃었다.

성세명의 상소에 성종은 요사스럽고 괴이함이 나오는 것은 모두 자신의 어질지 못함에서 말미암은 것으로, 어찌 아래에 있는 자의 잘못이겠

---

63   성종 25년(1494) 10월 11일(병인) 6번째 기사 일부, 성종실록 295권
      (국사편찬위원회 조선왕조실록 http://sillok.history.go.kr/id/kia_12510011_006 accessed
      2018.03.03.)

느냐고 하면서, 앞으로 다시는 그러지 않겠다고 약속했다.

그러면 중종은 어떠했을까? 겨울철인데도 날씨가 봄날같이 따뜻해서 복숭아·살구·자두·매화나무의 꽃이 두 번이나 피고 열매를 맺는 등 이변이 계속되었다. 그러자 홍문관에서 임금에게 상소했다.

> "(상략) 진실로 상하가 두려워하면서, 서로 수양하여 나라를 보전하고 정치를 잘해야 할 때인데도, 전하께서는 구중궁궐에 깊숙이 거처하시면서 아무것도 하지 않고 편안히 지내시며, 스스로 한가히 놀면서 경연에 드물게 나오시고, 또 정사도 보시지 않고 다만 부문(浮文:천박하고 경솔한 문장) 말절(末節:자질구레하거나 사소한 일)에만 힘을 쓰시고 재변을 만나도 근심하며 수양하는 실상은 없습니다."[64]

임금이 정사도 살피지 않는다고 지적한 홍문관에서는 대신들에 대하여도 개탄하는 내용을 상소에 담았다.

> "대신은 음양을 조화시키는 책임이 있는데도 한가히 놀면서, 구차히 그전대로 따라하고 나태하여 아무런 생각을 하지도 않으며, 전하께서 재변에 대해 물으시면 다만 '네, 네'하고 공손히 대답하는 태도만

---

64 중종 9년(1514) 11월 27일(을유) 1번째 기사 일부, 종종실록 21권
    (국사편찬위원회 조선왕조실록 http://sillok.history.go.kr/id/kka_10911027_001 accessed
    2018.06.09.)

지키고서, 근심하고 두려워하여 임금의 과실을 바로잡으려는 성심은 없으니, 이것이 어찌 마음을 같이 하여 직무에 힘쓰며, 공경하여 하늘의 견책에 응답하는 도리겠습니까?"[65]

그러면서 홍문관에서는 임금에게 날마다 현명한 선비를 접견하여 정치하는 방법을 강구하고, 재변을 초래하게 된 이유를 깊이 생각하여 하늘의 견책에 응답하는 실상을 다하라고 진언했다.

이에 대한 중종의 답변은 이랬다.

"(상략) 차자(箚子:상소)의 내용 중에 '임금이 아무것도 하지 않고 한가히 지내며 드물게 경연에 나간다'고 한 말은 내가 매우 미안하게 생각한다. 아무것도 하지 않고 편안히 지내면 해독이 심하게 된다는 것을 내가 어찌 알지 못하겠는가?

아무런 이유 없이 경연을 폐지한 것이 아니라, 근일에 마침 종증(腫症: 종기)이 있기 때문에 경연에 나가지 못한 것이다. 아무것도 하지 않고 편안히 지내면서 스스로 한가히 노는 것은 나의 뜻이 아니다. 경(卿)

---

65 중종 9년(1514) 11월 27일(을유) 1번째 기사 일부, 중종실록 21권
(국사편찬위원회 조선왕조실록 http://sillok.history.go.kr/id/kka_10911027_001 accessed 2018.06.09.)

등이 어찌 이를 알겠는가? 반드시 이런 이치는 없을 것이다."[66]

신하들의 간언이 폐부를 찌르는 내용이었기에 임금도 진심으로 받아들인 것이다. 한번은 의주에서 흙비가 내린 것 때문에 홍문관 직제학(直提學) 김굉(金硡)이 상소하기를, "임금이 삼가 심학(心學;마음의 문제를 사상의 핵심으로 삼는 학문)을 바로잡고 인재를 변별하며, 언로를 터놓는 세 가지가 오늘의 수성하는 급무요, 천재를 그치게 하는 요법"이라고 했다.

중종은 신하들의 충정을 이해하고 마음을 다잡는다.

"지금 상소를 보건대 그 말이 지당하다. 내가 즉위한 이래로 온갖 재변이 갖추 생기다가 근자에는 더욱 심한데, 재변을 비록 어느 일의 감응이라고 지적할 수는 없지만 이러한 하늘의 견고(譴告)가 어찌 까닭 없이 일겠는가?

이는 내가 부덕한 소치이니 내가 낮이나 밤이나 조심스럽고 두려워, 누워도 자리가 편치 못하다. 상소 안에 세 조목 일은 마땅히 자리 옆에 서 놓고 다시 더 성념(省念)하겠다."[67]

홍문관의 연이은 직언에 중종은 반성하는 마음으로 정사에 임하겠다고 다짐했다.

원옥(冤獄)부터 풀려 했던 임금

옛사람들은 화기(和氣)를 손상하고 재앙을 부르는 것은 많은 부분 옥송(獄訟)에 말미암은 것으로 믿었다. 죄수들이 오래 옥에 갇혀 근심하고 탄식하면서 원통함을 부르짖는 것이 가뭄 등을 불러온다고 생각한 것이다. 따라서 죄 없이 억울하게 옥에 갇히는 원옥을 특히나 경계했다.

거의 모든 임금들은 공구수성하면서 특히 사법 행정이 제대로 이루어지지 않아 억울한 백성들의 원한이 재변으로 나타난 것은 아닌지 걱정했다. 그에 따라 재변이 심하면 역모죄, 존속살인죄 등의 대죄를 제외한 대부분의 죄인들을 사면(赦免) 석방하는 것이 관행처럼 되었다.

그러나 백제는 파격적인 정책을 취한다. 백제 다루(多婁)왕은 가뭄이 오래 계속되자 죄수들을 재심사하고 사형수도 사면했다. 우리 역사상 재해로 인해 사형수까지 사면한 나라는 백제뿐이다.

반면 신라, 고구려는 가뭄이 심해 서로 사람을 잡아먹을 정도의 상황에서도 사형수만큼은 사면하지 않았다. 조선 성종은 가뭄 때에는 사형수의 형 집행을 정지하는 배려를 했다. 천재지변으로 사형 시기를 조정한 것이다.

예외적인 경우이긴 하지만 다른 이유에서 사면에 대해 부정적인 임금도 있었으니 고려의 제6대 임금 성종(成宗)이다. 성종은 재위 16년(997)에 병세가 악화되어 위독한 상황에 이르게 되었다.

이때 평장사(平章事;고려 시대 중서문하성의 정2품 관직)가 임금의 건강 회복을 위하여 대사면령을 내리자고 건의하였으나 임금은 이를 거절한다.

> "죽고 사는 것은 하늘에 달렸으니 어찌 죄 있는 자들을 풀어주면서
> 까지 억지로 목숨 늘리는 것을 구하겠는가? 또 나의 뒤를 이은 사람
> 이 무엇으로 새로운 은혜를 펴리오."[68]

죄수들에 대해 가장 신경을 쓴 왕조는 고려였다. 고려 예종은 감옥에 오랫동안 갇혀 있는 죄수들의 억울함이 있을까 염려해 각 기관의 소송 문서를 조사케 하였더니, 무려 30년이나 묵혀둔 사건도 있었다. 임금은 크게 걱정한다.

"비록 그 사람은 죽었지만 그 자손 가운데 억울해하는 자가 어찌 없겠는가?"

특히 고려 문종은 어느 임금보다도 천재지변의 원인 중 죄수들에 대한 처리가 가장 중요하다고 생각했다. 그래서 선결 조치로 형조의 관리 임용 시 어느 기관보다도 엄정하게 선별하여 일을 맡김으로써 억울한

---

68 성종 16년(997) 10월 27일(부오) 1번째 기사 일부, 고려사 세가 권 제3
(국사편찬위원회 한국사데이터베이스 http://db.history.go.kr/KOREA/item/level.
do?itemId=kr&types=r#kingYear/kr/r/6/0997/10 accessed 2020.12.04.)

형벌을 당하는 자가 없도록 했다.

원옥을 만들려 하지 않았던 왕은 고려 임금만이 아니었다. 형옥 업무의 중요성을 인식한 세조는 승정원 관리의 관장 업무를 조정하기까지 한다.

당시 승지들의 업무 분장을 보면 천지·춘하추동의 6조 순서대로 도승지가 이조, 좌승지는 호조, 우승지는 예조, 좌부승지는 병조, 우부승지는 형조, 동부승지는 공조를 관할했다. 그러나 세조는 당시 도승지였던 윤필상(尹弼商)으로 하여금 형조를 관장하게 한 것이다.

연산군조차도 혜성이 나타나고 대궐문 밖에서 사람에게 벼락이 치는 등 재변이 발생하자, 자신의 책임을 거론하면서 좌우 신하들에게 특히 행형(行刑) 업무에 있어 억울한 사람이 없도록 당부할 정도였다.

재변 시 임금이 취했던 다양한 조치

가뭄에 대해 조선 왕조에서는 기본적으로 『문헌통고』에 나오는 대책을 중심으로 대처하려 했다. 『문헌통고』에 따르면 4월 이후에 가뭄이 있으면 비를 빌기 위해 7가지 일을 행하도록 했는데, 첫째로 원통한 죄수와 실직한 자를 구제해 주고, 둘째로는 환과고독(鰥寡孤獨;나이든 홀아비와 과부, 고아, 자식 없는 노인)을 구제해 주며, 셋째로는 부역을 덜어 주고 세금을 감해 주며, 넷째로는 어질고 착한 사람을 발탁하여 쓰고, 다섯째로는 탐장(貪贓;관리가 부정을 저질러 재물을 탐하는 것)하고 간사한 무리를 내쫓고, 여섯째로는 남혼여가(男婚女嫁)를 때 맞게 하여 시집 장가 못 가는 이를 구제해 주며, 일곱째로는 성찬을 없애고 풍악은 벌리되 연주하지 않는 것이었다.

가뭄이 심하면 사람뿐만 아니라 동물에게도 은혜를 베풀었는데, 무엇보다도 가축의 도살을 금하고 가축들을 놓아주었다. 백제 법왕(法王)은 민가에서 기르는 매와 새매를 놓아주고, 통발 같은 고기 잡는 도구나 짐승 사냥 도구까지 태워버리게 했다.

고려와 조선 왕조에서는 가뭄 시에 『문헌통고』에서 제시한 대책들과 함께 망제(望祭)를 지냈다. 망제는 북교(北郊)에 나가서 악(嶽), 해(海), 독(瀆; 기우제를 지내던 큰 나루나 강-남쪽의 웅진·가야진, 중앙의 한강, 서쪽의 덕진·대동강·압록강, 북쪽의 두만강) 그리고 명산과 대천 등의 19 신위(神位)에게 비를 내려달라고 빌던 제사이다. 신령들에게는 훈호(勳號)를 붙여 주고, 대신들에게는 작위 및 공신 책봉, 그리고 승진과 함께 땅과 농민을 하사했다.

특히 노인과 독질자(篤疾者; 매우 위독한 병자) 및 폐질자(廢疾者; 불치병자), 열녀와 의부(義夫), 효자와 순손(順孫; 조부모를 잘 모시는 손자), 그리고 환과고독에게 음식을 대접하고 차등을 두어 물품을 하사했으며, 고승(高僧)들에게는 봉작을 추증하게 했다.

가뭄 대책에는 특이한 내용도 많았다. 조선 태종은 가뭄이 심하면 민심 수습 대책으로 60세 이상으로서 능력이 있다고 판단되는 사람들에게는 명예 관직을 부여했다. 그러나 당시 어떤 중신은 60세가 안 된 사람을 능력이 높다고 거짓으로 천거하여 문제가 되기도 했다.

태종 때의 일이다. 하루는 의정부와 6조에서 가뭄 피해를 없애기 위한 시정 개혁안을 올렸는데, 믿지 못할 내용이 있었다. 그중에는 본 주인이 노비의 귀와 코를 베고, 얼굴을 바늘로 찔러서 먹물 따위로 문신하거나 힘줄을 끊는 것을 금하는 것도 포함되어 있었던 것이다. 주인들이 노비들을 얼마나 잔혹하게 대했으면 이런 내용까지 정부 시책으로 거론되었을까.

특이하게도 중종은 부부간 불화가 가뭄을 초래한다고 생각해 이에 대한 조치를 취하기도 했다. 중종은 '가뭄의 재변은 음양이 조화를 잃기 때문에 생기는 것이므로, 무엇보다도 집에서 가장 중요한 부부 관계가 화목해야 한다'고 믿고, 이러한 일들은 법사(法司;사법 기관)가 규찰하여 문제가 있을 경우 그 가장의 죄를 묻도록 했다.

조선 왕조에서는 가뭄이 계속되면 예전에 해왔던 것처럼 도랑을 보수하고 냇둑을 정결하게 했으며, 가난한 자를 구호했다. 아울러 산과 들 그리고 길에 사람의 해골 또는 시체가 드러나서 뒹구는 것이 있으면 모두 매장했으며, 벗겨진 무덤을 덮어 주고 심지어는 짐승의 뼈까지도 묻어 주었다. 성종은 지방관들이 이러한 일들을 잘 시행하는지 승정원의 주서나 사관을 각도에 파견하여 확인까지 했다.

가뭄은 음양 사상에서 볼 때 양기가 극히 강한 것이므로 임금들은 양기를 피하는 조치들을 많이 취했다. 양산과 부채, 그리고 삿갓 사용을 금했다. 선풍기나 에어컨이 없었던 옛날에는 부채야말로 더위를 이기는 필수품이었는데, 부채 없이 여름을 견뎌야 했으니 그 어려움이 이만저만이 아니었을 것이다.

당시 부채는 더위만을 쫓는 생활 도구가 아니었다. 여덟 가지 장점이 있어 팔덕선(八德扇)이라 부를 만큼 유용한 것이었다. 『임하필기』에 보면 팔덕선 이야기가 나온다. 해서(海西:현재의 황해도)의 재령(載寧)과 신천(信川) 등지에서는 풀잎을 짜서 둥근 부채를 만드는데, 주로 농부들이 사용했다. 그 부채 이름을 '팔덕선'이라 하였는데, 그 여덟 가지 덕은 곧 맑은 바람을 일으켜 주는 덕, 습기를 제거해 주는 덕, 깔고 자게 해 주는 덕, 값이 저렴한 덕, 짜기 쉬운 덕, 비를 피하게 해 주는 덕, 볕을 가려 주는 덕, 옹기를 덮어 주는 덕이다.[69]

아울러 조정에서는 시장까지도 옮기게 했다. 시장이 있는 곳은 음기가 성한 까닭에 시장을 양기가 성한 남쪽으로 옮기면 비가 내릴 것이라고 믿었기 때문이다. 가뭄 때 시장을 옮기는 것 역시 음양압승술의 일환이었다. 조선 초기 한양의 경우에는 시장을 종로에서 남쪽인 남대문이나 지금의 충무로쪽으로 옮겼다.

또한 남문인 숭례문은 폐쇄하고 북문인 숙정문(肅靖門)을 열어 놓았는데, 이는 음양오행설상 남은 화(火)이기 때문에 닫고, 북은 음을 창달한다는 뜻에서 연 것이다.

한재와 수재 때에는 『문헌통고』의 규정대로 제향 외에는 도성 안이나 밖에서 북(皮鼓)치는 것도 금지했다. 세종 때에는 오고(午鼓:임금이 정전에 있을 때 정오를 알리는 북)까지도 치지 못하게 하고, 인정과 파루에도 쇠 종을 치도록 했다. 북을 치지 못하게 한 것 역시 음양압승술에 의거한 것이다.

---

69 이유원, 「팔덕선」, 화동옥삼편(華東玉糝編), 임하필기(제34권), 『한국고전종합DB』, 한국고전번역원

북을 만드는 가죽은 양에 속하므로 대신 음에 속하는 구리나 쇠로 만든 종을 치게 한 것이다.

고관, 사대부들부터 어긴 금주령

조선 왕조에서는 가뭄이 들면 우선 금주령부터 내렸다. 정조 때에는 술과 함께 여훈(茹葷:마늘, 파 등의 매운 채소)도 금지시켰다. 금주령은 궁궐에서의 제사나 외국 사신을 접대하는 일을 제외하고 전국에 걸쳐 적용되었다. 임금도 예외가 아니어서 금주하거나 술을 줄였다. 신하들과의 연회를 즐겼던 성종은 술뿐만 아니라 환송이나 환영 모임에서 떡이나 과일, 그리고 장수(漿水:오래 끓인 좁쌀미음)까지도 금했다.

가뭄 때 금주령을 내리는 것은 술을 빚는 것이 곡식 낭비의 원인이 될 뿐만 아니라, 공구수성하는 마음에도 해를 끼치기 때문이었다. 그러면 이러한 금주령은 제대로 지켜졌을까?

임금들은 금주령을 비교적 잘 따랐으나 고위 관리와 사대부들은 어기는 경우가 허다했다. 그럼에도 처벌받은 사람은 주로 미천한 백성들이었고, 고관대작들은 거의 무풍지대에 있었다.

태종은 오랫동안 가물자 금주령의 철저한 시행을 위해 자신부터 금주하는 모범을 보였다. 한번은 금주령을 내리면서 대궐 안의 술그릇을 모두 치우라고 명하기도 했다. 백성들이 이를 듣고 어찌 감히 술을 마실 수 있었겠는가.

세종은 태종보다 더욱 엄격했다. 술 한두 잔은 약으로 마실 것을 신하들이 몇 번씩 간청해도 끝내 거절하고, 약주를 염탕(鹽湯:소금국)으로 대신했다.

세종은 관리들의 송별연에서도 음주를 엄격히 금지한다. 당시에는 지방 수령의 전송을 빙자하여, 공공연하게 대신들의 집이나 심지어는 천인(賤人)의 집에 모여서 기생과 광대를 부르고 풍악을 잡히거나, 심한 경우에는 금지되어 있던 쇠고기까지 요리해 먹기도 했다. 그 시절 쇠고기를 먹는 것은 장 1백 대의 벌을 받는 큰 범죄였다. 소는 고려 때에도 귀하게 여겼는데, 소를 도살하면 양민, 천민을 불문하고 얼굴에 낙인을 찍어서 형이 끝난 뒤에 먼 지방으로 내쫓을 정도였다.

금주령 위반은 사헌부에서 엄격히 감찰했는데, 처벌은 지은 죄의 경중에 따라 차이가 있었다. 죄가 중한 사람은 장 1백 대와 도형 3년에 처하고, 직첩까지 다 회수했다.

임금들은 특히 관료들의 금주령 위반이 일단 적발되면 더 엄하게 처벌하여 파면하거나 귀양까지 보내기도 했고, 스님들의 경우도 태 50대에 처하고 원적(原籍)대로 환속되는 처벌을 내리기도 했다.

현재의 음주 관련 벌칙을 보면 2회 이상 음주 운전을 한 경우 2년~5년 징역이나 1천만 원~2천만 원의 벌금에 처해진다. 이와 비교할 때 조선시대의 금주령 위반에 대한 벌칙이 가볍지 않았음을 알 수 있다.

그런데 유난히 세종 때에 금주령을 어겨 처벌받은 관리들이 많았다. 이것은 아마도 세종이 금주령 이행 실태를 상대적으로 강력하게 단속한 것이 배경일 것이다. 세종은 승정원의 승지까지도 음주했다 하여 파면한다. 그러나 세종은 위반자 처벌에 있어서 과도한 가중 처벌이나 유권무죄 무권유죄(有權無罪 無權有罪) 식의 처벌이 되지 않도록 각별히 당부하기도 했다.

금주령에 철저하기로는 영조를 당해낼 임금이 없었다. 영조는 조선 왕조의 역대 임금 중에서 가장 엄격하게 금주령을 시행한 군주였다. 영조는 왕위에 오른 후 3대 시정 방침을 발표한다. 첫째 당파 싸움을 금하고, 둘째 사치를 금하며, 셋째 술 마시는 것을 금하는 것이었다. 금주령은 가뭄 때에만 적용되는 것이 아니라 평상시에도 지켜야 할 규율이었다.

영조는 52년의 재위 기간 중 실제로 40년에 걸쳐 금주령을 내릴 정도였으니 금주가 영조의 3대 국정 방침이 된 것은 하등 이상할 일이 아니었다. 영조는 자신부터 금주하고 술 대신 송절차(松節茶)를 마셨다. 송절은 소나무의 줄기나 가지에 있는 송진이 침착된 마디다.

영조38년(1762) 9월 지방의 한 고위 무관이 금주령을 어겼다는 상소가 올라온다. 영조는 친히 숭례문에 나아가 그를 참형에 처하게 했다. 이렇게 영조의 금주령이 엄격했던 것은 무엇보다도 많은 백성이 굶어 죽은 숙종 때의 대기근이 배경에 깔려 있었다. 또한 사대부들에게 검소한 생활을 유도하려는 복안도 없지 않았다.

우리 역사를 바꾼 조선의 하늘, 그 비밀코드로의 시간여행

3

재변 책임을 모두 떠안은 임금들의 불만

신하들에게 섭섭했던 임금들

옛날 사람들은 가뭄이나 홍수 등의 기상 이변, 혜성이나 유성 출현 등의 성변 그리고 지진 등 모든 천재지변의 우선 책임이 군주에게 있다고 여겼다.

그렇다 보니 재변이 발생하면 무엇보다도 임금은 공구수성하고 경천우민(敬天憂民)하면서, 국정 운영에 대한 다양한 의견을 널리 구했다. 그러나 임금도 사람인지라 인간적 고뇌 내지는 신하들에게 섭섭한 마음이 왜 없었을까? 대표적인 임금이 조선의 태종과 성종이었다.

태종은 재변의 책임이 임금에게 있다는 인식에 대해 조금은 다른 생각도 가졌던 듯하다. 하루는 동북면(東北面;오늘날의 함경도) 길주 명간령(明間嶺)에 돌이 있는데, 우는 소리가 종소리와 같다는 보고를 받았다. 태종은 즉시 신하를 보내 해괴제를 행하게 하고, 영사평(領司平) 하륜과 우정승 이무(李茂)를 불러 소회를 밝힌다.

"(상략) 옛사람이 재변을 만나면 모두 인군(人君:임금)의 과실이라고 지적해 말하고, 경대부(卿大夫:고관대작)의 현부(賢否)에 대하여는 한마디도 언급함이 없으니, 이것이 어찌 근본을 잃음이 아니겠는가?"[70]

태종은 신하들이 재변의 전적인 책임은 임금에게 있다고 생각하고 대신들의 잘못에 대하여는 일언반구 언급도 하지 않는 것에 대해 섭섭한 마음을 가졌던 것이다.

태종은 즉위 후 10년 정도 지나면서부터는 재이가 발생하면 임금만 걱정하고 신하들은 신경도 안 쓰고 무심한 것에 대해 불편한 심기를 솔직하게 표출했다. 태종은 극심한 가뭄이 계속되는데도 '나 몰라라' 하면서 수수방관하는 문무 신료들에게 기우제 등 다양한 가뭄 대책 시행을 명하면서 질책 어린 섭섭함을 내비친다.

"지금 이렇게 가뭄이 심하므로 내 생각에 반드시 말하는 자가 있으리라 여기고 이를 기다린 지 며칠이 되었으나, 한 사람도 가뭄에 대하여 언급하는 자가 없기에 내가 먼저 발설하였다. 그런 뒤에야 여

---

70 태종 2년(1402) 1월 1일(갑신) 4번째 기사 일부, 태종실록 3권
    (국사편찬위원회 조선왕조실록 http://sillok.history.go.kr/id/kca_10201001_004 accessed
    2017.08.09.)

러 신하들이 기도(祈禱)를 서두르니 어찌 그리 늦은가? (하략)"[71]

한번은 기청제(祈晴祭)를 위해 임금이 친히 향과 축문을 전하려고 하였는데, 제일 중요한 제문(祭文)조차 준비되지 않았다. 마침내 그동안 쌓였던 태종의 섭섭함이 분출됐다.

> "새벽에 마음이 전일(專一)할 때 향(香)을 전하여 신명(神明)을 섬기는 것이 예(禮)인데 지금 어찌하여 늦느냐? 이것은 예방대언(禮房代言)의 허물이다. 비가 한이 없이 버려 농사를 해치는데, 나만 혼자 절식(絶食)하는 것이냐? 어찌 이다지도 걱정이 없는가?"[72]

태종은 죄를 물어 예문관 장무검열(掌務檢閱)을 순금사에 가두었으나 경각심만 일깨우고 4일 만에 석방했다.

성종 또한 예외가 아니었다. 성종은 재이만 발생하면 신하들이 자신들은 아무것도 안 하면서 임금의 근신만을 주청하자 속으로 불만이 생겼던 듯하다.

---

71 태종 2년(1402) 7월 2일(계미) 2번째 기사 일부, 태종실록 4권
    (국사편찬위원회 조선왕조실록 http://sillok.history.go.kr/id/kca_10207002_002 accessed
    2017.08.13.)
72 태종 9년(1409) 7월 5일(을해) 3번째 기사 일부, 태종실록 18권
    (국사편찬위원회 조선왕조실록 http://sillok.history.go.kr/id/kca_10907005_003 accessed
    2017.08.23.)

어느 해에는 성종이 겨울철의 이상 기온 때문에 구언하는 교지를 내렸는데도, 한 달이 지나도록 의견을 제기하거나 능력 있는 선비를 천거하는 사람이 한 명도 없었다. 신하들이 이렇게 왕명을 가벼이 여기고 관심도 없으니 얼마나 섭섭했겠는가.

성종은 신하들을 질책하면서 자신이 부덕하여 보필하기에 부족함에서인지 아니면 보통 일로 보아 염려하지 않아서인지를 신하들에게 묻는다. "임금에게 진실로 말하여도 듣지 않고 인재를 천거하여도 등용하지 않는다면 이는 본인의 허물이지만, 말하지 않고 천거하지 않는 허물은 장차 누가 책임지겠느냐?"

중종 역시 재변이 일어나면 신하들의 직무 자세를 다잡았다. 어느 날 선대(先代) 왕릉에 벼락이 떨어졌다. 중종은 "하늘이 위에서 진노하는데 거만스레 앉아서 진강(進講)을 들을 수 없다"라면서 석강을 정지했다. 그리고는 승정원에 전교하기를, "임금뿐만 아니라 신하와 백성 모두가 수성할 것"을 당부했다. 승정원에서는 임금의 염려에 동조하면서, 대신들에 대해 한탄하는 답서를 올린다.

"(상략) 옛 대신은 나라에 큰일이 있으면 병중이라도 글을 올려 일을 말하기도 하고 부축을 받으며 입궐하기도 했는데, 지금은 그렇지 아니하여 나라에 큰일이 생기면 삼공(三公:삼정승)만 와서 의논하는 것이 보일 뿐이요, 그 나머지 부원군(府院君:조선 때 왕비의 친아버지나 정일품 공신에게 주던 작호) 등 재상들은 모두 아프다는 핑계로 오지 아니하니, 어찌 침이나 맞고 뜸이나 뜰 하찮은 병 때문에 국가의 일을 회피할 수 있으리까? (하략)"[73]

나라가 어려움에 처했을 때 얼마나 많은 신하들이 이를 강 건너 불 보듯이 했으면 승정원에서 이런 답서까지 올렸을까 싶다.

신하들에 대한 임금의 반격

조선의 몇몇 임금들은 재변을 신하들의 기강 잡기 기회로 삼거나 현안 과제를 해결하는 계기로 활용했다. 태종 때의 일이다. 한번은 궂은 날씨를 이유로 임금의 교외 행차를 정지할 것을 사간원에서 상소했다. 사간원의 상소는 "정양(正陽)의 달(음력 4월)에 서리가 내리는 재변이 발생했으니, 임금은 진지한 자세로 공구수성하여 상천(上天)이 임금을 인애하는 마음에 보답해야 한다"라는 것이었다.

태종은 상소를 읽어 보고 말하기를,

"나의 동교(東郊) 거둥에 곡식을 손상함이 있지 않았는데, 어찌 이런

---

73 중종 8년(1513) 10월 20일(갑인) 5번째 기사 일부, 중종실곡 19권
   (국사편찬위원회 조선왕조실록 http://sillok.history.go.kr/id/kka_10810020_005 accessed 2019.06.13.)

까닭으로 서리가 버리는 것이 절기를 잃는 데 이르겠는가?"[74]

　중종 때에는 선대 왕릉에 벼락이 떨어졌을 때 한 신하가 임금에게 아
뢰었다.

　　"대저 재변을 그치게 하는 방법은 임금의 마음 하나에 달려 있습니
　　다. 옛말에 '하늘에 혜성이 있는 것은 설명할 수 있지만, 마음속에 있
　　는 혜성은 설명할 수 없다'고 하였으니, 임금은 재변을 기다리지 말
　　고 늘 공구수성해야 합니다."[75]

　신하가 임금에게 또 공구수성하라는 진언을 반복한 것이다. 중종은
어떤 반응을 보였을까? 그 다음날 사헌부에 모든 정부 기관의 해이한
관리들을 감찰하도록 지시했는데, 명분은 분명했다. "빈말만 하는 것은
무익하니, 모름지기 모든 정사를 잘 시행해야 하늘의 견책에 응답할 수
있다"라는 것이었다. 신하들의 압박 조치에 임금이 반격을 가한 것은 아
니었을까?

74　태종 14년(1414) 4월 13일(병진) 4번째 기사 일부, 태종실록 27권
　　(국사편찬위원회 조선왕조실록 http://sillok.history.go.kr/id/kca_11404013_004 accessed
　　2017.11.13.)
75　중종 8년(1513), 10월 21일(을묘) 3번째 기사 일부, 중종실록 19권
　　(국사편찬위원회 조선왕조실록 http://sillok.history.go.kr/id/kka_10810021_003 accessed
　　2019.06.13.)

　우리 역사를 바꾼 조선의 하늘, 그 비밀코드로의 시간여행

이 지시에 따라 이조에서는 전 공무원을 대상으로 대대적인 직무 감사를 벌였다. 여러 문관들이 걸려들었다. 이유는 게을러서 일을 하지 않았다는 것, 즉 직무를 유기했다는 것이다. 감찰에 걸린 사람들은 문반에서 무반으로 좌천된다.

이 일을 두고 사관들이 다음과 같이 논평했다. "재상의 부형(父兄)이나 자제 중에는 물의가 현저하여 태거해야 할 자가 어찌 없겠는가! 그런데, 그들은 모두 여기에 들지 않았으니 여론이 불쾌하게 여겼다." 고관대작들의 자제 등이 여기서도 특혜를 받은 것에 대하여 사관들이 비판한 것이다.

현종은 혜성이 나타나자 비망기를 내려 자신을 책망하고 구언하면서, 신하들에 대하여 심한 불만을 표출했다.

> "아, 오늘날의 국사가 위급하다 하겠다. 하늘이 몹시 노하여 이변을 거듭 보이므로 두렵고 조심스러운 마음이 항상 가슴 속에 간절하였는데, 뜻밖에 지금 또 하늘이 경계를 보여 요사한 혜성이 나타났다. 이 재변을 부른 이유를 말하건대 실로 우매한 나의 부덕에서 온 것이다. 아, 인애(仁愛)한 하늘이 소자가 통치해도 된다고 하여 이처럼 정령한 경계를 버리는데도 나는 우매하여 깨닫지 못하니, 한밤중에도 잠을 이루지 못해 마치 못이나 구렁에 떨어진 것처럼 두렵다. 이게 비록 재변을 당하였을 때 상례로 행하는 규례이나 금일부터 정전을 피하여 더욱 경외(敬畏)하며, 자신을 책하고 허물을 반성하여 조금이나마 하늘에 답하려고 한다.

신하들에 있어서도 어찌 스스로를 책려하는 일이 없겠는가. 모든 대소 신료들은 각각 자신의 직책에 근실하며 서로 편당하는 일 없이 선행을 권장하고 악을 징계하여 상호 보완하는 도리를 다하고 과인의 잘잘못을 낱낱이 진술하며, 백성들의 휴척(休戚:평안함과 근심)에 이르기까지 숨기지 말아 부족한 나를 도우라.

일전에 바른말을 구하는 하교를 내렸으나 입을 다물고 말하지 않는 것이 습속이 되어 거리낌 없이 직언하는 선비를 보지 못하였다. 이는 곧 나와 함께 무슨 일을 할 수 없다고 여겨서 그런 것이 아닌가. 실로 개탄스럽다."[76]

임금이 신하에게 '개탄스럽다'는 과격한 표현까지 쓰면서 신하들의 분발을 촉구한 것이다.

한편 영조는 재변을 이유로 신하들의 당파 싸움을 질책한다. 하루는 뇌성이 진동하자, "신하가 된 사람으로서 임금이 신하들을 그르게 여기는 경계를 듣고도 같은 생각을 하지 않으니, 이렇게 하기를 그만두지 않는다면 우리 동방예의의 나라가 장차는 신하의 지조가 없는 지경에 이를 것"이라고 한탄하면서 신하들을 질타했다.

---

76 현종 5년(1664) 10월 12일(경오) 2번째 기사 일부, 현종실록 9권
   (국사편찬위원회 조선왕조실록 http://sillok.history.go.kr/id/kra_10510012_002 accessed 2019.08.23.)

4

천문과 연산군

관상감의 축소, 격하

연산군은 천문과 기상에 이변이 있으면 때로는 자책하면서 전국의 백성들에게까지 상소를 밀봉하여 올리게도 했으나, 대부분은 의견을 받아들이지 않았다. 한번은 사헌부와 홍문관에서 뇌성 번개의 변 때문에 상소했는데, 홍문관의 상소는 뒤에 삭제까지 당했다.

당시 동지성균관사(同知成均館事)가 구언에 응하면서 네 가지 일을 조목조목 진언했다.

"첫째 경연에 부지런히 나오시고, 둘째 옥사(獄事)와 송사(訟事)의 결단에 힘쓰며, 셋째 여(旅:500명을 1隊로 하는 군제) 이외의 정병(正兵)은 폐지하며,

넷째 장성(長城)을 쌓지 마소서."[77]

연산군은 일언지하에 거절한다.

"쓸데없는 것이다."[78]

연산군은 어느 날 우박이 쏟아지고 지진이 있었는데도 궁중에서 잔치를 열었고, 창기(娼妓)가 편복 차림으로 궁중에 드나드는 일까지 생겼다. 간관이 이를 중지하도록 강력하게 건의했으나 연산군은 들어주지 않았다.

하루는 관상감에서 별자리의 변화에 대해 보고하자, 연산군은 의정부와 6조의 참판 이상을 불러 명을 내린다. 차관급 이상의 고위 공무원을 전원 소집한 것이다.

"이번 재변을 아뢰지 말라고 하교하였는데 이제 어찌 또 아뢰느냐? 천도(天道)는 아득하여 알기 어렵다. 옛날 요 임금 때에도 9년의 홍수

---

77 연산 6년(1500) 11월 8일(무오) 2번째 기사, 연산군일기 39권
    (국사편찬위원회 조선왕조실록 http://sillok.history.go.kr/id/kja_10611008_002 accessed
    2018.04.16.)
78 연산 6년(1500) 11월 8일(무오) 2번째 기사, 연산군일기 39권
    (국사편찬위원회 조선왕조실록 http://sillok.history.go.kr/id/kja_10611008_002 accessed
    2018.04.16.)

가 있었고, 탕 임금 때에도 7년의 가뭄이 있었으니 어찌 요와 탕의 덕이 부족해서 그랬겠느냐? 이는 천수(天數:하늘이 정한 운명)의 우연이지 인사(人事)의 잘못이 아니다. 불초한 사람들이 망녕되이 사사로운 생각으로 재변을 논하는 것은 천기(天紀:천체가 운행하는 규칙과 질서)를 어지럽히는 것이니, 관상감을 혁파함이 온당하겠다. 오직 금루(禁漏)와 명역(命譯) 등의 관사는 혁파하지 말라."[79]

요(堯)와 탕(湯)은 순(舜)과 더불어 중국인들이 성군으로 흠모하는 옛 임금들이다. 어쨌거나 당시 연산군의 말은 어느 면에서는 일리 있는 얘기이기도 했다. 이러한 연산군의 명에 중신들이 맞장구를 친다. "성상의 하교가 지당하십니다." 연산군의 말 한마디에 관상감의 천문 부서가 폐지되고, 지리학은 명과학에 소속된다. 연산군은 자기가 듣기 싫은 성변에 대해 보고했다 하여 해당 부서를 없애면서 관상감을 사력서(司曆署)로 축소시킨 것이다.

연산군은 자연 현상에 대하여 지금의 기준에서 보면 나름대로 과학적인 생각을 갖고 있었기 때문에, 천문에 대한 경외와 성변에 대한 두려움이 다른 임금들에 비하여 상대적으로 적었던 것으로 보인다. 이런 측면이 천문을 무겁게 받아들이지 않았던 이유가 아니었을까 싶다.

---

79 연산 12년(1506) 7월 20일(정유) 4번째 기사 일부, 연산군일기 03권
   (국사편찬위원회 조선왕조실록 http://sillok.history.go.kr/id/kja_11207020_004 accessed 2018.04.17.)

어쨌든 하늘을 다루는 천문 부서를 없앤 것이 화근이었을까? 연산군은 이 일이 있은 지 40여 일 후 왕위에서 쫓겨난다. 그리고 사력서는 중종 즉위 초에 다시 관상감으로 회복된다.

연산군과 충신 간의 논쟁

연산군은 천문과 기상 이변 등에 대해 다른 임금들과는 확연히 다르게 생각했다. 연산군은 일식과 산사태 등의 천변지괴를 일면 과학적 시각에서 접근하기도 했다. 그러다 보니 신하들과의 충돌을 피할 수 없었다.

홍문관에서는 임금이 외척과 환관을 총애하고 간신을 중시하는 데 대해 줄기차게 간언하면서, 관작의 남발을 중지하고 조정의 공론에 대해 신중하게 생각하며, 항상 하늘의 경계에 대해 조심하라고 간곡하게 충언했다. 그럼에도 연산군은 매번 신하들의 간언을 묵살하곤 했다. 그때마다 신하들은 자신들의 충언에 귀 기울이고 이를 폭넓게 수용하라고 촉구했다.

어느 해에는 백악산에서 큰 돌이 떨어지고 수일 동안 큰비가 내려서 산이 무너지고 물이 넘치자, 좌의정 어세겸(魚世謙)과 우의정 한치형이 임금에게 사직서를 제출했다. 연산군은 이에 답하는 전교를 내린다.

> "지금 맹춘(孟春)의 달을 당했으니 천지가 온화하고 따뜻해야 하는데, 음우(陰雨)가 연일 버리는 것은 바로 시령(時令:절기)이 순조롭지 못한 소

치이니, 재앙이 아니라고 이를 수도 없지만, 다만 얼음이 풀리고 땅이 녹아서 비탈의 돌이 무너져 떨어진 것이므로, 재이라고는 할지라도 산이 무너졌다고 할 수는 없다."[80]

재변에 대한 임금으로서의 심적 부담을 덜어 보려 한 것일까, 연산군은 전혀 다른 얘기를 꺼낸다. "근일에 태백성이 낮에 나타나며 하늘이 또 흐리고 비가 내리니, 이는 바로 음이 성하고 양이 미약하며, 임금이 약하고 신하가 강한 형상이다"라고 하면서 신하들의 득세에 우려를 나타낸 것이다.

이에 어세겸이 강하게 반론을 제기한다.

"지금 하교하시기를 '임금은 약하고 신하가 강한 형상이다' 하시니 신 등은 놀라움을 이기지 못하옵니다. 대간(臺諫)과 홍문관이 군상(君上)의 과하신 처사를 보면 광구(匡救)하려고 생각하는 것은 직분상 당연한 일이오니, 원컨대 전하께서는 그 간곡한 정성을 살피어 빨리 그 말에 좇으옵소서.

한(漢)나라 왕씨(王氏)의 집권이나 양기(梁冀)의 발호나 고려 말에 최충헌의 전정(專政)과 같이, 임금으로 하여금 아무 일도 못 하게 하였다면

80 연산 4년(1498) 1월 23일(기미) 1번째 기사 일루, 연산군일기 29권
    (국사편찬위원회 조선왕조실록 http://sillok.history.go.kr/id/kja_10401023_001 accessed 2018.03.11.)

신하가 강하다 해도 가하겠으나, 지금 성명(盛明)한 조정에 이렇게 하교하시는 것은 부당하옵니다."[81]

연산군은 지금으로 치면 부총리였던 어세겸의 직언에 한 발을 뺀다.

"이 말은 정승을 두고 한 것이 아니오."[82]

연산군은 다른 임금들과는 달리 기상 이변을 엄중하게 생각하지 않았고, 그 원인도 임금의 부덕의 소치가 아니라는 사고가 팽배해 있었다. 한번은 연산군이 성균관에서의 시학(視學) 및 대사례를 하기 전날에 우레와 함께 우박이 내리자, 승정원에서 공구수성하여 천견에 답하기를 아뢰었다.

연산군은 "9월에 천둥하고 번개 치는 것은 옛적에도 있었다. 그러나 재앙이 아니라 하여 경솔히 할 수는 없는 것"이라고 하고는, 우박에 대해 『문헌통고』에서 본 것을 이야기하면서 또다시 신하들의 강성함을 제기한다. "우박이 내리는 것은 음이 양을 위협하는 형상이라 하였으니,

---

81   연산 4년(1498) 1월 23일(기미) 1번째 기사 일부, 연산군일기 29권
     (국사편찬위원회 조선왕조실록 http://sillok.history.go.kr/id/kja_10401023_001 accessed
     2018.03.11.)
82   연산 4년(1498) 1월 23일(기미) 1번째 기사 일부, 연산군일기 29권
     (국사편찬위원회 조선왕조실록 http://sillok.history.go.kr/id/kja_10401023_001 accessed
     2018.03.11.)

신하가 강성해서 그러는 것이 아니냐?"

성변이 나타나자 "임금이 덕을 쌓으면 천재가 없고, 산천의 귀신도 편안하지 않음이 없다. 별이 제 궤도를 잃는 성변이 일어난 것은 임금인 내가 덕이 없어서 그러한 것"이라고 한 성종의 말과 너무나 대조적이다. 부자(父子)간에 생각의 차이가 이만큼 나는 것이 성군 성종과 패군 연산군이 갈리는 출발점이 아니었을까?

연산군 3년(1497) 6월 28일, 사간(司諫;조선 시대 사간원의 종3품 벼슬) 홍식(洪湜)이 묻는다. "전하께서 성종의 자리를 계승하셨으면서도 성종을 본받지 않으시는 것은 어쩐 일입니까?"

연산군은 가까이 있는 신하들이 자신에 대해 무슨 나쁜 말을 퍼뜨릴까 봐 걱정이었을까? 그는 자기를 그림자처럼 따라다니며 모시는 환관들에게 말조심하라는 의미의 경고 문구를 나무패에 새겨 모두 차게 했다. 연산군 10년(1504) 3월 13일 「연산군일기」의 기록이다.

"구시화지문 설시참신도 폐구심장설 안신처처뢰(口是禍之門 舌是斬身刀 閉口深藏舌 安身處處牢)"

'입은 화(禍)의 문이요, 혀는 몸을 베는 칼이다. 입을 닫고 혀를 깊이 간직하면, 몸이 편안하여 어디서나 굳건하리라'는 뜻이다. 이 말은『명심보감(明心寶鑑)』「언어편(言語篇)」에 나오는 "구시상인부(口是傷人斧;입은 사람을 해치는 도끼) 언시할설도(言是割舌刀;말은 혀를 베는 칼) 폐구심장설 안신처처뢰"를 변형한 것이다.

처서(處暑) 이름까지 바꾼 연산군

연산군은 역질(疫疾)을 크게 두려워해 특이한 어명을 내리기도 한다. 연산군은 매년 3월, 8월 및 섣달에 역질 귀신을 쫓게 했는데, 입춘 날에는 창덕궁과 경복궁에서도 역질을 쫓으라고 했다. 이때는 반드시 복숭아나무 칼과 복숭아나무 판자를 쓰게 했다. '귀신에 복숭아나무 방망이'라는 속담이 전해 오듯이 복숭아나무는 귀신을 쫓는 물건으로 여겨졌기 때문에 그러한 명을 했을 것이다.

연산군은 역질에 대한 걱정 때문에 행차하는 곳에는 먼저 쇠똥을 불태워 물리치게 했다. 역질 귀신을 쫓은 후에는 요사스러운 귀신을 물리치게 하는 부적을 붙이고, 또 그러한 물건을 달아놓게까지 했다.

연산군의 만행은 상선내시 김처선(金處善)을 처벌하면서 최고조에 달한다. 상선내시는 내시 중 최고 등급인 종2품으로 2명이 있었는데, 1명은 판내시부사(判內侍府事)로 내시부를 총지휘하는 수장이고, 다른 1명은 임금의 수라를 책임지는 역할을 맡았다. 종2품이면 현재의 차관 또는 도지사격인 관찰사와 같은 품계이다.

김처선이 연산군의 음행을 강하게 만류하자, 연산군은 김처선을 참혹하게 죽였다. 연산군은 그래도 분이 풀리지 않았던지 모든 공문서에 김처선의 이름에 들어간 '처(處)'자 금지령까지 내렸다.

이 때문에 24절기의 하나인 처서(處暑)가 조서(徂暑)로 바뀌게 된다. 처서는 '더위가 멈춘다'는 뜻인데, '가는 더위'라는 의미의 조서로 개명된 것이다. 이뿐만이 아니다. 이름에 '처'자가 들어간 관리들은 모두 개명

해야 했다. 한술 더 떠 자기가 즐기던 처용무(處容舞)도 풍두무(豐頭舞)로 바꿔 쓰게까지 한다.

본래 처서는 입추와 백로 사이인 양력 8월 23일 경인데, 이 시기부터 더위가 수그러지기 시작한다. 그래서 '처서 지나면 모기도 입이 삐뚤어진다'는 말이 생겨났다. '처서에 비가 오면 독의 곡식도 준다'거나 '십리 안 곡식 천 석을 감한다'는 속담도 전해 오는데, 이는 처서 날에 비가 오면 흉년이 든다는 뜻으로 처서의 의미를 강조하는 말이다. 그 이유는 벼 꽃이 한창 필 때인 처서쯤에 비가 오면 벼의 꽃가루가 수분(受粉)을 못하기 때문이다. 그만큼 중요하게 생각했던 '처서'를 김처선이 밉다 하여 명칭까지 바꾼 것이다.

연산군에 의해 비참하게 죽은 김처선, 그는 세종 때부터 일곱 임금을 모신 조선 최고의 내시로, 나중에 지금의 장관급인 정2품 자헌대부에 봉해졌다.

연산군은 쫓겨나기 2년여 전 무슨 예감이 들었는지 관상감에게 100년간의 날짜를 총합 계산하여 보고토록 명하고, 특히 2년이 지나면 몇 날이 되는지 묻기도 했다. 연산군도 자기의 악행을 알고 폐위를 걱정한 것은 아니었을까?

연산군은 왕위 퇴출에 임박해서도 자기가 경회루에 거둥할 때는 저녁일 경우 인정 종을 치지 말고 새벽이면 파루 종을 치지 말며, 바깥 성문들은 종치기를 기다리지 말고 시각을 짐작하여 문을 열고 닫으라고 명하기도 했다. 통행 근지와 해제를 같은 시각에 하지 않고 성문을 지키는 군사들이 알아서 문을 닫고 열게 했으니 그 시각이 제각각이었음은 불을 보듯 뻔하다.

역질을 그렇게나 무서워했던 연산군, 중종반정으로 왕위에서 쫓겨나 강화도로 그리고 다시 교동도로 유배되었다가 아이러니하게도 결국은 역질로 숨을 거둔다.

연산군에 대한 평가가 중종반정 세력에 의하여 편파적으로 왜곡되었을 개연성을 제기하면서 학정(虐政)이 집권 후반기에 심화된 원인으로 왕권과 신권(臣權)의 갈등, 훈구와 사림의 대립 그리고 어머니 윤 씨의 폐비 사실을 인지하게 된 것 등을 꼽는 시각도 있다.

「연산군일기」의 기록으로 보면 연산군은 성군은 아니다. 그럼에도 배경이야 어떻든 현재의 판단 기준으로 볼 때 천문의 변화와 지변(地變) 등에 대한 일면 과학적인 시각과, 심각한 기근 상황에서도 인재양성을 위해서만큼은 국가예산을 아끼지 않은 점 등은 연산군의 평가에 있어 주목할 만한 대목이 아닌가 싶기도 하다.

5

하늘기우제 그리고 변계량

임금의 기우제 친제(親祭)

가뭄이 계속되면 조정에서는 '백성이 하늘처럼 여기는 것은 곡식'이며, '하늘이 마음 두는 것은 사람'이라고 생각해 천지와 산천 등에 기우제부터 지냈다. 고려 시대 이전에는 임금이 직접 지내는 친제였다. 부여의 영고(迎鼓), 고구려의 동맹(東盟), 예(濊)의 무천(舞天) 등이 모두 농사와 관련된 친제 제천(祭天) 의식이었다.

백제 계왕(契王)은 제단을 설치하고 하늘과 땅에 제사 지냈다. 아신왕(阿莘王)은 어느 해 여름에 큰 가뭄이 들어 벼가 타들어 가자, 직접 횡악(橫岳; 지금의 북한산)에서 기우제를 지냈는데 곧 비가 내렸으며, 법왕도 큰 가뭄이 들자 칠악사(漆岳寺)에 가서 기우제를 지냈다. 고려 때에는 왕이 법운사(法雲寺)나 외제석원(外帝釋院) 등의 사찰에서 비를 내려 달라고 기도했다.

고려 시대에도 제천례가 있었으나 말기에는 명나라 사신이 제후국인 고려에서 제천례를 행하는 것은 예에 맞지 않는다고 지적하는 바람에 우왕 11년(1385)에 폐지된다.

조선 왕조에 들어서는 임금이 직접 기우제를 올리는 '친제', 특히 하늘에 제사 지내는 문제가 어느 왕 때나 뜨거운 감자였다. 비를 내리는 것은 하늘이므로 기우제는 당연히 임금이 하늘에 지내는 것이 마땅하다고 생각했다.

그러나 임금이 직접 기우제를 행하는 것은 장단점이 있을 수밖에 없는 일이었다. 비가 오면 다행이지만 만약 오지 않으면 임금의 권위 실추가 불가피했고, 더 이상 추가 조치를 할 수 없었으므로 기우제 친제는 여러 임금들의 두통거리였다.

두 상황이 조선 예종(睿宗)과 숙종 때 일어났다. 예종은 친히 영창전(永昌殿)에서 기우제를 지냈는데, 축문 읽기를 마치자마자 큰비가 내렸다. 여러 신하들이 축하 인사를 올리려 했으나 임금이 사양했다. 그러나 내심 신하들에게 체면이 서고, 마음도 흡족했을 것이다.

반대로 숙종 때에는 임금이 종묘에 거둥하여 기우제를 지냈는데, 임시 천막에 들어가자 갑자기 소나기가 내리기 시작하더니 기우제를 지내는 내내 계속되었다. 그러나 막상 기우제가 끝나니까 언제 비가 왔냐는 듯이 날이 활짝 갰다. 임금이 대단히 민망했을 것이다.

또 다른 문제는 임금이 하늘에 기우제를 지내는 것에 대하여 황제국인 중국의 눈치를 살피지 않을 수 없었던 것이다.

조선 왕조에 들어서는 건국 초부터 하늘에 지내는 기우제를 폐지하자는 의견이 대두되었다. 그러나 태조는 원구단(圓丘壇)의 제사는 폐지하지 않고 이름만 원단(圓壇)으로 고치게 했다. 원단은 천자나 국왕이 하늘에 제사 지내던 하늘 모양의 둥근 제단으로, 한양 교외 1백 리 밖에 설치했는데 남쪽과 북쪽에 각각 위치해 있었다. 동지 때에는 남쪽 교외[南郊]에서 하늘에 제사 지내고, 하지 때에는 북쪽 교외[北郊]에서 땅에 제사 지냈다.

제사 대상을 보면『춘추호씨전(春秋胡氏傳)』의 내용에 따라 천자는 천지(天地), 제후는 산천, 대부(大夫)는 오사[五祀;사직에 드리는 다섯 가지 제사, 즉 구망 · 욕수 · 현명 · 축융 · 후토(句芒 · 蓐收 · 玄冥 · 祝融 · 后土)]였고, 벼슬을 하지 않은 선비와 서민[士 · 庶人]은 조부와 아버지였다.

『춘추호씨전』은 송나라의 호안국(胡安國)이라는 사람이 공자가 지은 노나라의 역사서『춘추(春秋)』에 기초해 존왕양이(尊王攘夷;왕을 높이고 오랑캐를 배척함) 사상을 논한 책으로, 춘추를 학습할 때는『춘추호씨전』을 참고했다.

조선의 임금들이 고민했던 부분은 천자인 중국의 황제만이 지낼 수 있는 하늘 기우제를 제후국의 왕이 올릴 수 있느냐는 것이었다. 따라서 어느 임금은 하늘 기우제를 직접 지내고, 어느 임금은 중신들로 하여금 대신 지내게 했으며, 아예 폐지한 임금도 있었다. 반면에 세조는 세자와 영의정 등 대신들을 거느리고 주저함이 없이 친히 원단에서 하늘 제사를 지냈다.

변계량의 끈질긴 하늘 기우제 설득

변계량, 그는 고려 말 우왕 때 진사시(進士試)와 생원시(生員試)에 합격하고 후에 문과에 급제하여 벼슬길에 올랐는데, 조선 건국 후에도 그의 관직은 이어졌다.

변계량은 태종 초에는 성균관 학정(學正), 사제감 소감 겸 예문관 응교(應敎)와 직제학을 겸임했다. 변계량은 태종 7년(1407)에 치러진 문과(文科) 중시(重試)에 을과(乙科) 제1인으로 뽑혀 당상관에 오르면서 예조우참의가 되었다.

중시는 조선 시대 당하관 이하의 문무관이 10년마다 한 번씩 보는 과거 시험으로, 임금이 친히 참석한 가운데 궁전 뜰에서 치러졌다. 여기에 합격하면 성적에 따라 관직의 품계를 올려 주었는데, 장원급제에 해당하는 을과 제1인은 4계급을 특진시켜 당상관까지 올려 주었다. 합격자 수는 가장 적게 뽑았을 때가 중종 3년(1516)으로 3명이었고, 가장 많았을 때는 세종 29년(1447)으로 19명이었다.[83] 변계량이 응시했을 때는 10명이 합격했다.

그러니까 변계량은 조선 관리들의 특별 승급 시험에서 수석을 차지해 당상관으로 승진됨으로써 그의 능력을 만천하에 보여 준 것이다.

변계량은 태종 때 기우제를 포함하여 국가 제사를 총괄하는 예조 판서 등을 역임하면서 임금이 하늘에 제사 지내는 예, 즉 제천지례(祭天之禮)를 행하도록 끈질기게 주청한다. 변계량은 우리나라가 멀리 해외에 있어 중국의 제후국과 같지 않으며, 고려 시대에도 쭉 하늘에 제사 지냈음을 상기시키면서 임금을 설득했다.

후에 경승부윤(敬承府尹)이 된 변계량은 또 다시 "가뭄을 당해서는 하늘

---

83   이성무, 「중시(重試)」, 『한국민족문화대백과사전』, 한국학중앙연구원

에 제사 지내야 한다"라고 하면서, 제후이기 때문에 하늘에 친제하지 못한다는 임금의 생각에 대해 "비 오고 날 개고 춥고 덥고 바람 부는 것은 모두 하늘이 하는 것이므로, 옛사람이 비를 빌 적에는 반드시 하늘에 제사하였다"라고 반론을 제기한다. 그러면서 비록 하늘에 비를 빈다고 하더라도 비가 온다고 확신할 수 없는데, 하물며 빌지도 않고 비가 내리기를 바라는 것은 타당치 않다고 역설했다.

변계량의 설득은 굽힘 없이 계속되었다. 그는 강조하기를, "우리 동방에서는 옛날부터 하늘에 제사 드리는 도리가 있었으므로 폐지할 수가 없고, 더욱이 우리 동방은 단군이 시조로서 하늘에서 내려왔고 천자가 땅을 나누어서 제후를 봉한 나라가 아니기 때문에, 하늘에 제사해도 중국에 대하여 아무런 문제가 없다"라는 것이었다.

> "(상략) 전조(前朝:전대의 왕조) 2천 년 동안 계속해서 하늘에 제사하였으니
> 이제 와서 폐함이 불가하나이다. 하물며 본국은 지방이 수천 리로서
> 옛날의 100리 제후의 나라에 비할 수 없으니 하늘에 제사한들 무슨
> 혐의가 있겠습니까?"[84]

변계량은 특히 문장에 뛰어났다. 세종 2년(1420) 집현전이 설치된 뒤

---

84   세종 1년(1419) 6월 7일(경신) 2번째 기사 일부, 세종실록 4권
     (국사편찬위원회 조선왕조실록 http://sillok.history.go.kr/id/kda_10106007_002 accessed
     2018.10.10.)

대제학이 되었고, 거의 20년간 대제학을 맡아 외교 문서를 작성했다. 변계량은 『태조실록』 및 『국조보감』의 편찬과 『고려사』 개수에 참여하였으며, 과거(科擧)의 시관(試官:조선 시대에 과거 시험에 관계되는 관리를 통틀어 이르던 말)으로서 공정을 기해 고려 말의 폐단을 개혁했다는 평가를 받는다.

변계량은 62세에 별세했는데, 당시 그는 판우군도총제부사(判右軍都摠制府事)를 맡고 있었다. 부고를 듣자 세종은 사흘 동안 조회를 정지했다. 또한 부의와 관을 하사하고, 제물과 제문을 보내 관계 기관으로 하여금 제사를 지내게 했다. 이는 변계량에 대한 세종의 마음이 어땠는지를 보여 준다. 세자도 부의로 쌀과 콩을 아울러 30석을 내렸다.

변계량은 사후 문숙(文肅)이라는 시호를 받는다. 문(文)은 근학호문(勤學好問), 즉 배우기를 부지런히 하고 묻는 것을 좋아하는 것을 뜻하고, 숙(肅)은 집심결단(執心決斷)의 의미로 마음을 굳게 가져 일을 결단하는 것을 말한다.

6

사관들이 본 임금과 신하

고려 시대의 일관과 사관들

중국 전한(前漢) 시대의 학자였던 유향(劉向)은 신하를 6정(正) 6사(邪)로 분류했다. 나라에 이로운 6부류의 신하를 6정, 나라에 해로운 사악한 신하 6부류를 6사로 구분한 것이다. 6정은 성신 · 양신 · 충신 · 지신 · 정신 · 직신(聖臣 · 良臣 · 忠臣 · 智臣 · 貞臣 · 直臣)이고, 6사는 구신 · 유신 · 간신 · 참신 · 적신 · 망국신(具臣 · 諛臣 · 姦臣 · 讒臣 · 賊臣 · 亡國臣)을 말한다.

그러면 우리 역사 속에서 사관들은 누구를 6정 속에 포함시키고, 누구를 6사로 평가했을까?

고려 시대에는 일관들이 임금의 책사 역할까지 하면서 국정에 깊이 관여했다. 이때 대부분의 일관들은 6정의 역할을 톡톡히 했으나, 일부 슬기롭지 못했던 임금들은 일관들의 충언을 듣지 않았다.

고려 제18대 임금 의종은 국정 운영에 파탄을 많이 일으켜 일관들이 진심 어린 충언을 자주 했으나 이를 깨닫지 못했다.

11월 어느 날 길 가던 사람들이 길을 잃을 정도로 짙은 안개가 사방으로 자욱하게 끼었다. 일관이 임금에게 '안개는 여러 가지 사기(邪氣)로서 여러 날 계속되고 흩어지지 않으면, 그 나라는 혼란에 빠질 것'이라는 『오행지(五行志)』에 쓰인 말을 인용하면서, "안개가 생겨 10보 밖의 사람이 보이지 않으면, 이것을 주혼(晝昏)이라 부르며 나라를 잃을 징조'라고 한다"라고 말했다.

그러면서 일관은 의종에게 정사를 제대로 살피고, 거처를 일정하게 하며 시의에 맞는 명을 내리라고 직설적으로 충언했으나 임금은 끝내 받아들이지 않았다.

의종은 재위 24년(1170) 9월 정중부(鄭仲夫) 등 무신들의 반란에 의해 왕위에서 쫓겨나 혼자 말을 타고 거제현으로 추방되는 신세가 된다. 그는 3년 후 경주 곤원사(坤元寺)라는 절의 북쪽 연못가에서 이의민(李義旼)에 의해 시해되었다.

사관 김양경(金良鏡)은 후당(後唐)의 명종(明宗) 때에 강징(康澄)이라는 신하가 올린 상소를 거론하면서, "의종이 패륜 정치 끝에 쫓겨난 것은 두려워하지 않을 바를 두려워하고, 두려워할 바를 두려워하지 않은 까닭이 아니냐?"라고 비판했다. 그러면서 김양경은 "환란이 발생한 초기에 어느 한 사람도 왕을 위해 목숨을 바친 자가 없었으니 더욱 탄식할 만한 일"이라고 역사에 기록했다.

김양경이 언급한 강징은 형벌의 경중을 바로잡는 관직인 대리소경(大理少卿) 이었는데, 그가 올린 상소는 이러했다.

"국가를 통치하는 데 있어서 두려워할 필요가 없는 것이 다섯 가지요, 매우 두렵게 생각해야 할 것이 다섯 가지입니다. 해 · 달 · 별〔三辰〕이 제 궤도에서 벗어나는 것은 두려워할 필요가 없으며, 천문〔天象〕에 변화가 나타나는 것은 두려워할 필요가 없고, 또 소인(小人)들의 잘못된 말은 두려워할 필요가 없으며, 산이 무너지고 냇물이 고갈되는 것은 두려워할 필요가 없고, 수해 · 한재 · 충해〔水旱虫蝗〕는 두려워할 필요가 없습니다.

그러나 어진 선비가 쓰이지 못하고 숨어 지내는 것은 깊이 두려워해야 하며, 염치와 도덕이 없어지는 것은 깊이 두려워해야 하고, 또 윗사람과 아랫사람이 서로 잘못을 감싸주는 것은 매우 두려워해야 하며, 비방과 칭찬이 구별되지 못하는 것〔毁譽亂眞〕은 깊이 두려워해야 하고, 바른말이 들리지 않는 것도 깊이 두려워해야 합니다."[85]

임금에 대한 일관의 진언에 대해 일관 자신은 물론 언관(言官)까지 사관으로부터 비난받은 경우도 있었다. 고려 명종 때에 진성(鎭星;토성)이 목성을 범하는 성변이 나타났다. 일관은 임금에게 내란이 있을까 두려우니 광암사와 총지사 두 절에서 불정소재도량(佛頂消災道場)을 베풀고, 또 명인전(明仁殿)에서 인왕경(仁王經)을 읽어 재앙을 물리치기를 간언한다.

---

85 의종, 김약경의 차, 고려사 세가 권 제19
   (국사편찬위원회 한국사데이터베이스 http://db.history.go.kr/KOREA/item/level.
   do?itemId=kr&bookId=世家&types=r#detail/kr_019r_0030 accessed 2016.11.11.)

불정소재도량은 불경을 외면서 천재지변이나 내란을 없애고 복을 비는 불교 의식이다.

이에 대해 사관은 일관과 함께 재상과 언관까지 비판하는 기록을 역사에 남겼다.

> "사람의 일이 아래에서 어긋나면 천변이 위에서 응하는 것이다. 그러므로 일식과 월식이 생기고 혜성이 나타나게 되는 것이니, 까닭이 있지 않은데 그러한 것은 없다. 임금이 재앙을 만나면 마땅히 스스로를 꾸짖고 덕을 닦아 화란(禍亂)의 싹을 제거해야 할 것인데, 음양을 관찰하는 관리가 오직 부처를 섬기고 굿판을 벌이는 것으로 왕의 마음을 미혹하고자 하는데도, 재상과 대간 가운데 바르게 간하는 자가 없는 것은 어째서인가."[86]

사관들이 비난한 이때의 일관들은 6정에 속할까, 아니면 6사에 속할까?

---

86 명종 16년(1186) 9월 18일(신유) 기사, 고려사절요 권13
(국사편찬위원회 한국사데이터베이스 http://db.history.go.kr/KOREA/item/level.do?itemId=kj&types=r#detail-kingYear/kj_013r_0010_0030_0090_0010/19/1186/09 accessed 2016.08.08.)

사관이 평가한 조선의 6사(邪)들

연산군은 10월에 우레가 있자, "지난번에 대간들이 10월에 뇌성이 있는 것은 재변이라 하여 번갈아 상소하면서 극간하는 자가 있었는데, 지금도 대간이 또한 10월의 뇌성을 재변이라 하여 간한 자가 있는가?"라고 승정원에 묻는다.

승지들은 연산군의 심중을 꿰뚫어 보고 있는 듯이 답을 했다. "월령(月令;예기(禮記)의 편명)에 이르기를 '8월에 우레가 소리를 거둔다' 하였으니 8월 이후에 있는 우레는 정상이 아니라 하겠으나, 10월의 우레는 해마다 있으니 이것으로 재변이라 할 수 없으며, 대간들도 또한 논란할 것이 못 됩니다."

이에 대해 사관들은 어떻게 기록했을까? "간관들이 목숨이 아까워 10월의 뇌성을 재변이라 하지 못하였다"라고 간관들을 비판했다.

사관들은 임금의 처신에 대해서도 가차 없이 비판의 날을 세웠다. 중종 때 무녀가 비를 빈 후 비가 사흘이나 내리자, 임금이 승정원에 상격(賞格)의 전례를 살펴서 아뢰고, 전례가 없더라도 무녀들에게 상을 주라고 명했다. 당시 승정원의 반대로 무녀들에게 상을 주지는 못했지만, 이에 대해서도 사관들은 임금을 비판했다.

"형정(刑政)의 흠결이 가뭄을 부를 만한데도, 재앙을 그치게 할 도리를 강구하지 않고 빌어서 물리치려는 말단만을 닦은 것이 이미 걸치레인 데다가, 오래 가뭄 끝에 마침 한 번의 비를 얻자 또 무녀에게 공을 돌려 상 주려 하니 하늘을 어기는 것에 가깝지 않은가."[87]

선조 때에는 경상 감사 이시발(李時發)이 별이 떨어졌다는 장계를 올렸다. 승정원에서는 이를 임금에게 보고하면서, 임금이 방비를 더욱 삼엄하게 하여 닥쳐올 재난에 철저히 대비토록 간언했다. 이에 대해 사관들은 승정원의 처신을 문제로 삼는데, 무엇이 잘못되었다고 생각했을까?

"화기(和氣)는 상서로운 징조를 불러오고 피기는 이상한 징조를 불러온다. 대체로 조정이란 사방에서 본받는 곳이며, 백성은 또 나라의 근본이 된다. 대란을 겪고 난 후로 모두가 경계를 했어야 하는데, 안으로는 조정이 불안정하고 밖으로는 백성의 원망이 날로 쌓이니 하늘이 재앙을 버림이 어찌 이유가 없겠는가. 승정원은 근신(近臣)으로서 먼저 아뢰면서 조정과 임금의 신상에 관하여는 일언반구도 언급하지 않고 외구(外寇)만 가지고 말을 하였으니, 장차 임금으로 하여금 자기 잘못에 대한 직간을 듣기 싫어하도록 만드는 것이다."[88]

사관들은 승정원이 제 역할을 못 했다고 비판한 것이다.

---

87   중종 39년(1544) 6월 1일(무진) 1번째 기사 일부, 중종실록 103권
      (국사편찬위원회 조선왕조실록 http://sillok.history.go.kr/id/kka_13906001_001 accessed
      2018.12.26.)
88   선조 35년(1602) 11월 9일(병인) 3번째 기사 일부, 선조실록 156권
      (국사편찬위원회 조선왕조실록 http://sillok.history.go.kr/id/kna_13511009_003 accessed
      2019.02.23.)

IV

천변지괴(天變地怪)가 만든
한민족 역사

1

날씨 때문에 바뀐 임금

가뭄으로 왕이 된 사람

날씨는 옛날에도 현대 사회와 마찬가지로 전쟁뿐만 아니라 정치에도 큰 영향을 미쳤다. 날씨로 인해 왕이 바뀌거나 심지어는 왕조가 바뀌기도 하였다.

옛 부여의 풍속에는 '가뭄이나 장마가 계속되어 오곡이 영글지 않으면, 그 허물을 왕에게 돌려 왕을 마땅히 바꾸어야 한다'고 하거나, 심지어 '죽여야 한다'고 했다. 자연재해의 발생을 왕의 허물로 돌리는 것은 옛날에 왕이 제사장이나 주술사의 역할도 하였기 때문인 것으로도 보인다.

고구려의 제14대 임금 봉상왕(烽上王), 그는 어떻게 왕의 자리에서 쫓겨났을까? 봉상왕 9년(300)은 정월에 지진이 일어나고 특히 2월부터 7월까지는 비가 한 방울도 내리지 않고 흉년이 들어 백성들이 서로 잡아먹을 정도로 사정이 심각했다.

그런 상황인데도 왕은 백성들이 굶어 죽는 것은 아랑곳하지 않고 그해 8월에 남녀를 불문하고 나라 안의 15세 이상 백성들을 징발하여 궁궐 증축 공사를 강행했다. 당연히 백성들의 원성이 높아졌고, 일이 너무 괴로운 나머지 많은 사람들이 정처 없이 떠돌아다녔다.

당시 국상(國相;고구려의 최고 관직)이었던 창조리(倉助利)는 더 이상 그대로 둘 수 없다고 판단하고 봉상왕에게 백성들을 돌볼 것을 간언한다.

> "(상략) 임금이 백성을 걱정하지 않으면 인자하지 못한 것이고, 신하가 임금에게 시정을 건의하지 않으면 충성스럽지 못한 것입니다. 신은 이미 빈 국상의 자리를 승계하였으니, 감히 말하지 않을 수 없습니다. 어찌 감히 칭찬을 얻고자 하겠습니까? (하략)"[89]

봉상왕은 '국상은 백성을 위하여 죽을 것인가? 다시 말하지 말기 바란다'는 말로 창조리의 충언을 일축했다. 왕은 오히려 왕권의 지엄함을 역설하며 창조리를 겁박했다.

창조리는 왕이 고치지 않을 것이라 여겨 여러 신하들과 함께 왕을 폐하고, 을불(乙弗)을 맞이해 왕으로 삼는다. 이 왕이 고구려의 제15대 임

---

89   봉상왕 9년(300) 8월, 고구려본기 제5 삼국사기 권 제17

(국사편찬위원회 한국사데이터베이스 http://db.history.go.kr/item/level.do?sort=levelId&dir=ASC&start=1&limit=20&page=1&pre_page=1&setId=-1&prevPage=0&prevLimit=&itemId=sg&types=r&synonym=off&chinessChar=on&brokerPagingInfo=&levelId=sg_017r_0050_0140&position=-1 accessed 2016.03.03.)

금 미천왕(美川王)이다.

을불은 봉상왕에 의해 죽임을 당한 봉상왕의 동생 돌고(咄固)의 아들이
다. 그러니까 을불은 봉상왕의 친조카인 것이다. 을불은 봉상왕이 아버
지를 죽일 때 달아나 어린 나이에 머슴살이와 소금장수 등을 하면서 7
년이나 도망을 다녔다. 그는 주인집 문 앞 연못 속의 개구리들이 울지
않게 하기 위해 밤을 꼬박 새우면서 기와와 돌을 던져 그 소리를 못 내
게 하기도 했는데, 이유는 주인이 잠을 설치지 않도록 하기 위해서였다.

한편 쫓겨난 봉상왕은 화를 면하지 못할 것으로 알고 스스로 목매어
죽었고, 두 아들도 따라서 죽었다. 자결한 왕을 봉산의 들에 장사지내고
그 이름을 봉상왕이라 하였다.

그가 죽기 1년 전쯤 객성이 달을 범하고, 귀신이 봉산에서 울었다고
한다. 이것이 봉상왕의 죽음을 암시했던 것은 아니었을까? 그는 어려서
부터 교만하고 의심과 시기심이 많았다고 역사는 기록하고 있다.

그는 왕위에 오르자마자 작은 아버지인 달가가 숙신 정벌의 공이 있
어 백성들이 우러러보자 음모를 꾸며 그를 죽였다. 이듬해에는 돌고마
저 다른 마음을 가지고 있다고 해 독약을 내려 자결하게 만들었다.

봉상왕이 왕위에서 쫓겨나고 미천왕이 등극하게 된 것은 봉상왕의 폭
정에 따른 민심 이반이 큰 이유였지만 결정적 단초는 가뭄이었다.

홍수가 가른 왕위(王位)

그러면 홍수 때문에 왕이 바뀐 경우는 없었을까? 서기 785년, 신라의 제37대 임금 선덕왕(宣德王)이 승하했는데 자식이 없었다. 그러자 신하들이 모여 선덕왕의 친척 조카인 김주원(金周元)을 왕으로 세우고자 했다.

김주원은 김알지(金閼智)의 21세손이며 태종 무열왕인 김춘추(金春秋)의 셋째 아들 문왕(文王)의 5세손으로서, 현재의 국방부 장관 격인 병부령(兵部令)과 국무총리 격인 시중(侍中)을 지냈다. 그는 당시 경주에서 북쪽으로 20리 떨어진 곳에 살고 있었는데, 그때 큰비가 내려 북천[北川, 알천(閼川)이라고도 한다]의 물이 넘치자 강을 건너오지 못하게 되었다.

이에 신하들은 중요한 임금의 자리를 하루라도 비워놓을 수 없다 하여 김주원 대신 선덕왕의 아우인 당시의 상대등(上大等) 김경신(金敬信)을 왕으로 세웠는데, 이 사람이 바로 신라의 제38대 임금 원성왕(元聖王)이다.

원성왕은 독서삼품과(讀書三品科)를 설치(원성왕 4년, 788)하여, 귀족 자제에 국한된 것이긴 하지만 공개 경쟁을 통해 인재를 관리로 등용한 것으로 우리의 뇌리에 각인되어 있다.

한편 김주원 대신 김경신이 왕위에 오른 것에 대하여는 『삼국유사』권 제2 「기이(紀異) 제2편」 '원성대왕'조에서 재미있는 일화가 전해진다. 당시 왕위 등극 서열은 김주원이 1위, 김경신이 2위였다.

어느 날 김경신이 꿈을 꾸었는데, 꿈속에서 그는 복두(幞頭;귀인이 쓰던 모자)를 벗은 후 소립(素笠;흰 빗깐이 갓)을 쓰고 12현금(絃琴)을 들고 천관사(天官寺;김유신이 창건한 절) 우물 속으로 들어갔다. 꿈에서 깨자 사람을 시켜 그것을 점치게 하였더니, 복두를 벗은 것은 관직을 잃을 징조고 가야금을 든 것은 형틀을 쓰게 될 조짐이며, 우물 속으로 들어간 것은 옥에 갇힐 징후라는 것이었다. 흉몽이었다.

이에 김경신은 심히 근심스러워 두문불출하였다. 이때 여삼(餘三)이라는 아찬(阿飡;신라 17관등 가운데 여섯째 등급, 육두품이 오를 수 있었던 가장 높은 관등)이 찾아와 해몽을 해 주겠다고 하면서 전제 조건을 달았다. 만약 김경신이 왕위에 올라서도 자신을 버리지 않겠다는 약속을 해 주면 꿈을 풀겠다는 것이었다.

김경신이 좌우를 물리치고 해몽하기를 청하자 여삼은 말하길, "복두를 벗은 것은 위에 거하는 다른 사람이 없다는 뜻이요, 소립을 쓴 것은 면류관을 쓸 징조이며, 12현금을 든 것은 12대손까지 왕위를 전한다는 뜻이고, 천관사 우물로 들어간 것은 궁궐로 들어갈 상서로운 조짐"이라고 했다. 길몽이었다.

김경신은 김주원이 왕위 등극 서열 1위인데 그게 가능하냐고 물었다. 이에 여삼이 은밀히 북천신(北川神)에게 제사 지내면 될 것이라고 하자 김경신이 이를 따랐다는 내용이다.

이 제사가 효과를 본 것일까, 김주원이 북천의 불어난 물로 강을 건너지 못하여 김경신이 왕위에 올랐다. 어쨌거나 홍수가 선덕왕의 후계왕이 바뀌는 계기가 된 것이다.

비가 갠 후 김주원이 선덕왕의 임상(臨喪)차 입궁했을 때 원성왕은 김주원에게 왕위를 권하였다. 그러나 김주원은 임금의 자리는 천명(天命)이라 하며 사양하고, 선대로부터 연고가 있고 모친 연화부인(蓮花夫人)의 고향인 당시 북빈경(北濱京;지금의 강릉)으로 이거했다.

원성왕은 재위 2년(786) 김주원을 명주군왕(溟州郡王)으로 봉하고, 명주를 중심으로 삼척, 울진, 평해 등지를 식읍(食邑)으로 하사했다. 이 김주원이 오늘날의 강릉 김씨의 시조가 된다. 현재 강릉시 성산면 보광리에는 '명주군왕'이라는 묘비석과 함께 그의 무덤인 명주군왕릉이 있다.[90]

그러면 김경신에게 길몽으로 꿈 풀이를 해 준 여삼은 어찌 됐을까? 원성왕은 왕위에 오른 후 여삼에게 보은하려 했으나 여삼은 1년 전 이미 병사한 상황이었다. 원성왕은 대신 그의 자손들을 불러 관작을 주었다.

한편 조선 왕조에는 장마 때문에 임금이 된 사람이 있다. 정조 때의 일이다. 당시 정조의 비 효의왕후는 자녀를 낳지 못했고, 뒤를 이어 간택된 의빈 성씨가 낳은 문효세자도 5살에 죽는 바람에 후사가 없었다.

상황이 이러하자 조정의 근심이 커졌고, 신하들은 후궁을 맞을 것을 적극 간청했지만 정조는 매번 거절했다. 정조의 고모부인 박명원(朴明源)이 정조를 찾아가 후궁을 들일 것을 간곡히 권하자 정조는 마지못해 마땅한 사람을 골라 보라고 승낙하였다.

그러던 차에 여주에 사는 박준원(朴準源)이라는 친척이 박명원의 집으로 찾아왔다. 박준원은 사마시(司馬試;생원과 진사를 뽑던 과거)에 합격한 사람으로 농사를 지으며 살고 있었는데, 장마로 홍수가 지는 바람에 살던 집이 다 무너졌다. 게다가 얼마 안 되는 논마저 다 씻겨 내려가 살길이 막

---

90 「강릉 김씨 시조와 득관 유래/강릉 김씨의 시조 명주군왕 주원(周元)은 어떻게 강릉에 오셨는가?」, 강릉 김씨 대종회 홈페이지(http://www.gnkim.kr)

237

막해지자 한양으로 왔던 것이다.

　그런데 박준원이 집에 들어올 때 처와 함께 딸도 데리고 왔는데, 박명원이 그 딸을 만나 이야기를 나누어 보니 미모와 품격까지 지닌 18세의 처자였다.

　임금의 후궁 문제로 머리가 무거웠던 박명원은 안도의 숨을 쉬면서 박준원의 딸을 정조의 후궁으로 적극 추천하는데, 그녀는 삼간택(三揀擇) 과정을 거쳐 유빈(綏嬪)이 되었다.[91]

　그녀는 처음서부터 후궁 중에 제일 높은 품계인 '빈(嬪)'의 직첩을 받았다. 빈은 정1품으로 영의정과 동급이다. 유빈은 3년 뒤 아들을 낳았는데, 그는 정조의 뒤를 이어 왕위에 올라 조선의 제23대 임금 순조가 된다.

　조선 왕조에서 후궁으로서 자기 아들이 왕이 된 것을 본 사람은 유빈 박씨뿐이라고 한다. 유빈 박씨는 행실이 착하고 예절이 바를 뿐만 아니라 극히 검소하여 조야에서 현빈(賢嬪)이라는 칭송이 자자하였다 한다.

　박준원의 여식을 후궁으로 추천하여 유빈이 되게 한 박명원의 이야기는 『열하일기(熱河日記)』로까지 이어진다. 박명원은 정조 4년(1780) 청나라 고종의 70세 진하사절(進賀使節) 정사(正使)로 북경에 가는데, 이때 팔촌동생인 연암 박지원(朴趾源)을 사절단에 포함시켰다. 박지원은 4개월 여 동안 압록강을 거쳐 북경과 열하를 여행하고 돌아온 후 1793년에 『열하일기』를 남겼다.

91　「유비 박씨 간택과 금성위(박명원)」, 자유게시판(2016.03.30), 반남 박씨 대종중 홈페이지 (http://www.bannampark.co.kr)

우리 역사를 바꾼 조선의 하늘, 그 비밀코드로의 시간여행

눈 때문에 시해당한 백제 동성왕

백제에서는 제24대 임금 동성왕(東城王)이 눈 때문에 시해를 당했다고 할 수 있다. 500년 여름에 큰 가뭄이 들어 백성들이 굶주리고 도적이 많이 생기자, 신하들이 창고를 풀어 구제하자고 했으나 왕은 듣지 않았다. 상황이 이렇게 되자 고구려로 도망간 백제 백성이 2천 명이나 되었다. 그럼에도 동성왕은 사냥을 즐기는 등 노는 데 정신이 팔려 있었다.

동성왕은 후에 대궐 동쪽에 임류각(臨流閣)이라는 화려한 누각을 세웠는데 간관들이 이에 항의하는 글을 올렸으나 듣지 않았고, 다시 간하는 자가 있을까 염려하여 대궐문을 아예 닫아버리기까지 했다.

날이 가물었기에 다른 왕 같으면 반찬 수를 줄이거나 백성들을 구휼하곤 했으나, 동성왕은 측근들과 함께 임류각에서 잔치를 베풀며 밤새도록 실컷 즐기기도 했다.

더구나 그 다음해인 501년 3월에는 서리가 내려 보리농사를 망쳤을 뿐만 아니라, 여름 5월부터 가을까지는 비도 한 방울 내리지 않았다. 이런데도 동성왕은 그해 11월에 웅천(熊川) 북쪽 벌판과 사비 서쪽 벌판으로 사냥을 나갔다. 왕은 사냥을 마친 후 갑자기 퍼부은 큰 눈에 길이 막혀 그날 궁으로 돌아오지 못하고 지금의 한산면으로 추정되는 마포촌(馬浦村)에서 묵다가, 백가(苩加)라는 신하가 보낸 자객에 의해 피습을 당한다.

백가는 백제의 대성(大姓) 8족 중의 하나인 백씨 출신 대신이었다. 이전에 동성왕이 지금의 충청남도 부여군 임천면과 장암면에 걸쳐 세워

진 가림성(加林城)을 지키도록 명을 내렸는데도, 백가는 가기를 원치 않아 병을 핑계로 사직하려 했다.

동성왕이 이를 승낙하지 않자 백가는 왕에게 원한을 품고 있다가 왕이 마포촌에 머무른다는 것을 알고는 수하 사람으로 하여금 왕을 칼로 찌르게 한 것이다.

이 일로 인해 깊은 상처를 입은 동성왕은 그다음 달 12월에 죽고 무령왕이 등극하게 된다. 가뭄에 제대로 대처하지 않고 민생을 살피지 못한 것이 동성왕이 피살되는 배경이 되었으나, 피살의 결정적 계기를 만들어 준 것은 폭설이었다.

무령왕 즉위 후 얼마 되지 않아 백가가 가림성을 거점으로 반란을 일으켰다. 왕은 직접 군사를 거느리고 난을 진압한 후, 백가를 참수하고 그의 머리를 백강에 던졌다고 『삼국사기』는 기록하고 있다.

폭우가 도운 조선 왕조의 개국

조선 왕조가 태어난 것도 근본적으로는 고려 말의 정치적 상황이 바탕이 되었지만, 어찌 보면 발단의 결정적 계기를 날씨가 만들어준 것은 아니었을까?

1388년, 명나라 황제 주원장(朱元璋)은 철령(鐵嶺;함경남도 안변군 신고산면과 강원도 회양군 하북면 사이에 있는 고개) 이북의 고려 영토를 본래 원나라 영토였다는 이유로 반환하라는 무리한 요구를 고려에 하였다.

우리 역사를 바꾼 조선의 하늘, 그 비밀코드로의 시간여행

이에 우왕과 최영(崔瑩) 장군은 요동 정벌을 계획하고는 전국에서 5만 명의 군사를 징발하고 압록강에 부교를 만들었으며, 최영을 8도도통사(八道都統使), 조민수(曺敏修)를 좌군도통사, 이성계를 우군도통사로 삼아 요동 정벌에 착수했다.

요동 정벌군은 5월 24일(음력 4월 18일) 평양을 출발하여 6월 11일(음력 5월 7일) 압록강 하류에 있는 위화도에 도착했다. 그때 마침 큰비가 내려 강물이 범람하고 병사 중에 환자가 속출했다. 그러자 당초부터 요동 출정에 회의를 가졌던 이성계는 군사를 더 이상 진군시키지 않고 좌군도통사 조민수와 상의하여 회군하게 된다. 그 유명한 위화도 회군이다. 요동까지는 많은 강을 건너야 하는데 장마철이라 군량미 운반 등이 어렵다는 것이 회군의 주요 이유였다.

이성계는 애초 우왕과 최영이 요동 정벌을 결정할 때부터 '네 가지 이유로 요동 정벌을 해서는 안 된다'는 「4불가론(四不可論)」을 주장했었다.

> "지금에 출사(出師)하는 일은 네 가지의 옳지 못한 점이 있습니다. 작은 나라로서 큰 나라에 거역하는 것이 한 가지 옳지 못함이요, 여름철에 군사를 동원하는 것이 두 가지 옳지 못함이요, 온 나라 군사를 동원하여 멀리 정벌하면, 왜적이 그 허술한 틈을 탈 것이니 세 가지 옳지 못함이요, 지금 한창 장마철이므로 활[弓弩]은 아교가 풀어지고,

많은 군사들은 역병(疫病)을 앓을 것이니 네 가지 옳지 못함입니다."[92]

4가지 이유 중 전쟁터에서 날씨로 인한 어려움만큼은 어쩔 수 없는 상황이었다. 특히 장맛비에 활줄이 느슨해져 화살이 멀리 나가지를 않고, 갑옷이 무거워 군사와 말이 모두 지쳐 싸울 수 없다는 것이기 때문이다.

이성계는 "지금은 군사 행동에 적합한 시기가 아니니 비록 요동의 성 하나를 함락시키더라도, 쏟아지는 비 때문에 군대가 더 이상 진격하지 못한다면 군사가 지치고 군량미가 떨어져 참화를 재촉하게 될 것"이라고 했다.

그 당시의 정치적 상황도 있었지만 계속 쏟아지는 비가 이성계가 회군한 중요한 이유 중 하나였고, 결국에는 왕조가 바뀌는 단초가 되었다.

---

92   총서 83번째 기사 일부, 태조실록 1권
      (국사편찬위원회 조선왕조실록 http://sillok.history.go.kr/id/kaa_000083 accessed
      2020.02.22.)

2

자연재해가 만든 조선의 이원 집정부제

태종의 이원 집정부제 구상

조선 왕조 건국 초기에는 임금이 승하한 후에 세자가 왕위를 이어받았던 것이 아니라 선위(禪位)에 의하여 왕권이 계승되었다. 태조에서 정종, 정종에서 태종, 태종에서 세종까지 임금이 살아 있는 상황에서 왕위가 이전되었다. 세종에서 문종으로 이어지는 단계에서도 그와 비슷한 사례가 재현되었다.

특히 태종과 세종의 왕권 이양은 지금의 정치 형태로 보면 '이원 집정부(二元執政府)제'라 할 수 있고, 선위 이유도 여러 가지가 있겠으나 실제적으로는 가뭄 등 재변을 주요한 사유로 꼽고 있다.

조선 왕조에서 태종만큼 날씨와 재해 때문에 마음고생이 많았던 임금은 없었다 해도 과언이 아니다. 가뭄 등이 심해지면 태종은 '모든 것이 임금 책임'이라고 하면서 일반 백성들이 부럽다고 말할 정도였다.

태종은 당시 발생한 각종 기상 이변을 이유로 세자에게 통치권을 위임하려 하면서 의정부 사인(舍人;내사사인으로 불린 정4품 벼슬)이었던 신개(申槩)를 불러 어명을 내린다.

"금년에 천문(天文)이 변을 보여 비바람, 천둥과 벼락, 서리와 우박, 산사태와 수일(水溢) 등으로 인해 죽은 자가 심히 많으니 모두 부덕한 소치이다. 내가 공구수성하고자 하니 무릇 대소 공사(公事)를 내게 아뢰지 말고 정부에서 처결하라. 만일 큰일을 스스로 결단하지 못하겠거든 세자에게 들어서 행하라."[93]

하륜, 성석린(成石璘) 등 중신들이 극력 반대했으나 임금은 병을 핑계로 신하들의 청을 받아들이지 않았다. 태종은 신하들의 만류를 무릅쓰고 전위(傳位)할 사전 조치로 이서(李舒)를 영의정부사로 임명하는 등 내각을 개편했다. 또한 삼군진무소(三軍鎭撫所)를 설치하고, 도진무(都鎭撫) 등을 임명하는 등 군 통수 체계를 정비했다.

하륜과 더불어 태종의 양 날개라 해도 과언이 아니었던 이숙번(李叔蕃)이 임금에게 진언하기를, "선위하여 재앙을 제거하였단 말은 듣지 못하였다"라고 하면서, 마땅히 정사 듣기를 부지런히 해야 한다고 충언했다. 이에 대해 태종은 한탄하면서 하소연한다.

---

93   태종 9년(1409) 7월 27일(정유) 1번째 기사 일부, 태종실록 18권
     (국사편찬위원회 조선왕조실록 http://sillok.history.go.kr/id/kca_10907027_001 accessed
     2018.06.30.)

"그러면, 어느 때나 이 무거운 짐을 벗을 수 있겠는가?"[94]

이숙번이 답했다.

"사람의 나이 50이 되어야 혈기가 비로소 쇠하니, 나이 50이 되기를 기다려도 늦지 않습니다."[95]

양녕이 폐세자되고 태종의 셋째 아들 충녕이 세자로 봉해졌다. 그리고 불과 2개월 후 태종은 신하들의 반대를 물리치고 또다시 세자에게 선위를 결정하면서, "군무에 관한 일과 사람을 등용하는 것은 오직 내가 하고, 무릇 호령(號令)을 내어 정령을 시행하는 것은 세자와 같이 의논하라"라고 했다. 이는 군권과 관리들의 인사권은 본인이 행사하되, 여타 국정은 세자에게 넘기려는 조치였던 셈이다.

1418년 8월 10일, 충녕은 스물두 살에 조선의 제4대 임금으로 등극한다. 태종은 선위 후에도 승하할 때까지 4년 동안 상왕으로서 군무를 통할했으며, 이 기간에 이종무(李從茂)를 통한 대마도 정벌이 이루어졌다.

---

94   태종 9년(1409) 8월 13일(임자) 2번째 기사 일부, 태종실록 18권
     (국사편찬위원회 조선왕조실록 http://sillok.history.go.kr/id/kca_10908013_002 accessed 2018.06.30.)

95   태송 9년(1409) 8월 13일(임사) 2번째 기사 일부, 태종실록 18권
     (국사편찬위원회 조선왕조실록 http://sillok.history.go.kr/id/kca_10908013_002 accessed 2018.06.30.)

외교와 국방은 대통령이 맡고 내치는 총리가 맡는 일부 이원 집정부제의 개념이 유사하게나마 조선에서 시행된 셈이다. 단지 대통령과 총리간의 권력 분담이 아니라 상왕과 금상(今上:현재 왕위에 있는 임금) 사이의 책임 분할이라는 차이가 있을 뿐이다.

세종 대(代)에도 이어진 태종의 국가 운영 개념

세종 때에도 비슷한 상황이 연출됐다. 공식적으로 왕권이 이양되어 후계 임금이 등극한 것은 아니지만, 실질적으로는 세자가 대리청정(代理聽政)하는 형태로 국정 운영이 세종에서 문종으로 넘어갔다.

세종은 일찌감치 세자에게 일반 업무[庶務]를 결재하게 하려 했으나, 신하들의 반대로 뜻을 이루지 못했다. 하루는 세종이 편전인 사정전에 나가 도승지 신인손(辛引孫)에게 세자와의 권력 분담 의지를 천명하는 어명을 내린다.

> "(상략) 내가 지금 왕위에 있은 지가 20년인데, 조금도 다스린 보람이나 효과가 없고, 해마다 계속하여 수재를 만나 기근이 끊이지 않고, 이웃 도적이 자주 변경을 소요(騷擾)하게 하여 정교(正敎)가 무너지고, 간사한 도둑이 날마다 불어나서 무릇 백 가지 시책이 꿈쩍하면 뉘우침만 있으니, 부하(負荷)의 무거움을 이기지 못할까 하여 실로 깊이 공경하고 두려워한다. (중략)

내가 겨우 40이 넘었으니 옛사람이 말하는 바 도명(道明)·덕립(德立)의 나이이고 근무에 게으를 때가 아니다. 그러나 위에 있은 지가 오래고 일을 경험한 것이 또한 많으며, 예지(銳志)가 이미 쇠하여 90세의 늙은이와 다름이 없고, 또 병이 있어서 이른 아침부터 밤늦게까지 정사를 듣기가 참으로 견디기 어렵다.

세자는 위를 잇고, 종묘(宗廟)의 제기(祭器)를 주장하는 사람으로서 장차 국가의 책임이 있는데, 지금 세자 나이가 20이 넘었고 경전과 사기를 고루 보았으며, 지기(志氣)가 바야흐로 왕성하여 능력이 있을 만한 때이다. 그러므로 서무를 참여하여 결단하게 하고, 이조와 병조의 전선(銓選:관리 선발 업무)과 예조의 빈객과 병조의 용병(用兵)과 형조의 장 1백 대 이상과 공조의 성곽 등과 같은 대사는 내가 마땅히 예전대로 청단(聽斷)하겠다. (하략)"[96]

세종 역시 태종과 마찬가지로 군권과 인사권 등 주요 권한은 그대로 유지하면서 세자에게 통치권을 위임하려 했고, 그 이유도 당시 잇따랐던 수재를 중요한 이유로 꼽았다. 그러나 세종은 신하들의 반대로 뜻을 이루지 못했다.

세종 24년(1442), 임금은 많은 신하들의 반대를 무릅쓰고 세자가 대리

---

96   세종 19년(1437) 3월 27일(정사) 1번째 기사 일부, 세종실록 76권

(국사편찬위원회 조선왕조실록 http://sillok.history.go.kr/id/kda_11903027_001 accessed 2018.09.24.)

청정하는 데 필요한 첨사원(詹事院)을 설치하고, 첨사·동첨사 등의 관원을 임명했다. 아울러 세자로 하여금 왕처럼 남쪽을 향해 앉아서 조회를 받게 했고, 모든 관원은 뜰아래에서 신하로 칭하도록 했다. 궐내에서의 의전을 왕처럼 하게 한 것이다.

후에 세종은 세자로 하여금 정사를 보게 하고, 자신은 물러나 앉아서 군사에 관한 국가의 중대한 일만 친히 결정하고자 한다며 중신들에게 선위의 뜻을 또다시 밝혔다. 이에 신하들이 깜짝 놀라 실색을 하고 울면서 반대하는 바람에 또 수포로 돌아간다. 중신들의 반론이다.

> "(상략) 태조 이후로 3대를 잇달아 버선(內禪:임금이 살아 있는 동안에 그 아들에게 임금 자리를 물려주던 일)하시고, 이제 또 행하려 하시니 중국 조정에서 듣게 되면, '조선의 가법(家法)이 이러하니, 진실로 외방의 야만인'이라고 할 것이오니 장차 무슨 말로 중국 조정에 보고하오리까. (중략) 신들이 비록 죽는 한이 있더라도 교지를 받을 수 없나이다."[97]

세종 27년(1445)부터 본격적으로 시행된 세자의 대리청정은 세종이 승하하기까지 계속되었다. 문종이 세자로서 처음 국정에 관여한 것부터 치면 1442년 1월에서 세종이 붕어(崩御)한 1450년 3월까지 8년이다. 세

---

97   세종 27년(1445) 1월 18일(임진) 2번째 기사 일부, 세종실록 107권
      (국사편찬위원회 조선왕조실록 http://sillok.history.go.kr/id/kda_12701018_002 accessed
      2018.11.22.)

종도 말년에는 태종과 비슷하게 외교와 제사, 인사권 및 병권 관련 이외의 업무는 세자에게 이양함으로써, 태종이 행하였던 이원 집정부제의 선례를 따랐다고 볼 수 있다.

3

임금들의 역서 독립운동

중국 역서의 사용

역서(曆書)는 일 년 동안의 달과 날짜(月日), 해와 달의 운행, 일식과 월식, 절기, 특별한 기상 변동 등을 날짜별로 적은 책으로, 책력(冊曆)이라고도 한다. 일종의 다용도 달력이다. 따라서 예전에는 농사를 지을 때나 길일을 택할 때 무엇보다도 역서를 보았다.

역서에 따라 농사에 중요한 절후의 늦고 빠름, 날의 간지 표시 및 일식·월식의 예측 등이 달라지기 때문에, 역서는 임금에게는 대단히 중요한 국정 운영 자료였다.

이러한 역서는 연호(年號)와 함께 황제국이냐 제후국이냐를 결정짓는 중요한 요소이기도 했다. 고려 태조 때는 후당에서 사신을 보내 고려 국왕으로 봉하면서, 일력(日曆)을 보내와 역서를 반포했다. 원나라의 간섭이 시작되면서부터는 원에서 별도로 사신을 파견해 역서를 전달했는데, 어떤 때는 기상 관원인 감후(監候)를 직접 보내기도 했다. 원나라에서 역서를 반포하는 조서(詔書)를 가지고 오면, 왕이 직접 도성 밖까지 나가서 조서를 맞이할 정도였다.

당시에는 천자가 12월에 다음 해의 역(曆)을 제후에게 나누어 주면, 제후가 받아서 조상의 신주를 모시는 사당에 보관하였다가, 매월 음력 초하루에 사당에 고하고 나서야 사용할 수 있었다. 역서를 그야말로 '신주'처럼 모신 것이다.

주원장이 명나라를 세우며 태조로 등극하자 공민왕은 사신을 보내 축하하면서 명을 섬기겠다는 뜻을 전했다. 이때 주원장은 공민왕의 책봉문과 함께 달력부터 고려에 보낼 정도로 황제국의 역서 사용을 강조한 것이다. 이때 공민왕은 명나라의 연호도 사용하기 시작했다.

역서를 이렇게 중요하게 여기다 보니, 관계자가 역서 관리를 잘못했을 경우에는 엄한 처벌을 피할 수 없었다. 고려 숙종(肅宗) 때에는 중서성(中書省)에서 당시 사용되던 역서에 틀린 곳이 발견되자 편찬자의 관직을 삭탈하기까지 했다. 중서성은 고려 시대 국정을 총괄하던 최고 정무기관(政務機關)이다.

조선 왕조에서는 신년 하례 사절인 정조사(正朝使)가 매년 중국에 갈 때마다 중국의 역서를 받아오는 것이 관례였다. 이러한 과정에서 때로는 웃지 못할 해프닝도 발생하곤 했다.

세종 때의 일이다. 정초를 맞아 사절단이 중국에 갔는데, 중국이 미처 역서를 반포하지 못해 그냥 귀국했다. 명나라 황제는 당황스러우면서도 마음이 급했다. 당연히 제후국인 조선에서 새해가 되면 바로 중국의 역서를 쓰도록 해야 하는데, 중국의 잘못으로 그렇지 못하게 됐기 때문이다.

얼마나 조급했던지 명 황제는 예부(禮部)에 특명을 내린다. 신하로 하여금 사절단을 뒤쫓아 역서를 사절단장인 남지(南智)에게 주라는 것이었다. 만약 사절단을 만나지 못하면 한양까지 가서 전달하라고 했다. 역서 전달의 특명 사절인 위형(魏亨)이라는 사람이 길에서 남지를 따라잡지 못해, 결국에는 한양까지 와서 역서를 전해 주었다.

중국에서 보낸 역서가 한양에 도착하면 이를 맞이하는 의식이 엄숙하게 거행되었다. 임금은 세자 이하 여러 신하들과 함께 정전 뜰에 도열해 있다가 사신이 궁전에 올라가 역서가 든 궤(櫃)를 열어 책상 위에 펼치면, 국궁(鞠躬;윗사람이나 위패 앞에서 존경하는 뜻으로 몸을 굽힘)과 함께 오배(五拜) 삼고두(三叩頭)하고 허리를 폈다. 다섯 번 절하고 세 번 머리를 땅에 닿도록 조아리는 예를 행한 것이다.

'고두례'하면 병자호란 때 인조가 삼전도에서 청나라 황제 홍타이지에게 항복의 표시로 행했던 삼배구고두례(三拜九叩頭禮)가 떠오른다. 무릎을 한 번 꿇을 때마다 3번 머리를 조아리는 것을 3회 반복하는 굴욕적인 인사법. 이때는 인조만 삼배구고두례를 행한 것이 아니라 왕실 신료들의 처자들까지 행했다고 하니 남자뿐만 아니라 부인과 아이들까지도 굴욕을 당한 셈이다.

궁에서 역서 전달 행사가 끝나면 근정전에서 하마연(下馬宴;외국 사신이 도착한 날에 임금이 직접 베풀던 잔치)을 베풀었다.

당시 중국의 역서에는 모두 관인이 찍혀 있었다. 관인이 없는 것은 모두가 사조품(私造品)이었다. 짝퉁인 셈이다. 이러한 사조품을 만든 자는 참형에 처하고, 그를 체포하거나 고발한 사람에게는 은화 50냥을 상으로 주도록 법으로 정해져 있었다. 그만큼 중국에서는 자국의 역서와 그것의 사용을 황제국의 위엄으로 생각하고 엄중하게 다루었다.

이러한 상황에서 선조 때 중국에 갔던 동지축하사절단의 동지사(冬至使)와 서장관(書狀官)이 중국에서 받아온 책력을 바로 하인들에게 주어 버리고 빈손으로 와서 임금에게 복명했다. 당시로서는 상상조차 할 수 없는 일이 벌어진 것이다. 중국의 역서가 얼마큼 중요한지를 누구보다 잘 알았을 텐데도 두 사람이 이런 행위를 한 이유는 알려지지 않았다. 두 사람이 온전할 리가 없었다. 임금은 이를 '매우 해괴한 일'이라고 탄식하면서 엄중한 처벌을 명했다.

세종의 조선 달력 갖기 프로젝트

고려 현종 때부터는 날의 간지 표시가 중국과 다른 경우가 종종 발생했다. 당시 고려는 일식과 월식을 독자적으로 예측했는데, 현종 때에는 일식에 대한 계산이 맞지 않았다. 문종은 고려가 사용하던 당나라의 선명력(宣明曆)에 의한 계산이 송력(宋曆)과 맞지 않자, 새로운 역서 발간을 명한다. 숙종은 송나라와 요나라의 역서를 받아서 사용하면서도 역법(曆法)을 연구하여 독자적으로 역서를 편찬했다. 역은 천체의 주기적 현상에 따라 시간 단위를 정해 나가는 체계이고, 역법은 역을 편찬하는 원

리를 말한다.[98]

우리나라는 북경과는 위도와 경도가 달라 일출 시각이나 일식 · 월식 등의 계산에 오차가 자주 생길 수밖에 없었다. 그러자 조선 왕조에서는 좀 더 정밀한 우리나라만의 역서를 따로 만들기 위해 부단히 노력했다.

선두에 선 임금은 세종이었다. 세종은 "일월(日月)을 역상(曆象;달력에 의하여 천체의 운행을 헤아려 알아내는 일)하는 것은 고금의 제왕이 신중히 여기는 것"이라고 말할 정도로 역서의 중요성을 깊이 인식하고, 중국 역서의 교정과 우리 역서 개발에 심혈을 기울였다.

> "역서란 지극히 정세(精細)한 것이어서 일상생활에 쓰는 일들이 빠짐없이 갖추어 기재되어 있으되, 다만 일식 · 월식의 경위만은 상세히 알 길이 없다. (중략) 만약 정밀 정확하게 교정하지 못하여 후인들의 기소(譏笑;비방하여 웃음)를 사게 된다면 하지 않는 것만도 못할 것이니, 마땅히 심력을 다하여 정밀히 교정해야 될 것이다. (하략)"[99]

세종은 문신들로 하여금 선명력, 그리고 원나라의 수시력(授時曆)과 보교회보중성력요(步交會步中星曆要) 등의 차이점을 교정케 한 후, 서운관에 내려 간수하게 했다. 그러면서 세종은 역법 담당 관원들의 승진을 지시

---

98   이은성, 「역법」, 『한국민족문화대백과사전』, 한국학중앙연구원

99   세종 13년(1431) 3월 2일(병인) 1번째 기사 일부, 세종실록 51권
      (국사편찬위원회 조선왕조실록 http://sillok.history.go.kr/id/kda_11303002_001 accessed 2019.06.18.)

한다.

> "역산(曆算:책력과 산술에 관한 학문)은 예로부터 이를 신중히 여기지 않는 제
> 왕이 없었다. 이 앞서 우리나라가 추보(推步:천체 운행의 관측)하는 법에 정
> 밀하지 못하더니, 역법을 교정한 이후로는 일식·월식과 절기의 일
> 정함이 중국에서 반포한 역서와 비교할 때, 털끝만큼도 틀리지 아니
> 하매 내 매우 기뻐하였노라.
>
> 이제 만일 교정하는 일을 그만두게 된다면 20년 동안 강구(講究)한 공
> 적(功績)이 반도(半途)에 폐지하게 되므로, 다시 정력을 더하여 책[書]을
> 이루어 후세로 하여금 오늘날 조선이 전에 없었던 일을 건립하였음
> 을 알게 하고자 하노니, 그 역법을 다스리는 사람들 가운데 역술에
> 정밀한 자는 자급을 뛰어 올려 관직을 주어 권면하게 하라."[100]

세종이 역법을 중시하고 역서 개발에 얼마큼 심혈을 기울였는지를 보
여 주는 대목이다. 세종은 대제학 정초(鄭招)와 제학 정인지에게 "역법을
맡은 관원들이 승진이 잘 되지 않아, 역법에 힘을 쓰지 않는다"라고 하
면서 "이제 자급을 뛰어 넘어 경우에 따라 빛난 벼슬로 옮겨주는 것이
좋겠다"라고 했다. 승진뿐만 아니라 보직도 좋은 자리로 바꿔 줄 것을

---

100   세종 14년(1432) 10월 30일(을묘) 1번째 기사 일부, 세종실록 50권
       (국사편찬위원회 조선왕조실록 http://sillok.history.go.kr/id/kda_11410030_001
       accessed 2019.06.18.)

지시한 것이다.

세종이 역서 개발을 얼마나 중요하게 생각했는지는 정인지의 지방 전출 요청에 대한 대응에서도 엿볼 수 있다. 당시 예문제학(藝文提學)으로 있던 정인지가 지방에 홀로 계신 70대 아버지를 봉양할 수 있도록 지방으로 발령 내줄 것을 임금에게 간곡히 요청했다.

세종은 받아들이지 않고 오히려 정인지를 설득한다. 세종은 정인지에게 "국사 편수와 역법 교정을 맡고 있으므로 두 일이 끝나면 요구를 들어주겠다"라고 하면서, "대신 아버지를 보살필 수 있도록 특별히 해마다 역마를 내주어 가보게 하겠다"라고 한 것이다. 당시 정인지는 세종의 명에 따라 김종서와 함께 『고려사』 개정 작업에도 참여하고 있었다.

후에 세종은 천문학에 밝은 신하들을 십분 활용하여 우리나라 실정에 맞는 역법 개발에 온 힘을 기울인다. 세종은 먼저 학자들에게 선명력이나 수시력 등과 같은 역법의 차이점을 비교하여 교정토록 했다.

그런 다음 정인지와 정흠지(鄭欽之)·정초로 하여금 명나라의 『칠정추보(七政推步)』·『대통통궤(大統通軌)』·『태양통궤(太陽通軌)』·『태음통궤(太陰通軌)』 등에 대하여 그 계산법을 밝히게 하였으며, 후에 이를 바탕으로 『칠정산 내편(七政算 內篇)』을 세종 24년(1442)에 완성하고, 동 26년에 간행했다. 『칠정산 내편』의 교정과 편찬에는 이순지와 김담도 참여했다.

우리나라 최초의 독자적 역법서인 『칠정산 내편』은 천문상수를 북경이 아닌 한양에 맞게 위치를 보정하여 날짜, 24절기, 한양의 일출 및 일몰 시각 등을 구하도록 한 것으로, 효종(孝宗) 4년(1653) 청나라의 시헌력(時憲曆)이 채택될 때까지 우리나라 역서 편찬의 근간이 되었다. '칠정'은

우리 역사를 바꾼 조선의 하늘, 그 비밀코드로의 시간여행

해와 달, 그리고 5성 즉 수성, 금성, 화성, 목성, 토성을 말하며, 칠정산은 이 일곱 별의 움직임을 계산하는 방법을 말한다.

『칠정산 외편(外篇)』 역시 같은 시기에 이순지와 김담이 아랍의 천문학을 기초로 한 원나라의 『회회력경통경(回回曆卿通經)』과 『가령역서(假令曆書)』를 참고하여 만들었다. 『칠정산 외편』은 일식과 월식을 좀 더 정확히 예측할 수 있도록 만든 것이다.

『칠정산 내·외편』은 17세기 서양 역법이 도입되기 전까지 200여 년 동안 우리나라 역법의 기초가 되었다.

효종이 보완, 발전시킨 조선의 역법

이렇게 세종 때 완성된 『칠정산 내·외편』은 그 후의 임금들에 의해 계속 보완, 발전되었다. 성종은 새해 축하 사절인 정조사가 중국에 갈 때마다 중국의 역법 관련 서적을 사 와서, 우리나라의 칠정력과 서로 맞추어 쓰게 했다.

그 후로도 우리나라의 역서 오차 보완 노력은 계속되었다. 인조 대에 이르러서는 일관을 청나라에 보내 시헌력의 산법(算法)을 익히게 하거나, 중국에 사절단이 갈 때 일관을 딸려 보내 역법에 대해 배워 오게 했다.

당시 독일 출신의 예수회 신부였던 아담 샬(湯若望)이 청나라 흠천감(欽天監:명나라·청나라 때의 천문·역수·점후 등의 일을 맡아보던 관아로 조선 왕조 시대의 관상감에 해당)의 최고 책임자인 감정(監正)이 되어 『신력효식(新曆曉式)』이라는 책을 펴냈는데, 한흥일(韓興一)이라는 신하가 북경에 가서 그 책을 얻어 가지고 오기도 했다. 청나라에 인질로 갔던 소현세자는 아담 샬을 만나 지구의(地球儀) 등 각종 천문 관측 기기와 서양의 발명품을 얻어 귀국할 때 가져왔다. 천문에 대한 관심은 후에 효종이 되는 그의 동생 봉림대군에게로 이어진다.

그러다 보니 우리나라 고유의 역서 제작이 효종 때에 더욱 활발해졌는데, 관상감에서 적극적으로 주도했다. 그러한 과정에서 애로도 겪었다. 효종은 즉위하자마자 일관을 북경에 보내 아담 샬에게서 중국의 역법을 배워 오게 했다. 그러나 글자를 써 가면서 질문하느라 제대로 뜻을 표현하지 못해 아쉽게도 해가 궤도를 운행하는 도수(度數)의 법만 알아 온 것이다.

상황이 이렇자 관상감에서는 타개책을 제시한다. 임금에게 "최상의 방책은 일관 중에서 총명한 자를 가려 새로운 책력(新曆)의 법을 만들게 하되, 날마다 과정을 더하여 그 이치를 깨닫게 한 다음 북경으로 보내, 의심나는 곳을 질문하여 알아오게 하자"라고 건의한 것이다. 임금은 기꺼이 윤허했다.

이에 따라 관상감에서는 천문학관(天文學官) 김상범(金尙范)을 연경(燕京:중국 북경의 옛 이름. 옛날 연나라의 도읍이었으므로 이렇게 부른다)에 보내 시헌법력을 배워 오게 하고, 많은 관원들을 뽑아 그로 하여금 전수케 했다. 조정에서는 새로운 역서가 완성되면 정서(淨書)하여 바치게 한 다음, 중국에서 역서가 오면 서로 대조하여 오차가 있으면 맞추게 했다.

한편으로는 측후하는 기구들을 정비하여 하늘의 운행과 맞추어 본 다음에, 2년 후부터 새로운 역서를 간행하여 반포했다. 그러니까 우선 자체적으로 역서를 개발하고 중국의 역서와 맞추어 본 다음 실제 하늘의 현상과 비교한 것이다. 그러고도 2년간 더 보완하여 최종적으로 역서를 간행했으니, 지금의 기준으로 봐도 매우 체계적으로 역서를 개발한 것이다.

공(功)이 있는 곳에 상(賞)이 없을 수 없다. 효종은 우리나라의 새로운 달력(新造曆)을 만든 공으로 김상범의 자급을 올려 주고, 김상범이 중국에 갈 때 통역을 담당했던 역관에게까지도 물품을 하사했다.

우리나라의 역서 보완 노력은 영조 때에도 이어졌다. 매년 역서 담당 관리(曆官)를 중국에 파견되는 동지사나 정조사 사절단에 딸려 보내, 중국 흠천감의 관원으로부터 미진한 부분을 자세히 배워 오게 했으며, 해당 관리들에게는 자급을 올려 주거나 물품을 하사하여 사기를 높여 주었다.

당시 우리나라의 역법이 청나라의 것과 서로 어긋난 곳이 있자, 임금은 관상감 관원이었던 안중태(安重泰)를 청나라에 가는 동지 축하 사절단에 딸려 보냈다. 안중태는 추보에 능한 흠천감관 하국훈(何國勳)과 함께 추고하는 법을 토론하면서, 그동안 이해하지 못했던 점을 완전히 다 알아냈다.

안중태는 그것도 미진했던지 돌아오는 길에 사재(私財)로『칠정사여만년력(七政四餘萬年曆)』3권,『시헌신법오경중성기(時憲新法五更中星紀)』1권,『이심사기혼효중성기(二十四氣昏曉中星紀)』1권,『일월교식고본(日月交食稿本)』1권과 서양에서 만든 일월규(日月圭) 1좌(坐)를 사 가지고 왔다.

안중태가 사 가지고 온 책들은 역가(曆家)에서 가장 긴요했고, 일월규 역시 천체 관측 기구 중에서 중요한 것으로 밤중에 시간을 재는 데에 큰 도움이 되는 것이었는데, 모두 그때서야 구해 온 것이다. 이에 임금은 안중태의 자급을 올려 주며 그의 공로를 치하한다.

　한편 정조는 재위 6년(1782)에 관상감으로 하여금 백중력(百中曆;앞으로 올 100년 동안의 일월 · 성신 · 절후 등을 미리 계산하여 만든 책력)을 토대로 하여 정조 1년 (1777)을 기점으로 한 100년간의 역(曆)을 미리 계산하여 편찬하게 했다. 이것이 천세력(千歲曆)이다. 이 천세력은 고종 때 속편이 만들어지면서 만세력(萬歲曆)으로 불리게 되었다.

4

가뭄 등 천변 시 영의정 등
고위 관료들의 줄사표

고위 관료들의 관행적 사직서 제출

옛날에는 천재지변, 특히 가뭄이 지속되면 정부 내의 관련 고위 관료들이 책임을 지는 의미에서 사직서를 제출하는 것이 관행이었다.

신라 시대에는 지금의 국무총리 격인 집사부(執事部)의 중시(中侍)를 역임했던 80명 중 30명이 천재지변에 따른 정치적 책임을 지고 물러났다.[101] 40% 가까이가 천재로 사직한 것이다.

천변에 따른 고위 관리들의 사직은 조선 왕조에 들어서는 거의 상례화된다. 영의정·좌의정·우의정 3공이 음양을 조섭하는 책임이 있었기 때문에, 우선적으로 3정승이 사표를 제출했다.

---

101 이영호, 「신라 집사부의 설치와 중시」, 『국사관논총 09』, 1990.
    (국사편찬위원회 한국사데이터베이스 http://db.history.go.kr/download.do?levelId=kn_0
    69_0060&fileName=kn_069_0060.pdf accessed 2020.12.04.)

"재상의 직책은 음양을 고르게 다스리는 데 있다"라는 말은『사기(史記)』「진평전(陳平傳)」에 나오는 것으로, 당시에는 음과 양이 조화하면 1년 동안에 바람이 72번 불고, 비가 36번 내리게 된다고 믿었다.

고위 관료들의 사직서 제출은 가뭄뿐 아니라 성변, 지진, 겨울철 천둥과 번개, 우박, 흙비 등 심한 천재지변의 경우에도 마찬가지였다.

황희가 영의정이었을 때는 겨울에 날이 따뜻하여 물이 얼지 않아도 사표를 제출했는데, 이는 '겨울이 따뜻하여 얼음이 없는 것은 정사가 해이한 징조'라고 믿었던 데 있었다.

3정승들은 '삼신(三辰;해, 달 그리고 별을 말하며 별은 특히 북두칠성을 이른다)이 정상 궤도를 잃으면, 선비를 뽑아 정승으로 삼으라'는 옛사람의 격언을 내세우며 사직서를 제출했다. 3정승 외에 승지, 6조의 판서와 당상관 또는 기상 이변 지역의 지방 수령들도 가뭄 등을 당하면 사직원을 내기도 했다.

6조 중에서는 특히 형조 판서 등 형조 관리의 사직서 제출이 많았다. 이는 많은 사람들이 '형옥 업무가 제대로 되지 않아 억울한 사람들의 원한이 하늘에 닿아 재변이 일어났다'고 생각했기 때문이다.

재변이 발생할 때마다 여러 고위 관리들이 의례적으로 사직서를 제출하다 보니, 그 진정성이 의심되기도 해 홀로 사표를 제출하지 않은 대신도 있었다. 세종 재위 말, 가뭄이 심해지자 좌의정을 비롯하여 의정부의 종1품 고위 관료인 좌찬성 및 우찬성 등이 일괄 사표를 제출했는데, 우의정 황보인(皇甫仁)만은 사표를 내지 않았다.

황보인은 "사표를 내더라도 임금이 수용하지 않을 것을 마음속으로 알면서 겉으로 사직을 청하는 것은 신하로서 옳지 않다"라고 하면서 홀로 사직원을 내지 않았다.

중종 때에는 우박이 내리자 영의정이 사표 제출에 대해 임금에게 솔직하게 말했다.

> "어제 도성 안에 우박이 내렸는데, 선유(先儒;옛 선비)들의 논의는 이런 경우에 반드시 조섭(調燮)의 임무를 진 정승에게 책임 지웠습니다. 신 등이 사직하고자 하였으나 겉치레일 것 같고, 또 받아들이지 않으실 것 같아 하지 못하였으며, 시폐(時弊)를 계달하고자 하였으나 또 잘 아뢰지 못하였습니다. (하략)"[102]

재이를 당하면 의정부의 3공이 의례적으로 사직서를 제출하는 데 대해, 사관들은 이를 신랄하게 비판했다. 사관들의 기록은 이렇다. "3공이 백료(百僚)의 위에 있으면서 음양을 섭리(燮理)하고 사시(四時;사철)를 순하게 하는 것이 그 책무이니 재변을 만나 사직하는 것은 당연하다. 그러나 평소에는 일언일사(一言一事)에 대해 게으름 없이 삼가고 체통을 유지함으로써 섭리하고 순하게 하는 것을 근본으로 삼지 않다가, 하루아침에 온갖 재변이 함께 일어난 연후에야 고사(古事)에 따라 사직함으로써 그 책임을 메웠으니, 천의(天意)를 돌리고 화기(和氣)를 이르게 할 수 있겠는가?"

---

102   중종 10년(1515) 5월 5일(신묘) 1번째 기사 일부, 중종실록 22권
      (국사편찬위원회 조선왕조실록 http://sillok.history.go.kr/id/kka_11005005_001
      accessed 2019.11.01.)

재변 시의 사표 제출은 신하들에게만 국한된 것이 아니었다. 임금까지 천재에 책임을 느끼고, 왕위를 물려주려고 했다.

태종은 가뭄 등 천재가 빈발하는 것은 오직 자신의 부덕한 소치라고 말하고, 여러 차례 세자에게 전위하려고 했으나, 그때마다 종친과 대소 신료들의 반대로 뜻을 거둬들이곤 했다.

선조도 선위를 표명했었는데, 한번은 한양에서 열흘 사이에 지진이 두 번이나 발생하자 양위를 거론한다.

> "경사(京師:서울)에 지진이 일어난 것은 이변 중에 큰 이변이다. 어찌 이에 대한 대응을 하지 않을 것인가? 내가 왕위에 눌러앉아 있으면 안 되는데, 구차하게 그대로 있기 때문에 하늘의 노여움이 이에 이른 것이다. 내가 반드시 빨리 물러가고 나서야 천의(天意)와 민심이 안정될 것이니 경들은 빨리 처리해야 한다."[103]

재변을 자신의 책임으로 돌려 중신들의 사직서를 반려한 임금

이러한 대소 신료들의 사표는 거의 대부분 반려되었다. 그때마다 임

---

103   선조 27년(1594) 6월 3일(경술) 3번째 기사 일부, 선조실록 52권
(국사편찬위원회 조선왕조실록 http://sillok.history.go.kr/id/kna_12706003_003 accessed 2018.01.31.)

금들은 재변의 원인이 신하들에게 있는 것이 아니라 임금이 부덕한 탓이라고 하면서 자책하고, 국정을 되돌아보는 계기로 삼았다. 대부분의 임금들은 재변이 '하늘의 견책'이 아니라, 임금으로 하여금 공구수성하게 함으로써 선정을 베풀라는 '하늘의 큰 뜻'이라고도 생각한 것이다.

고려 예종 때의 어느 날 크게 우박이 쏟아지고 문덕전(文德殿) 동쪽 행랑 기둥에 벼락이 쳤다. 그러자 지금의 감사원 격인 어사대(御史臺)의 책임자였던 어사대부(御史大夫) 임유문(林有文)이 천변에 대해 자신에게 허물을 돌리고 사직하였으나, 임금이 명하여 다시 일을 보게 했다.

조선 태종은 홍수와 가뭄으로 좌정승 성석린이 사직코자 했으나 윤허치 않았다. 성석린은 사직을 청하면서 음양이 화(和)하지 못하고 수재와 한재가 서로 겹치는 것은 모두 자신이 늙어서 섭리를 하지 못하고, 어진 이를 방해하고 나라를 병들게 하는 까닭에 말미암은 것이라고 말했다.

이에 태종이 사표를 반려하면서 성석린에게 이른다.

"수한(水旱:장마와 가뭄)의 재앙은 실로 나의 부덕한 소치이다. (중략) 내가 부덕하여 천심(天心)에 답하지 못해서 수한이 여러 번 이른 것이다. 그러나 나는 진퇴가 어려워서 오랫동안 이 자리에 처하여, 근심하고 부지런하고 두렵게 생각하여 광구하는 덕을 힘입어 끝을 도모하기를 생각한다. 경의 몸이 비록 늙었으나, 나의 지극한 뜻을 체득하여 물러가 쉬지 말라."[104]

중종은 3정승의 사표를 반려하면서 오히려 그들을 위로하기까지 한다.

"천변은 지적하여 말할 수 없는 것이지만, 그러나 필시 나의 실덕한 소치일 것이다. 경등이 힘을 다하여 보도(輔導)하는데 하늘이 어찌 재이에 이르게 하겠는가? 동한(東漢) 때 재변으로 인하여 삼공(三公)을 책면하니, 후세에서 이를 비난하였다. 상하가 모두 덕을 닦아 하늘의 견책에 보답하는 것은 본(本)이요, 사면(辭免)하는 것은 말(末)이니 사퇴하지 말라."[105]

영조 때의 일이다. 지진이 나고 우박이 떨어지자 주강(晝講)에 참여했던 검토관(檢討官;조선 시대에 경연청에서 강독(講讀)과 논사(論思)에 관한 일을 맡아보던 정6품 벼슬)이 임금에게 진언했다.

"천도(天道)는 군도(君道)이고 지도(地道)는 신도(臣道)인 것입니다. 전하의

---

104 태종 10년(1410) 6월 25일(경진) 2번째 기사 일부, 태종실록 19권
      (국사편찬위원회 조선왕조실록 http://sillok.history.go.kr/id/kca_11006025_002
      accessed 2019.03.21.)
105 중종 4년(1509) 3월 21일(계축) 2번째 기사 일부, 중종실록 8권
      (국사편찬위원회 조선왕조실록 http://sillok.history.go.kr/id/kka_10403021_002
      accessed 2020.01.21.)

우리 역사를 바꾼 조선의 하늘, 그 비밀코드로의 시간여행

한 마음에 조금이라도 찌꺼기가 없다면 천도를 화목하게 할 수 있는 것이고, 조정에 있는 신하들이 마음을 함께 하여 화협(和協)한다면 지도를 또한 화목하게 할 수 있을 것입니다."[106]

검토관의 말에 영의정 등 대신과 비국 당상(備局堂上;비변사의 당상관)이 모두 지진을 이유로 책임을 지겠다고 했다. 이에 임금은 상번하번이 면려한 것이 절실하니 마땅히 유념토록 하겠다고 하면서, 영의정 등의 인책에 대하여는 "실상은 나의 박덕에 연유된 것이니 경들이 책임지겠다는 것은 지나친 것"이라고 하고는 사의를 받아들이지 않았다.

임금들의 기발한 사표 반려 묘법

그러면 천재지변으로 마음 졸인 임금들은 정승들의 사직서를 어떤 이유를 달아 반려했을까? 임금들이 중신들의 사표를 반려할 때는 당사자가 반론을 제기할 수 없도록 그럴듯한 사유를 붙였다. 태종은 큰 비바람을 이유로 좌정승 성석린이 사직을 청하자 윤허하지 않고 말한다.

---

106   영조 24년(1748) 3월 5일(기축) 1번째 기사 일부, 영조실록 67권
      (국사편찬위원회 조선왕조실록 http://sillok.history.go.kr/id/kua_12403005_001
      accessed 2019.05.23.)

"경이 사직함은 풍수의 재변 때문이니, 나도 왕위를 사양함이 마땅하나 어디에다 왕위를 사양해야 할지 아직 모르겠다."[107]

이 말은 '임금도 책임이 있으니 사표를 내야 한다'는 것으로, 성석린이 더 이상 사직을 고집할 수 없게 만드는 태종의 명답이었다. 성석린이 사퇴하면 자신도 임금의 자리에서 물러나겠다는 것이니 어떻게 성석린이 계속 사직을 주장할 수 있었겠는가.

성종 때에는 영의정 정창손(鄭昌孫)이 재변을 이유로 사직서를 다섯 번이나 제출하였으나, 그때마다 임금은 이를 반려했다. 나중에는 "경이 살아 있는 동안은 사직하지 말라"라고까지 했다. 죽어서야 관직을 떠날 수 있다는 엄청나고 거부할 수 없는 어명이었다.

재변을 당하여 사직을 청했다가 임금으로부터 엄한 질책을 받고 벌주까지 마셔야 했던 대신도 있었다. 세조 5년(1459) 어느 날, 장맛비가 그치지 않자 세조는 3품 이상의 신료들로 하여금 각기 할 말을 진술하게 했다. 그런데 두 재상은 아무 답도 내놓지 않고 도리어 '재상으로서 음양의 조화를 이루지 못했다'고 하면서 사임하겠다고 했다.

그러자 세조가 두 재상에게 따끔하게 훈계를 한다. "나라가 재앙을 당했는데도 물러나 돌아보지 않으려 하는데, 이것이 어찌 큰 재상이 할 일

---

107   태종 12년(1412) 7월 25일(무신) 6번째 기사 일부, 태종실록 24권
      (국사편찬위원회 조선왕조실록 http://sillok.history.go.kr/id/kca_11207025_006
      accessed 2017.09.26.)

인가? 옛날 사람도 '넘어지는데도 부축하지 못한다면 그런 재상을 어디에다 쓰겠는가?'라고 말했으니, 경의 말은 이치에 매우 맞지 않다"라고 말하고, 벌주를 먹였다. 두 재상은 모두 세조 재위 기간 중에 영의정에 오른다.

사표를 낸 신하에게 술을 먹인 임금은 세조뿐만이 아니었다. 때는 임진왜란이 일어나기 6개월 전, 3정승이 가을에 천둥과 번개가 치는 변이 있었다 하여 책임을 지고 사직하겠다고 했다. 선조는 이러한 재변이 모두 자기가 부족해서 일어난 것이라고 하면서, 사표를 반려하고 술을 하사하면서 다독인다.

> "이는 다 내가 임금 노릇을 잘못한 소치다. 옛날 한나라 때 재앙을 만나 상신(相臣;3정승)을 면직시켰는데, 후세 사람들이 그것을 일러 하늘을 속인 처사라고 하였다. 이제 나로 하여금 그것을 본받게 하려고 하는가. 경들이 어진 정승이라는 것은 내가 말을 하지 않더라도 그 누가 모르겠는가. 더욱 힘써 보필할 것이요 물러나거나 피혐 〔避嫌;헌사(憲司)에서 논핵하는 사건에 관련된 관리가 벼슬에 나가는 것을 피하던 일〕 하지 말라."[108]

이때의 세 정승은 이산해와 유성룡, 그리고 이양원이었다.

---

108 선조 24년(1591) 9월 27일(기축) 2번째 기사 일부, 선조실록 26권
     (국사편찬위원회 조선왕조실록 http://sillok.history.go.kr/id/kna_12409027_002
     accessed 2019.12.02.)

연산군의 경우 중신들의 사직서를 반려하는 이유도 특이했다. 천둥이 치고 비가 내리는 등 기후가 순조롭지 못하자, 우의정 이극균(李克均)이 사직서를 제출하면서 임금의 실정(失政)을 개선토록 촉구했다.

이극균은 "군주가 일을 잘못하면 하늘은 재이로써 나타내 보이므로 대신은 그 그릇된 마음을 바로잡아야 하고, 임금도 진실로 마땅히 삼가고 조심하여 백성들의 고생을 불쌍히 여겨야 할 것"이라고 주장했다. 그러면서 이극균은 재변을 당하여 궁궐의 보수와 사치스러운 연회 등을 중지하고, 임금이 경연에 열심히 참석할 것을 촉구했다.

이에 연산군은 '평범한 임금에게는 하늘이 재변을 보이지 않고 오직 현명한 임금에게만 재이를 나타내 보인다'고 한 옛말로 자신을 변명했다.

연산군은 "전에도 재변 때문에 영의정 윤필상을 사임시켰지마는 그 후에도 또한 재앙이 없는 해가 없었으니, 사직하는 것이 무슨 이익이 있겠느냐?"라면서 이극균의 사표를 받아들이지 않았고, 이극균이 건의한 사항들도 모두 들어주지 않았다. 연산군의 사표 반려에 대한 입장이 일면 논리적으로는 맞는 말이기도 하다.

사표를 제출한 관리의 마음도 헤아렸던 임금들

세종 7년(1425), 당시 영돈령부사(領敦寧府事) 유정현이 임금에게 사직 상소를 올렸다. 유정현은 '재상의 직무는 도(道)를 의논하여 나라를 다스리고 음양을 섭리한다'는 『서전(書傳)』의 말을 인용하면서, "수재나 가뭄의 재앙은 공(功) 없이 녹을 먹는 자들이 있어서 오는 것인데, 신이 용렬한 자격으로 오랫동안 높은 벼슬을 더럽히고 후한 녹을 받는데도, 섭리의 공효(功效)가 조금도 없고 오히려 가뭄의 재앙을 부르게 되었으니 파면시켜 달라"라고 요청한 것이다.

세종은 유정현의 사직 요청을 허락하지 않았다. 대신 직집현전(直集賢殿) 정인지를 시켜, 유정현의 집에 가서 사표를 되돌려 주게 하고 자신의 뜻을 전했다.

> "경은 나이 늙었다고 사양하지마는 나는 경이 늙지 않았다고 생각하며, 관직을 파면하여 현능(賢能)한 이를 기다리라고 하였지만 경을 버려놓고서 누가 현능한 이가 되겠는가. 번거롭게 굳이 사양하지 말고 나의 소망에 맞게 하라."[109]

세종의 이러한 답서를 받고도 그 누가 사직을 고집할 수 있었을까. 세종은 이때부터 사표를 반려할 때는 꼭 신하를 시켜서 사직서를 직접 집에 도로 가져다주었다. 우의정 유관(柳觀)이 심한 가뭄으로 사직서를 제출했을 때는 사표 반려와 함께 집에 선물까지 보내 주었다.

천재지변이 있을 때마다 많은 고위 관리들이 고령이나 능력 부족 등

---

109 세종 7년(1425) 6월 24일(임술) 2번째 기사 일부, 세종실록 28권
(국사편찬위원회 조선왕조실록 http://sillok.history.go.kr/id/kda_10706024_002 accessed 2017.06.22.)

을 이유로 사직서를 제출하였지만, 그때마다 세종은 신하들의 사직 요청에 대해 일일이 반려의 이유를 전하곤 했다.

황희가 좌의정일 때 가뭄으로 인하여 사직서를 제출하면서 신하로서 직분을 다하지 못한 책임을 사직 이유로 삼았다. 그러자 세종은 "조정에 있는 신하로서 누가 능히 제 직분을 다 했노라고 말할 것인가, 이와 같이 나간다면 조정이 아주 통째로 비게 될 것"이라고 하면서 사의를 반려했다.

한번은 형조 판서 안숭선(安崇善)이 "형벌하는 것이 적중하지 못하면 화기를 상하여 재난을 부른다"라고 하면서, 자신의 직책을 파면하여 하늘과 백성의 마음을 쾌(快)하게 하고, 한발(旱魃)의 재난을 예방하게 하라고 간언했다. 세종의 답은 이러했다.

> "인신(人臣:신하)으로 누가 스스로 그 직책을 잘해 간다고 말하겠는가. 만약 잘하지 못한다 하고서 다 직무를 사면하고자 한다면 누구와 더불어 정치를 할 것인가. 쓰고 안 쓰고 하는 것은 나의 마음에 있으니 경들은 가서 정성으로 하라."[110]

극히 예외적으로 사직서를 수리하더라도 임금들은 사표를 제출한 신

---

110   세종 25년(1443) 7월 21일(갑술) 1번째 기사 일부, 세종실록 101권
       (국사편찬위원회 조선왕조실록 http://sillok.history.go.kr/id/kda_12507021_001
       accessed 2018.03.29.)

하늘이 섭섭하지 않게 배려했다. 좌정승 하륜 등이 재이를 이유로 연거 푸 사직을 청하자, 태종은 하륜과 우정승 조영무(趙英茂)를 해임하고 성 석린을 좌정승에, 이무(李茂)를 우정승에 임명했다. 이때 태종은 이승간 (李承幹)을 동부대언(同副代言)에, 조원(曺瑗)을 우부대언(右副代言)으로 삼았는 데, 이승간은 하륜의 사위이고 조원은 조영무의 사위였다. 태종이 이 두 사람을 특별히 대언으로 임명한 것은 사직한 두 정승의 마음을 위로하 고자 한 것이었다.

성종 때는 오랫동안 영의정 자리에 있었던 윤필상이 무려 19번의 사 직상소 끝에 사임을 허락받았다. 윤필상은 영의정직에 있는 동안 재이 가 많이 발생한 것 때문에 사의를 표명한 것이다. 그는 사직원을 제출하 면서 소회를 밝힌다.

> "내가 못난 재주로 오래 성만(盛滿: 넘치도록 가득 참)한 자리에 있었으니, 날 이 가물면 나를 허물하고 겨울에 천둥을 하면 나를 허물한다. 능히 아들도 가르칠 수 없는데 하물며 하늘을 가르치겠는가? 차라리 큰 작위를 바치고 세상일을 모두 잊어버리는 것이 가하다."[111]

성종은 윤필상의 사직을 할 수 없이 받아들이면서 속마음을 전한다.

---

111   성종 24년(1493) 10월 29일(경인) 2번째 기사 일부, 선종실록 283권,
       (국사편찬위원회 조선왕조실록 http://sillok.history.go.kr/id/kia_12410029_002 accessed
       2019.05.24.)

"내가 들어주지 않으면 대간이 반드시 없는 허물을 찾아서 말할 것이니 영상(領相)에게도 어찌 편안하겠는가? 이런 까닭에 마지못하여 그대의 뜻을 따른다."

5

날씨 때문에 날벼락 맞은 사람과
살아난 사람

날벼락 맞은 사람

일반적으로 불이익이나 처벌은 어떤 사건의 원인 제공자나 행위자가 받는 것이 상례다. 그러나 전혀 관계없는 사람이 날씨 때문에 그야말로 '맑은 하늘에 날벼락'을 맞은 사례가 우리 역사 속에 남아 있다.

고려 성종 때의 어느 날 오늘날의 법무부격인 형관(刑官) 청사 기둥에 벼락이 쳤다. 그러자 임금은 형관의 장관인 어사(御事)를 비롯하여 그 아래 관직인 정4품의 시랑(侍郞), 정5품의 낭중(郎中) 및 정6품의 원외랑(員外郞)을 아무 잘못도 없는데 모두 파직했다.

당시는 벼락을 '사람의 잘못에 대한 하늘의 응징'으로 생각했던 시대였다. 그러다 보니 조정에서는 억울한 죄수들의 한이 하늘에 미칠까 봐 죄수들의 정황을 살피고, 중죄인 외의 죄인들을 방면하거나 심지어는 옥사의 청결 상태까지 살폈을 정도였다.

이러한 상황에서 특히 옥사를 담당하는 형관 청사에 벼락이 쳤으니 그

충격은 이루 말할 수 없었으리라. 임금은 형옥 업무를 제대로 처리하지 않아 형관 건물에 벼락이 친 것으로 판단하고, 관계 관원들을 전원 해임한 것이다. 파직당한 이들이야말로 마른하늘에 날벼락 맞은 셈이다.

한편으로는 천문 관원의 잘못 때문에 엉뚱한 사람이 유탄(流彈)을 맞기도 했다. 조선 태조 때 일관이 월식을 예측해 임금에게 보고했는데, 끝내 월식이 발생하지 않았다.

그러자 간관이 일관의 직첩을 거두고 법에 따라 죄를 물어야 한다고 상소하기에 이르렀다. 태조는 상소에 답하는 대신 오히려 간관들을 엄히 질책하고 모두에게 정직 처분을 내린다. 간관들이 일관의 죄주기를 청한 것이 늦었다는 것이 이유였다.

얼마나 늦었길래 이런 징계를 내렸을까? 월식이 발생하지 않은 시점에 즉각 일관의 죄를 청하지 않고 이틀이나 지난 후에 했기 때문이다. 물론 일관도 간관들이 상소한 대로 징계를 받았으나 한 달여 후에 본래의 직책으로 복직된다.

선조 때에는 어느 날 벼락이 쳐서 하향제(夏享祭;여름 제사)의 수향마(受香馬) 5필과 역인(驛人) 1명이 죽는 사고가 발생했다. 승정원에서는 곧바로 임금에게 국정 운영과 관련하여 각계의 의견을 듣도록 건의하자 임금이 이를 흔쾌히 수락했다. 여기까지는 일이 순조롭게 진행되는 듯했다. 그런데 절차상 문제가 제기된다.

이런 경우 승정원에서는 사간원과 사헌부에 이 사실을 통보해야 하는데, 승정원에서는 이를 까마득히 잊고 방치하고 있다가 뒤늦게 사헌부에만 알리고, 사간원에는 알리지도 않았다.

그렇지 않아도 눈을 부릅뜨고 정사의 잘잘못을 살피는 사간원에서 가만히 있을 리가 없었다. 더군다나 '사간원 패싱'까지 일어났으니 어찌 참을 수 있었겠는가. 승지들에 대해 엄중한 징계를 강력히 요청했다. 임금은 사간원의 건의에 따라 관련 승지를 교체하고 도승지에게도 책임을 물었다.

조선 왕조에서는 유난히 비 올 때 우산 관리를 잘못하여 처벌받은 경우가 많았다. 성종이 문소전(文昭殿)과 연은전(延恩殿)에서 삭제(朔祭;초하루제사)를 지낸 후 어가를 타고 돌아오는 도중에 마침 비가 내렸다. 이때 임금을 모시고 선 관리들 중에서 우산을 펴든 자가 있어 국문(鞫問)을 당했다. 국문은 형장(刑杖)을 가하여 중죄인을 신문하던 일로 임금의 명령이 필요했다. 이 관리, 임금 수행 중에 우산 폈다고 중죄인이 된 것이다.

한편 선조 때에는 서방색(書房色;임금에게 붓, 벼루 등을 공급하는 일을 맡아 보던 부서)에 근무하던 한 관리가 업무 태만으로 책임을 추궁당했다. 이유는 조강(朝講)이 끝난 후 대신이 나갈 때, 태연히 서 있기만 하고 우산을 펴 주지 않아 대신의 옷이 비에 젖었다는 것이었다. 그러니 임금 행차를 수행하는 신하나 궁궐 내 관리들도 비만 오면 긴장했으리라.

날씨 덕에 살아난 사람

그러면 날씨 때문에 살아난 사람은 없었을까? 한번은 조선 성종이 영릉(英陵)에 친히 제사를 지내게 되었는데, 전날 천둥과 번개가 치고 비가 내려 제사를 못 지낼까 봐 크게 걱정했다. 그러나 다행히 제사 당일 날씨가 활짝 개어 제사를 지낼 수 있었다.

날씨가 맑아 안도의 숨을 쉰 성종, 기쁜 나머지 제사의 집사관(執事官)들을 1자급씩 올려 주고, 자급을 승급할 수 없는 경우에는 아들, 사위, 동생이나 조카들로 하여금 대신 그 품계를 받게 하는 대가(代加)조치까지 취했다. 게다가 제사 행차 시 이천을 지나다가 만난 교생(校生) 중 과거 시험 합격자에 대하여도 특혜를 부여했다. 이들은 모두 세종 임금의 제삿날 날씨가 맑은 덕을 톡톡히 본 셈이다.

날씨 덕에 실제로 목숨을 건진 사람이 있다. 중종 때 어느 날 우박이 내렸다. 영의정 정광필(鄭光弼)이 한 사형수에 대해 그 사정이 불쌍하니 선처해 주기를 임금에게 요청했다. 이유인 즉 "우박의 원인 중에는 형옥을 처리하는 과정에서 생긴 억울한 일이 없지 않을 것"이라는 것이었다.

정광필이 사형수를 불쌍하다고 한 것은 그가 자기를 쫓는 자를 막기 위해 화살을 뽑아 쏜 것이니 처음부터 사람을 해치려는 마음이 없었다는 것이다. 정당방위였다는 말이다.

중종은 사형수의 형을 면해 주면서 한마디 한다. "한 여자의 이별도 홍수와 한발의 재해를 불러올 수 있는 것인데, 옥송의 억울함이야 말해 무엇하겠느냐?"

우박 덕분에 사형수가 죽음을 면하자 당시 사관들은 "영의정 정광필이 죄수를 위하여 살길을 마련하였으니 대신의 체모를 세웠다"라고 그를 칭찬했다. 정광필은 연산군 때 이조 참의로 있으면서 연산군의 사냥에 대해 간하다가 아산으로 유배되기도 했던 조선 중기의 문신이다.

영조 역시 기상 이변을 만나면 관리들에 대해 포용 정책을 폈다. 어느 해에는 겨울에 비가 내리고 짙은 안개와 함께 천둥이 치는 재변이 일어나자, 공조 참판 조현명(趙顯命)이 영조에게 진언한다. 임금에게 직언하다가 좌천되거나 유배된 사람들을 용서해 주라는 것이었다.

영조는 조현명의 간언을 가납하고, 특별히 이수해(李壽海)와 남태재(南泰齊)를 내직(內職;중앙부서의 직책)으로 옮기도록 어명을 내렸다. 이수해는 한 대신을 논핵(論劾;잘못이나 죄과를 논하여 꾸짖음)하여 외방에 보직되었고, 남태재 역시 요직에 있던 대신을 논핵했던 관리였는데, 이들 모두 겨울비와 천둥을 계기로 원상 복귀된 것이다.

영조 10년(1734년) 12월 초에는 겨울 천둥의 재변이 있자 우의정이던 김홍경(金興慶)의 주청에 따라 영조 3년(1727년) 이전의 참하문관(參下文官;정7품에서 종9품까지의 문관)을 모두 6품으로 승급시켰다. 겨울 천둥이 만년 하급 관리들의 직급을 올려 준 것이다. 종9품의 경우에는 현재로 치면 9급 서기보에서 사무관급으로 파격 승급되었으니 겨울 천둥의 덕을 톡톡히 본 셈이다.

가뭄이 붙여 준 관직

본래 조선 왕조에서는 80세 이상의 어르신들에게 노인직 또는 노직(老職)이리 히시 양인·천인을 불문하고 무보 직이지만 관리의 품계를 주었는데, 원래 품계가 있던 사람에게는 한 등급 더 올려 주었다. 그러나 당상관은 임금의 허가가 있어야만 주었다.

세종은 가뭄을 당하면 90세 이상의 장수 어르신들에게 남녀 구분 없이 벼슬을 주었다. 이는 장수하는 노인들을 공경하는 예를 행함으로써, 하늘이 감동하여 비를 내려 주기를 바라는 간절한 마음에서 나온 것이었다.

세종은 90세 이상의 양민으로서 백신(白身;벼슬하지 못한 사람)에게는 8품을 주고, 원직(元職)이 9품 이상이었던 사람에게는 각각 한 급을 올려 주었다. 또한 백 살 이상의 백신에게는 원직이 8품이면 6품을 주고, 원직이 7품 이상이면 각각 한 급씩 뛰어 올려 주되 모두 3품으로 상한을 삼도록 했다. 이와 함께 부인의 봉작(封爵)도 이에 준하여 조치하게 하였다.

천인(賤人)으로서 백 살 이상이면 남자에게는 7품을 주고, 여자에게는 봉작과 아울러 천인을 면하도록 했다. 90세 이상이면 남자에게는 유외〔流外;1품에서 9품까지 정·종(正·從)의 품계가 있는 것을 유내(流內)라 하고, 그 외에 따로 9등급을 두어 정·종의 품계가 없는 것을 유외라고 함. 대개 비천한 계급의 사람이 공훈을 세웠을 때 이 벼슬을 주었다〕9품을 주고, 여자에게는 역시 봉작과 함께 천인을 면하게 해 주었다.

세종은 해당자들에게 직첩과 작첩(爵帖;작위를 봉하는 사령장)을 속히 주라고 이조와 병조에 명하면서 특히 노인들을 배려토록 조치했는데, 이는 세종의 세심한 마음 씀씀이가 엿보이는 부분이기도 하다.

"이제 90세 이상인 노인에게 제수한 고신(告身;직첩의 별칭)과 작첩을 속히 주게 하라. 또 친히 받지 말게 하고, 서울 안에서는 아들·사위·동생

　　우리 역사를 바꾼 조선의 하늘, 그 비밀코드로의 시간여행

· 조카들로 하여금 대신 받게 하고, 외방에서는 관찰사에게 보내서 노인이 있는 고을에 보내게 하여 역시 서울의 예와 같이 대신 받게 하며, 사은(謝恩)도 아울러 없애게 하라."[112]

세종은 장수 노인들이 제수 받은 품계에 따라 모두 사모(紗帽)와 품대(品帶)를 착용하도록 하여 자부심을 느끼도록 하고, 만약 원하지 않으면 강요하지는 말라고까지 당부했다. 이때 가뭄 덕분에 1백여 명의 사람들이 모두 명예직(散職)을 제수 받았다.

112 세종 21년(1439) 5월 3일(경술) 4번째 기사, 세종실록 85권
(국사편찬위원회 조선왕조실록 http://sillok.history.go.kr/id/kda_12105003_004 accessed 2018.10.14.)

6

임금들의 특별했던 관심

용에 관심이 많았던 세종

세종은 이례적으로 용(龍)에 관심이 많았다. 그 이유는 아마도 '용이 비를 오게 하는 신비한 힘을 가지고 있다'고 믿었던 데 있었던 듯하다.

세종은 용의 존재에 대해 크게 신뢰하지는 않았지만, 그렇다고 아주 없다고 생각한 것도 아니었다.

하루는 임금이 경연에 나가 강(講)하다가 송나라의 휘종(徽宗)이 '누른 용과 푸른 용은 길한 징조요, 흰 용과 검은 용은 재변이다. 내가 즉위한 뒤에 검은 용을 한 번 보았으니 이것은 변이다'라고 한데 이르자 "사람이 용을 볼 수 있느냐?"고 묻는다.

검토관이 "지난번에 양산군(梁山郡)의 용당(龍塘)에서 용이 나타났는데, 사람들은 그 허리만을 보고 머리와 꼬리는 보지 못하였다"라고 답변했다.

세종은 이에 대해 의구심을 가지고 있으면서도 나름대로 자신의 소견을 피력한다.

"구름과 비 사이에서 꿈틀꿈틀 움직이며 어떤 형태를 이룬 것을 보고 사람들은 이것을 용이 하늘로 올라간다고 하지만, 나의 생각으로는 이것은 용이 아니요, 곧 구름·안개·비·우레의 기운이 우연히 뭉쳐서 형태가 이루어져서 그런 것인 듯하다. 사람들이 말하기를, '유후사(留後司)의 박연(朴淵)가에 개가 쭈그리고 앉아 있기에 가서 보았더니 개가 아니고 용이었다' 하는데 이것도 꼭 신빙할 수 없다."[113]

세종은 검토관에게 "사람들이 말하기를 '대동강에 용이 죽어서 물에 떠내려가는 것을 분명히 보았으나, 무서워서 감히 꺼내지 못했다'고 하는데, 그러면 용도 죽는 수가 있느냐?"라고 묻기도 했다. 검토관이 답변하기를, "모든 물건이란 한 번 났다가는 한 번은 죽게 마련인데 용도 물건이므로 어찌 죽지 않겠느냐?"라고 하자 세종도 그렇게 여겼다.

하루는 세종이 승지들에게 용이 어느 곳에서 보이는지 물었는데, 승지들이 용이 간혹 보이는 곳으로 당시의 충청도 평택과 아산, 전라도의 만경·임파(臨陂)·용담(龍潭) 등지를 거론하면서, 만약 널리 물어보면 용을 본 사람이 반드시 많을 것이라고 답했다.

한번은 제주도 도안무사(都安撫使)가 용의 승천 사실을 보고했는데 그 내용은 이러했다. "제주도 정의현(旌義縣)에서 다섯 마리의 용이 한꺼번

---

113   세종 12년(1430) 윤 12월 19일(을묘) 1번째 기사 일부, 세종실록 50권
      국사편찬위원회 조선왕조실록 http://sillok.history.go.kr/id/kda_11212119_001 accessed
      2019.02.27.)

에 승천했는데, 그중 한 마리가 도로 수풀 사이에 떨어져 오랫동안 빙빙 돌다가 뒤에 하늘로 올라갔습니다."

세종은 도안무사에게 보고 내용에 대한 자세한 추가 확인을 명했다. 질문한 내용을 보면 세종은 많은 것이 궁금했던 것으로 보인다.

"(상략) 용의 크고 작음, 모양 및 빛깔과 함께, 다섯 마리 용의 형체를 분명히 살펴보았는가, 또 그 용의 전체를 보았는가, 그 머리나 꼬리를 보았는가, 다만 그 허리만을 보았는가, 용이 승천할 때에 운기(雲氣)와 천둥과 번개가 있었는가, 용이 처음에 뛰쳐나온 곳이 물속인가, 수풀 사이인가, 들판인가, 하늘로 올라간 곳이 인가에서 거리가 얼마나 떨어졌는가, 구경하던 사람이 있던 곳과는 거리가 또 몇 리나 되는가, 용 한 마리가 빙빙 돈 것이 오래되는가, 잠시간인가, 같은 시간에 바라다 본 사람의 성명과 용이 이처럼 하늘로 올라간 적이 그 전후에 또 있었는가와, 그 시간과 장소를 그때에 본 사람에게 방문하여 아뢰도록 하라."[114]

세종이 용에 대해 얼마만큼 관심이 있었는지를 명확히 보여 주는 대목이다. 뒤에 도안무사가 현장 확인 보고를 했다.

---

114 세종 22년(1440) 1월 30일(계유) 3번째 기사 일부, 세종실록 88권
(국사편찬위원회 조선왕조실록 http://sillok.history.go.kr/id/kda_12201030_003
accessed 2019.02.27.)

"고로(古老:경험이 많고 옛일을 잘 알고 있는 노인)에게 물어보니, 지나간 병진년 8월에 다섯 용이 바닷속에서 솟아 올라와 네 용은 하늘로 올라갔는데, 운무(雲霧)가 자욱하여 그 머리는 보지 못하였고, 한 용은 해변에 떨어져 금물두(今勿頭)에서 농목악(弄木岳)까지 뭍으로 갔는데, 풍우가 거세게 일더니 역시 하늘로 올라갔다 하옵고, 이것 외에는 전후에 용의 형체를 본 것이 있지 아니하였습니다."[115]

세종은 재위 27년(1445)에 선조인 목조(穆祖)에서 태종에 이르는 여섯 대의 행적을 노래한 서사시집을 발간했다. 물론 용이 용안(龍顔)이나 용포(龍袍:임금이 입던 정복으로 곤룡포라고도 한다) 또는 용상(龍牀:임금이 정무를 볼 때 앉던 평상)에서처럼 임금을 나타내는 의미가 있다. 그럼에도 용에 대한 지대한 관심도 반영되었던 것일까, 세종은 그 책 이름을 「용비어천가(龍飛御天歌)」로 지었다. '용비어천'은 '용이 날아서 하늘을 본받아 처신한다'는 뜻이다.

용은 본래 기린·봉황·거북이와 더불어 사령(四靈:전설상의 네 가지 신령한 동물)이라 불려온 상상의 동물로, 12간지의 동물 중 유일하게 실재하지 않는다. 우리나라 역사의 개술서(概述書)라 할 『문헌비고(文獻備考)』에 보면 신라 시조 원년으로부터 조선조 숙종 40년(1714) 사이에 무려 29차례나

---

115   세종 22년(1440) 1월 30일(계유) 0번째 기사 일부, 세종실록 88권
      (국사편찬위원회 조선왕조실록 http://sillok.history.go.kr/id/kda_12201030_003
      accessed 2019.02.27.)

용의 출현에 관한 기록이 보인다. 그런데 이러한 기록 뒤에는 거의 빠짐없이 태평성대, 성인의 탄생, 군주의 승하, 큰 인물의 죽음, 농사의 풍흉, 군사의 동태, 민심의 흉흉 등 거국적인 대사(大事)의 기록들이 따르고 있다.[116]

호랑이 사냥에 관심이 컸던 세조

호랑이는 우리 민족의 얼을 대표하는 동물로, 단군 신화에서부터 한민족과 깊은 인연을 가지고 있다. 진보, 독립, 용맹을 상징하는 호랑이는 그동안 잡귀를 물리치는 신성한 동물로, 혹은 재난을 몰고 오는 난폭한 맹수로, 또는 은혜를 갚을 줄 아는 의리 있는 동물로, 그리고 때로는 골탕을 먹일 수 있는 순진하고 어리석은 동물로 표현되기도 했다.[117]

그러면 과연 그때 조선에는 호랑이가 얼마나 있었을까? 정확한 숫자는 알 수 없지만, 조선 왕조 시대에는 호랑이가 전국 8도 각지에서 흔하게 나타났다. 요즈음 멧돼지가 시골은 말할 것도 없고 시내까지 출몰하는 상황과 비슷하지 않았을까 싶다. 도성 가까운 곳의 촌가에서는 호랑이가 울타리를 넘어 들어오기도 하고, 수시로 도성 안에까지 들어왔다. 심지어는 경복궁 후원 등 궁궐은 물론 신성한 종묘에 들어오기도 했다.

---

116   박계홍 · 조자룡, 「용」, 『한국민족문화대백과사전』, 한국학중앙연구원
117   「우리 지명 속에 살아 있는 호랑이 이야기」, 보도자료(2009.12.29.), 국토지리정보원

『조선왕조실록』세조 9년(1463) 3월 12일자에는 세종의 넷째 아들인 임영대군의 집에 호랑이가 들어와 기르던 양을 물었다는 기록도 있다. 호랑이가 이렇게 많았으니 기우제 때 호랑이 머리를 제물로 이용할 수 있었을 것이다.

국토지리정보원의 조사에 따르면 전국의 자연 지명 가운데 호랑이 관련 지명이 389개나 된다. 범바위, 호암, 호동, 범골, 호암산, 복호 등 여러 지명이 있다. 그중에 호랑이가 많이 있어 생긴 대표적 이름으로는 경기도 가평에 있는 해발 632미터의 호명산(虎鳴山)이 있다. 옛날에 산림이 우거지고 사람들의 왕래가 적었을 때 호랑이들이 많이 서식해 호랑이 울음소리가 들려오곤 했다 하여 붙여진 이름이다.

사정이 이런데 호랑이로 인한 피해는 없었을까? 사람과 가축이 많은 피해를 입은 것은 불문가지다. 호랑이가 창경릉에 들어와서 말을 물어 죽이기도 하고, 중종 때에는 황해도의 한 고을 안에서 거의 40~50명이 호랑이에 물려 죽기도 했다.

영조 때에도 8도에서 호랑이가 출몰했는데, 영동 지방이 가장 피해가 심해 호랑이에게 물려서 죽은 사람이 40여 명에 달했다. 그러자 영조는 "호랑이가 출몰하여 백성들이 해를 입는 것도 임금의 부덕의 소치"라고 자책까지 한다.

호랑이로 인한 피해가 많다 보니 우리 속담에는 유난히 호랑이와 관련된 속담이나 욕이 많다. '호랑이에게 물려가도 정신만 차리면 산다'거나, '호랑이가 물어갈 놈' 등이다. 특히 아이가 울면 '호랑이가 온다'고 말하여 울음을 달래곤 했는데, 나중에는 먹을 것을 주면 울음을 바로 그치는 것을 보고 '호랑이보다 더 무서운 것이 곶감'이라는 말까지 생겨났다.

어떤 학자는 색동저고리까지 호랑이와 연관시켜 색다른 주장을 하기도 한다. 색동저고리의 유래에 대하여는 액(厄)을 막고 복을 빌기 위해 음양오행설에 따라 오방색(五方色)을 이용했다거나 무지개를 모방한 것이라는 등 여러 가지가 있으나, 새로운 가설은 색동저고리가 호랑이 새끼의 앞다리 무늬와 비슷해 어린아이를 호랑이로부터 보호하려는 위장술이었다는 것이다.[118]

호랑이에게 당하는 화(禍), 즉 호환(虎患)은 당시에는 백성들이 가장 무서워하는 일이었다. '조상을 잘 모시지 못하면 집안에 호환이 든다'는 속설이 널리 퍼져 있었기에, 특히 사대부 집안에서는 호환을 목숨을 잃는 것보다도 더 큰 치욕으로 여길 정도였다.

호환을 두려워해서 정월 첫 범날[寅日]에는 남과의 내왕을 삼가하며, 특히 여자는 외출하지 않고 자중하는 세시풍속도 있었다. 또 남의 집에 가서 대소변을 보면 그 집 식구 중에 호환을 입는 사람이 있을 수 있다고 하여 근신하고, 짐승에 대한 악담을 삼가기도 했다.[119]

전남 구례군 산동면에는 '견두산(犬頭山)'이란 이름의 산이 있다. 본래 이름은 호두산(虎頭山)이었는데, 호랑이에게 사람이 물려 죽는 일이 많다 하여 읍내에 호석(虎石;돌로 만들어 세운 호랑이)을 세우고 산 이름을 견두산으

---

118 「호랑이 새끼 앞다리 무늬와 색동 저고리 기원」,〈오두의 문화비평〉, http://blog.daum.net/odu1893/428

119 이동길,「범날」,『한국민족문화대백과사전』, 한국학중앙연구원

로 개명하였더니 호환이 없어졌다는 이야기까지 전해 내려올 정도다.

지금은 통일로라는 큰 길이 나 있고 지하로는 지하철 3호선이 지나는 무악재, 조선 시대에는 좁고 험한 산길이어서 호랑이가 자주 출몰했다. 그러자 호환이 두려웠던 조정에서는 지금의 독립문 근처에 유인막(留人幕)이라는 집결소를 설치하고 통과 인원이 10명 이상이 모이면 호위 군사들이 앞뒤로 호위하여 주기도 했다.

현재는 한반도에서 야생 호랑이가 멸종되었다고 알려졌지만, 당시에는 해만 끼치는 악한 동물로 인식되어 중앙 정부 차원에서 그것도 병조주관 아래 적극적으로 호랑이를 잡았다. 국방부가 호랑이 퇴치 작전에 나선 격이다.

성종 때에는 병조에서 호랑이 포획자에 대한 상벌 규정까지 마련했을 정도였다. 대(大) 혹은 중 크기의 호랑이 한 마리를 잡으면 면포 3필, 작은 호랑이나 표범 한 마리를 잡으면 면포 2필을 주도록 했다. 호랑이 피해가 오죽이나 컸으면 이런 제도까지 만들었을까. 요즈음 뉴트리아 같이 생태계를 파괴하는 외래종이나 멧돼지 같은 유해 동물을 잡으면 포상금을 지급하는 것과 같은 개념이다.

이런 상황에서 세조는 유달리 호랑이 사냥에 관심이 많았다. 궁궐 인근에서 호랑이가 나타났다는 보고만 받으면 때를 가리지 않고 거의 매번 직접 호랑이 사냥에 나설 정도였다. 한번은 임금이 백악산에서 여러 군사를 지휘하여 몰이를 했으나 끝내 표범을 잡지 못하고 해가 질 때에 한군하기도 하고, 하루는 호랑이가 창덕궁 후원에 들어왔다는 말을 듣자 임금이 곧바로 백악산까지 따라가서 끝내 표범을 잡아 돌아오기도 했다.

세조가 호랑이 사냥을 좋아하다 보니 호랑이를 잘 잡아 영전한 사람까지 생겨났다. 당시에 임금이 병서에 통달한 자를 골라서 겸사복(兼司僕;정예 기병 중심의 임금 친위군)의 자리에 임명하려고 했으나, 신하들 중에서 임금의 의중을 제대로 아는 자가 없었다.

그러자 세조는 호랑이를 쏘아서 잡는 궁술(弓術)로 사람을 뽑았는데, 내금위(內禁衛)의 권이(權耳)라는 사람이 이에 뛰어나 임금이 그를 겸사복에 임명했다. 세조는 본인이 호랑이 사냥을 나갈 때 친위군 중에 명사수가 있으면 얼마나 좋을지 생각했을지도 모른다.

한번은 서교(西郊)에서 호랑이를 잡다가 한 갑사(甲士)가 호랑이에게 물려 죽었는데, 임금이 이를 듣고 가엽게 여겨 후한 부의와 함께 그의 아들을 관리로 채용하기도 했다.

세조는 궁에서 멀리 떨어진 곳에 호랑이가 나타나면 신하들을 대신 보내 호랑이를 잡도록 했다. 하루는 지금의 의정부 녹양(綠楊)에 있던 옛 목장에 호랑이가 나타났다는 보고를 받자 형조 판서 김질(金礩)을 대장으로 삼아 호랑이 포획대를 보냈다. 법무부 장관이 호랑이 포획 대장으로 출동한 셈이다.

김질이 두 마리를 잡아 바치자 김질에게 말 1필을 하사하면서 태평관(太平館;조선 시대 중국 사신이 와서 머무르던 숙소)에서 잔치까지 성대하게 베풀어 주었다. 어디 그뿐인가, 채단 철릭(彩段 帖裏;비단으로 만든 무관용 공복) 1령(領)을 내려 주고는, 김질에게 즉시 옷을 입게 했다.

세조는 더 나아가 김질이 태평관에 갈 때, 대장기(大將旗)를 세우고 북

우리 역사를 바꾼 조선의 하늘, 그 비밀코드로의 시간여행

을 울리면서 군사들을 거느리고 가게 하고, 내시부의 으뜸 벼슬인 판내
시부사를 시켜 술까지 하사했다. 세조는 김질에게 퍼레이드를 벌이게
하고, 거창하게 격려 잔치까지 베풀었던 것이다.

V

민초들의 고통과
임금의 애민(愛民)

1

굶주린 백성들에 대한 구호

배고픔에 수없이 죽어 나간 백성들

현대 산업 사회에서도 가뭄, 홍수, 폭설, 지진 등의 자연재해는 국민들에게 어려움과 함께 큰 피해를 준다. 특히 가뭄은 식수와 농업 용수 부족 등을 야기해, 집권자를 포함한 전 국민의 우려를 자아내기도 한다.

지금도 그런데 하물며 농경 사회였던 옛날에는 오죽하였으랴. 가뭄은 흉년으로 이어져 곧바로 백성들의 기아 문제로 연결되었기 때문에, 더욱더 임금들의 걱정거리였다.

삼국 시대부터 조선 왕조에 이르는 약 2,000년 동안 총 304회의 기근이 발생했다. 평균 6년에 한 번씩 기근 사태가 벌어진 것이다. 사람을 잡아먹을 정도의 극심한 기근이 23회, 대기근이 82회, 보통의 기근이 199회였다. 대기근은 20년에 한 번 정도 발생했다.[120]

---

120   조정미, 「거북등처럼 갈라진 논/가뭄과 한해」, 기록으로 만나는 대한민국, 국가기록원

삼국 시대 전에는 기록이 별로 없어 자세히는 알 수 없으나 부여에서는 흉년이 들자 임금을 바꿨다는 것을 보면 그 당시에도 기아 문제는 심각했을 것이다. 삼국 시대에 들어서면서는 굶주림에 대한 기록이 보이기 시작한다. 신라 진평왕 때에는 어느 해 여름에 크게 가물었던 적이 있는데, 그 때문에 가을과 겨울에 백성들이 굶주려 자녀까지 팔아 끼니를 때우는 상황이 벌어졌다. 백제의 근구수왕(近仇首王)은 굶주림 끝에 자식까지 판 백성에게 나라의 곡식을 내어 대신 값을 물어주기도 했다.

고려 시대에도 36회의 가뭄이 있었으니까 기근이 뒤따랐을 것임은 불문가지. "전년도 5월부터 그해 4월까지 거의 1년 동안 비가 오지 않았다"는 기록을 보면 그로 인한 기근이 심각했을 것이다. 이로 인해 백성들이 서로 잡아먹거나 굶주려 죽은 관리들도 많았고, 부모가 버린 아이들이 길에 가득했다고 한다.[121]

조선 왕조에 들어서는 기근 문제가 더욱 심각해진다. 굶주린 백성들이 소와 말까지 모두 잡아먹는 바람에 가축의 씨가 말랐고, 고려 때와 마찬가지로 길바닥에는 버려진 아이들이 부지기수였으며 들에는 굶어 죽은 사람들의 시체가 널려 있었다.

먹을 식량이 없자 세종 때에는 유달리 흙으로 연명하는 사람도 적지 않았다. 지금의 영흥인 당시 함길도의 화주(和州)에 흙이 있었는데, 빛깔과 맛이 밀과 같았다. 굶주린 백성들은 이 흙을 파서 떡과 죽을 만들어 먹으며 허기를 면하였는데, 그 맛이 메밀 음식과 비슷했다고 한다.

---

121   송보영, 「역사에 기록된 참혹한 가뭄」, 역사 속 기상 이야기(2018.05.08.), 기상청

특히 황해도 봉산(鳳山) 서면의 백토와 서흥(瑞興) 남산의 백적토는 단맛이 있기로 소문이 났다. 그러자 굶주린 백성들이 너도나도 백적토를 파서 쌀가루와 섞어 먹으며 배고픔을 달래기도 했다. 해주의 장연현(長淵縣)에서는 두 사람이 흙을 파다가 흙더미가 무너져 깔려 죽는 사고가 나기도 했다.

성군이었던 세종 때에도 상황이 이러했으니 '가난은 나라님도 구제 못 한다'는 옛말이 그냥 생겨난 말이 아닌 듯싶다.

조선의 제18대 임금 현종, 우리나라 역사상 최악의 기근 사태가 이때 일어난다. 현종 11년(1670)은 대기근의 해였다. 가뭄과 냉해로 빚어진 이 기근은 그다음 해까지 이어졌는데, '경신(庚辛) 대기근'이라 칭할 정도로 조선 역사상 유례없는 최악의 대기근이었다. 경신 대기근의 이름은 기근이 경신(庚申)년에 발생해서가 아니라 경술(庚戌)년에서 신해(辛亥)년까지 2년에 걸쳐 일어났기 때문에 앞 글자를 따서 지은 것이다. 이 당시 상황은 임진왜란 때보다도 더 심각했다. 임진왜란을 겪은 노인들이 '전쟁 때도 이것보다는 나았다'고 할 정도였으니 더 말해 무엇하랴!

현종 12년(1671) 12월 5일, 사간원 헌납이었던 윤경교(尹敬敎)는 굶주림과 전염병으로 떠돌다 죽은 사람과 고향에서 죽은 사람이 모두 합하면 거의 1백만 명에 이른다고 상소했다.

굶거나 전염병으로 죽은 사망자 수가 지금으로서도 큰 규모인데, 당시의 인구로 볼 때는 더욱 엄청난 인명 피해였다. 공식적으로 대기근 직전에 호패법(號牌法)에 의해 확인된 전국 인구는 516만 명이었다. 그러니까 다섯 명 중에 한 명꼴로 죽은 것인데, 가구로 보면 매 집마다 최소한

한 명씩은 굶어 죽은 것이다.

그러나 실제 총 인구는 당시 군대 징집 등을 피하고자 신고하지 않은 백성을 합하면 1,000만~1,100만 명 정도로 추정하기도 하는데, 그렇게 해도 전체 인구의 약 10분의 1이 굶거나 병 때문에 죽은 것이다. 지금의 상황으로 보면 5,000만 인구 중 500만 명, 즉 부산광역시와 대전광역시의 전체 인구에 해당하는 백성이 죽은 것이나 마찬가지였으니 상황이 어느 정도였는지 짐작할 수 있다.

당시 굶주려 죽은 시체가 길에 즐비하게 널려 있었는데, 진휼청에서는 수레에다 실어 동·서 교외 및 지금의 남산인 목멱산 너머 기슭에다 묻어 주었다. 그러자 한양 백성들이 서울과 가까운 곳에다가 묻어서는 안 된다고 거세게 항의했다. 조정에서는 할 수 없이 한성부로 하여금 10리 밖에다가 옮기도록 했는데, 그 시체의 수가 3천60여 구였다. 당시에는 성저(城底) 십리, 즉 성에서부터 밖으로 10리까지는 무덤으로 쓸 수 없었다.

상황이 이렇다 보니 길에 쓰러져 죽은 많은 시체를 한데 버려둔 채 거두지 않았다 하여 처벌받은 관리들이 한둘이 아니었다. 이유는 죽은 자가 잇따라서 즉시 매장하기에는 힘이 미치지 못했기 때문이었다.

한민족(韓民族)의 5,000년 역사상 100만 명 이상이 굶어 죽은 대기근은 경신 대기근이 끝난 지 24년 뒤인 숙종 21년(1695)부터 숙종 25년(1699)까지의 '을병(乙丙) 대기근'으로 이어지는데, 이때도 대략 100만 명 이상이 죽었디.

우리나라에서 두 번의 대기근이 발생한 17~18세기는 지구의 평균 기온이 1~1.5도 떨어진 소빙하기였다. 전 세계적으로 냉해와 습한 기후 때문에 극심한 기근과 함께 전염병이 창궐했다. 조선도 여기에서 자유롭지 못했던 것이다.

경신 대기근의 아픔을 겪었던 현종은 조선의 제17대 임금인 효종의 아들로 청나라 심양에서 태어났다. 병자호란 직후 형인 소현세자와 함께 청나라에 볼모로 잡혀 갔던 봉림대군의 아들인 것이다. 현종은 조선의 역대 임금 중에서 유일하게 외국에서 태어난 왕이고, 왕비 외에 후궁을 한 명도 두지 않고 오로지 명성왕후(明聖王后) 김씨 한 사람하고만 해로한 유일한 군주이기도 하다. 재위 기간에 백성들이 굶주림으로 큰 고통을 겪어서 그랬는지 현종은 검소한 임금으로 평가받는다. 그래서였을까, 묘호에 '행실이 안팎으로 잘 드러났다'는 의미의 '현(顯)'자를 썼다.

조선 후기에 들어서는 자매문기(自賣文記)까지 등장한다. 자매문기는 극심한 빈곤이나 빚 때문에 자신을 팔겠다고 약속하는 문서이다. 심지어 처자는 물론 태중의 아이까지도 팔겠다고 약속한다. 사정이 얼마나 급박했으면 이렇게까지 했을까? 먹는 입 하나라도 덜겠다고 어린 딸을 대가도 받지 않고 품팔이 노비로 넘기기도 했다.

자식까지 삶아 먹은 민초들의 참혹상

우리말에는 유독 배고픔에 관한 속담이 많다. 우리 한국인이 지금도 많이 쓰는 '목구멍이 포도청'이라는 말은 원래 배고픔이 극에 달하면 포도청에 잡혀가 고초를 당하더라도 어떤 일이든 못할 게 없다는 의미에서 유래된 것이다.

'사흘 굶으면 포도청의 담도 뛰어 넘는다'거나 '세 끼 굶으면 군자가 없다'는 옛말이 그른 말이 아니다. 그러기에 '빌어먹을 놈'이라는 욕은 큰 악담이고, 일이 뜻대로 되지 않아서 속이 상하거나 화가 날 때 내뱉는 '빌어먹을…'이라는 관행어까지 생겨난 것이리라.

배고픔이 극에 달하면 그야말로 '뵈는 것이 없는 것'일까? 고려 명종 때 어느 해에는 정월부터 비가 오지 않아 샘물이 모두 마르고 벼와 보리가 말라 죽었으며, 유행병까지 돌아 굶거나 병으로 죽는 사람이 부지기수였다. 때론 굶어 죽은 사람들의 시체가 길을 덮기도 했다. 끝내는 인륜상 해서는 안 될 레드라인을 넘어서는 일이 벌어졌다. 인육을 파는 사람까지 생겨난 것이다.

굶주림으로 인한 식인 행위는 단지 우리나라에만 있었던 것은 아니다. 가뭄 등으로 배고픔이 극에 달하면 때와 장소를 가리지 않고 세계 곳곳에서 식인 행위가 일어났다. 처음에는 죽은 사람의 살을 베어 먹다가 나중에는 생사람을 죽여서 먹었다. 어느 나라에서는 배고픔에 제정신이 아닌 어머니가 자신의 어린 자식까지 잡아먹기도 했다고 한다. 또다른 나라에서는 아기를 식용으로 팔기도 했다는 기록도 있고, 어느 지역에서는 자식들을 자기가 잡아먹지 않기 위해 서로 간에 자식들을 바꿨다고도 한다.

그러면 우리나라의 사정은 어땠을까? 조선 왕조에 들어서면서 기아로 인한 끔찍한 일이 자주 발생했다. 중종 때에는 가뭄이 심했고 특히 함경도에서는 기근도 심하여 사망하는 백성이 많았다. 북청 등 8개 읍에서는 기근이 더욱 심해 처자를 파는 자까지 생기고, 들에 죽은 자가 있으면 그 시체를 먹어 굶주린 배를 채웠는데, 얼마 안 가 그들 역시 죽었다고 한다.

우리 역사상 가장 비극적인 일은 경신 대기근 때 일어났다. 어머니가 자식을 삶아 먹은 상상조차 할 수 없는 사건이 발생한 것이다. 충청 감사가 당시 임금이던 현종에게 급보한다. 한 고을의 깊은 산골짜기에 사는 순례(順禮)라는 사비(私婢)가 다섯 살 된 딸과 세 살 된 아들을 죽여서 먹었다는 것이다. 그런데 마을 사람들이 확인해 보니 사실은 그녀가 전염병과 굶주림으로 어린 아들, 딸과 함께 사경을 헤매다 아들과 딸이 죽자 삶아 먹은 것이었다. 이 사건은 조정을 발칵 뒤집어 놓았다.

현종은 관할 백성을 제대로 살피지 못한 책임을 물어 해당 지역 현감의 직첩을 박탈했다. 또한 사건을 별것 아닌 것처럼 축소 보고하여 마치 예사로운 일로 보아 넘기는 듯한 처신을 한 충청 감사에게도 엄중한 책임을 물었다. 안타깝게도 아들과 딸을 삶아 먹은 어머니도 바로 죽고 말았다고 한다.

이 당시 상황은 비참하기가 이루 말할 수 없을 지경이었다. 을병 대기근 때는 한 도적이 짚으로 싸서 가매장한 시체를 파내 시체의 옷을 벗겨 입은 죄로 참형에 처해졌다. 심지어는 아직 목숨이 끊어지지 않은 사람의 옷을 벗겨 입고 그 사람의 살점을 베어 먹는 참혹한 상황까지 벌어졌다. 평안도 어느 고을에서는 양가집 여자 두 명이 다른 양가집 여자를 짓눌러 죽이고 그 인육을 먹기도 했다고 『조선왕조실록』은 기록하고 있다.

우리 역사를 바꾼 조선의 하늘, 그 비밀코드로의 시간여행

영조 때에도 인육을 먹은 사건이 일어나 조정이 다시 한 번 소동을 겪었다. 영조 8년(1732), 전라도에서 굶주린 백성이 사람 시체를 구워 먹은 사건이 발생했다. 임금은 현감을 즉시 파직하고 특별히 자책하는 교서를 내리면서 감선을 명했다. 감선은 가뭄 등의 재변 시에 임금이 반찬 가짓수를 줄이는 것인데, 영조로서는 이 사건을 심각한 재이로 인식한 것이다.

삼강오륜을 깨는 패륜은 계속 이어졌다. 한 지방에서는 곡식 때문에 아들이 아비를 죽인 끔찍한 사건이 일어났다. 한 고을의 관리가 춥고 배고파서 구걸하다가 자기 아들 집에 가게 됐다. 그런데 거기에 몇 말의 곡식이 있는 것을 보고서는 가지고 가려 하자, 그의 아들이 아비를 밀어 넘어뜨려 즉사케 한 비극이 발생한 것이다. 당시에는 부모 형제가 눈앞에서 죽어도 슬퍼할 줄도 모르고, 묻어 주려고도 하지 않을 정도였다.

기민(饑民)들의 유랑과 임금의 손길

가뭄 등으로 인해 흉년이 들면 백성들이 먹을 것을 찾아 여러 곳을 떠돌아다니는 것이 예사였다. 그러다 보니 조정에 대한 불만도 커져 결국에는 도적 떼가 일어나는 등 사회가 불안해졌다. 백성들의 유망(流亡)은 세수의 감소뿐 아니라 징병 등 여러 면에서 국력의 약화를 가져오는 요인이었다. 따라서 임금의 첫 번째 임무는 유랑하는 백성들을 위무하고 이들이 끼니를 굶지 않게 하는 것이었다.

신라나 고구려 등 삼국 시대에도 가뭄이 들면 많은 사람들이 식량을 찾아 떠돌았는데, 이때 임금이 직접 돌아다니며 굶주린 백성들을 어루만지거나, 신하를 파견하여 구제하고 창고의 곡식을 풀어서 구호했다.

신라에서는 여러 왕대에 걸쳐 기근이 들어 곳곳에서 도적이 일어났고, 헌덕왕(憲德王) 때에는 서쪽 변경에서 큰 기근으로 도적이 봉기하자 왕이 군대를 보내 이를 진압하기도 했다.

특히 백제에서는 가뭄으로 인해 기근이 들면 많은 백성들이 신라나 고구려로 도망을 갔다. 온조왕(溫祚王) 때에는 한수(漢水)의 동북(東北) 부락에 흉년이 들어 고구려로 도망간 가구가 1천여 호(戶)에 달했고, 동성왕 때에는 고구려로 넘어간 백성이 2천 명이나 되었다. 인구가 줄어든다는 것은 임금으로서는 여간 심각한 일이 아니었다.

고려 고종(高宗) 때에는 개경에 큰 기근이 들자, 남쪽 지방으로 먹을 것을 구하러 가는 백성이 길에 잇달았다. 심지어 조정의 관리들조차도 그러하자, 중방〔重房;고려 시대 군사(軍事)와 함께 일반 정사(政事)를 다루던 정치 중심 기관〕과 어사대에서는 관리들이 성문 밖을 나가지 못하게 했는데 이 때문에 굶어 죽는 관리들이 속출했다.

조선 왕조에 들어서도 상황은 비슷했다. 세종 때에도 예외는 아니었다. 즉위 초 경상도 백성이 전라도로 많이 옮겨 갔는데, 그것은 전라도의 농사가 비교적 풍년인 까닭이었다. 세종은 전라도의 각 지방 수령으로 하여금 유리된 백성을 보면 제 고향으로 돌려보내지 말고, 보는 대로 구제케 하여 굶주려 죽는 것을 면하게 했다.

세조도 유랑하는 기민에 대하여 진휼을 극진히 하게 하였다. 무엇보다도 관찰사와 수령들로 하여금 모든 구황에 관계되는 일에 정성을 다해, 백성들이 자기가 사는 곳에서 편안히 살게 하고 살 곳을 잃는 지경에 이르지 않게 했다. 특히 다른 도(道), 다른 고을로 가서 양식을 구해 노인과 어린아이를 봉양하고자 하는 백성에게도 노인(路引)을 주어 갔다가 돌아오는 것을 허락했다.

노인은 조선 시대 일반 백성들에게 발급한 여행허가증이다. 조선 초기부터 백성들은 이 노인이 없으면 여행을 할 수 없었다. 노인이 없는 행상의 상품은 몰수하였으며, 국방상으로 중요한 지역인 서북면의 여행은 더욱 어렵게 하여 이 방면의 여행자에 대한 노인법을 별도로 정하기도 하였다. 기근이 들어 식량을 구하러 다른 도나 읍으로 가려고 해도 노인을 발급받아야 하였고, 이를 어긴 자는 처벌되었다.[122]

세조는 또한 광나루・삼전도・한강・임진 등지에서 도승(渡丞;조선조 때 나루터를 관리하던 종9품 벼슬)으로 하여금 유랑하는 기민들을 평안히 머물러 살도록 조치시키고, 보리가 익을 때까지 그들이 머무는 고을의 쌀・콩・소금・장(醬)으로써 진휼하게 했다.

성종 역시 굶주린 백성들을 위해 은혜를 베푼 사람들에게 특별 조치를 취하는 등 적극적으로 대처했다.

성종이 굶주린 백성들을 얼마큼 정성을 다해 구호하려 했는지를 보여주는 대목이 있다. 한번은 성종이 구황할 때에 백성이 먹을 것을 찾아 멀리 떠나서 빈집이 되면 수령을 죄줄 것이라는 엄명을 내렸다.

---

122 최승희, 「노인」, 『한국민족문화대백과사전』, 한국학중앙연구원

그러자 수령들이 죄를 두려워해 빈 가옥을 아예 허물어 버리고 나무를 베어낸 후, 그 집터를 갈아 마치 밭이나 들판과 같이 만들었다. 이로써 수령들은 처음에는 자기의 죄를 모면할 수 있었지만, 이듬해 봄에 집주인들이 돌아와서는 처소를 잃고 의지할 곳이 없게 되는 어처구니없는 상황이 벌어진 것이다.

성종은 지방 수령들의 이런 꼼수를 방지하기 위한 묘책을 추진했다. 진휼사 등이 지방에 내려가서 순찰할 때, 만약 주민이 떠난 빈집이 있으면 제일 먼저 수령에게 주민의 소재지를 묻도록 했다. 알고 있으면 수령으로 하여금 그 백성을 불러다가 위로하게 하고 수령을 죄주지 않았으나, 만약 유민이 간 곳을 수령이 알지 못하면 엄하게 처벌했다.

기민에 대한 구제

가뭄 등으로 흉년이 들면 상황이 극한 지경에 이를 수 있기에, 임금들은 무엇보다도 백성들에 대한 진휼책을 시행하여 민심을 다독였다.

신라 성덕왕(聖德王)은 많은 사람이 굶어 죽자 한 사람에게 하루에 3되씩 곡식을 나누어 주었고, 원성왕은 백성들이 굶주리자 조 6만여 석을 내어 진휼했다.

고구려에서는 제9대 임금인 고국천왕(故國川王) 16년(194) 때 우리나라 최초의 사회 복지 제도라 할 진대법(賑貸法)을 시행했다. 당시에는 춘궁기에 곡식을 꿔먹어 아사(餓死)는 면했다 하더라도 비싼 이자의 빚을 갚

우리 역사를 바꾼 조선의 하늘, 그 비밀코드로의 시간여행

지 못하면 노예 신세를 피할 수 없었다. 이들을 채무 노비라 하는데, 귀족들이 부리는 노비 중에는 전쟁 포로 출신보다 채무 노비가 더 많았다고 한다.

고려에 들어서는 진휼 시에 쌀, 좁쌀 등의 곡식 이외에 다른 먹을거리도 배급했는데, 문종은 굶주린 백성 3만여 명을 모아 놓고 쌀·조와 함께 소금과 메주를 내려 주어 구제했다.

공민왕은 흉년이 들면 유비창(有備倉;백성들에게서 거둬들인 세금과 물자를 보관하던 관아)의 곡식을 싼값에 백성들에게 팔기도 했고, 보청사(普淸寺)라는 절에서 진제장(賑濟場)을 베풀기도 했다. 진제장은 흉년이 들어 백성들이 굶주릴 때 곡식을 내주거나 죽을 쑤어 나누어주던 장소를 말한다.

조선 왕조에 들어서는 임금들이 굶주린 백성들과 환과고독을 중심으로 다양한 형태의 구휼책을 폈는데, 홀아비·과부·고아·자식 없는 노인인 '환과고독'이야말로 조정에서 우선 지원해야 할 취약계층이었다.

굶주리는 백성들에게 정부 구호미를 지원하는 방식은 두 가지였다. 아무 대가 없이 무상으로 나누어 주는 진제(賑濟)와 의창(義倉)이나 사창(社倉)이 보관하던 정부 비축미를 봄에 꾸어 주고 가을에 이자를 붙여 환수하는 환상(還上)이 있었다. 환상은 진대(賑貸) 또는 환자(還子)라고도 불렸다. 형편이 조금 나으면 환상으로 주고 식량이 완전히 바닥난 백성에게는 진제했다.

흉년이 든 지역의 창고가 비어 있으면 다른 인접도의 창고 미곡으로 구휼하기도 했다. 당시는 "나라에 3년 견딜 저축이 없으면 나라 구실을 할 수 없다"라고 할 정도로 비축미 관리를 중요시하던 시절이었다.

조선 태종은 구호미 관리에 어느 임금보다 세심한 노력을 기울였다. 태종은 부자들이 곡식을 내어 굶주린 백성에게 꾸어 주게 하면서, 이자를 평상시의 이자 기준으로 가을에 갚도록 했다. 더 나아가 굶주린 백성들이 구호미를 아껴 먹도록 한꺼번에 주지 않고 우선 되나 홉〔合〕으로 나누어 주게 하여 씀씀이를 줄이도록 했다.

나중에는 기민들에 대한 구호 규정을 명확하게 정했다. 장년의 남녀는 한 사람 당 하루에 쌀 4홉, 콩 3홉, 매주 1홉씩, 11세에서 15세까지는 쌀 2홉, 콩 2홉, 비지나 장 반 홉씩, 5세부터 10세까지의 어린이는 쌀 2홉, 장 반 홉을 주고, 경우에 따라서는 황두(黃豆)로 장을 담가서 나눠주기로 한 것이다.

특히 세종은 고아들에 대한 구호책도 적극적으로 펼쳤다. 어느 해에는 전라도가 조금 풍년이 들자, 다른 도의 굶주린 백성들이 모두 가서 얻어먹는 상황이 되었다. 그런데 가는 도중에 부모들은 어린아이를 먹이지 못해 길가에 버리거나 혹은 나무에 매어 놓고 가고, 또는 남의 집에서 하룻밤 자기를 청하고서는 어린아이를 버리고 가는 사람이 많았다. 그러자 임금이 호조에 명하여 긴급히 구휼하도록 했다.

이와 함께 세종은 비축해 놓은 곡식이 천 석 이상 되는 사람에게는 그 집에 1년 먹을 양식만 남기고 나머지 곡식을 환상곡의 이자에 해당하는 것만 받고 굶주린 백성에게 꾸어 주게 했고, 풍년이 드는 해에 수령이 대신 받아서 주인에게 돌려주게 했다.

하루는 서울에서 혼자 사는 여성 시각 장애인 29명이 북을 치면서 집단 시위를 벌였다. 이유인 즉 일찍이 환상곡을 꾸어 먹었으나 가난한 탓

우리 역사를 바꾼 조선의 하늘, 그 비밀코드로의 시간여행

으로 갚지 못하겠으니, 저화(楮貨;고려 말, 조선 전기에 닥나무 껍질로 만들어 쓰던 종이 돈)로 대신 갚기를 원하는 것이었다. 세종은 그들의 요구를 들어주었다.

구호 담당 관리의 처벌과 포상

백성들이 굶주려 죽는 상황에서 관계되는 지방 관리들이 진휼을 잘못했거나, 심지어 구호미를 횡령하였을 경우에 임금은 엄중한 처벌을 내렸다. 반면에 임금의 애민 시책이 제대로 시행되었을 경우에는 관계자들을 후히 포상했다.

조선 태조는 마음을 다하여 구호한 수령에게는 그 살린 사람 수로써 표창하거나 전보 시에 특별 배려하고, 마음을 쓰지 않아 백성을 굶어 죽게 했을 때는 중죄로 처벌했다.

한편 태종은 나름대로 기준을 정한다. 다양한 방법으로 백성들을 구휼하여 굶주려 죽는 일이 없게 한 수령에 대하여는, 관찰사의 공적 사항 보고를 토대로 보직 관리에서 그를 우대했다. 임기가 차지 않은 수령에 대하여는 자급을 1등급 올려 주고, 구호를 제대로 못 해 관내 백성이 한 사람이라도 굶주려 죽는 일이 있으면 즉시 파직했다.

특히 세종은 기민 구제에 힘쓰지 않는 지방관들을 더욱 엄하게 처벌했다. 죄가 크면 파직하거나 장 1백 대에서 70대까지 쳤으며, 경미한 실수를 저질렀을 경우에도 볼기 50대에 벌금을 물렸다.

당시에는 진휼을 잘못하여 백성을 굶어 죽게 했을 경우에는 형률에 곤장 1백 대를 치고 자자(刺字)에 처하도록 규정되어 있었다. 자자는 얼굴이나 팔뚝의 살을 따고 홈을 내어 먹물로 죄명을 찍어 넣던 형벌이다. 얼굴에 죄명을 문신까지 했으니 본인은 물론이고 가족들도 얼마나 수치스러웠을까? 그야말로 '얼굴' 들고 나다닐 수 없도록 하는 형벌이었다.

나중에는 도내의 백성들을 많이 굶어 죽게 했을 때 수령만 처벌하고 감사에겐 죄를 묻지 않는 것이 실로 불공평하다 하여, 감사까지도 모두 관직에서 퇴출시켰다. 그뿐만이 아니다. 파직된 감사가 한양으로 올라올 때는 관용마 대신 자기의 개인 말(私馬)을 타고 오도록 했으니, 그가 느낄 치욕은 이루 말할 수 없었을 것이다. 이러니 어느 관찰사나 어느 지방 수령이 굶주린 백성 구호를 어찌 대충대충 하겠는가.

당시 굶주린 백성들에 대한 구호에 있어 지방 관리들의 관할 구역 떠넘기기가 있었다. 평안도 상원(祥原)에 거주하는 나이 12세 된 사내아이가 인접한 강동(江東)의 진제장에 들어왔는데, 너무 굶주려 제대로 걷지도 못할 정도였다. 이때 전곡(錢穀) 출납을 담당하는 관리가 그 아이를 바로 구료(救療)하지 않고 소에 태워 다른 진제장으로 보냈다. 이 관리, 무사할 리가 없었다. 어명을 어긴 율에 따라 곤장 1백 대를 맞았다.

세종은 구호미 부정에 대해서는 어느 임금보다 엄격했다. 특히 구호미를 도적질한 고을 수령은 목 베어 죽이기까지 했다. 한번은 덕천(德川) 고을 수령이 기민에게 줄 구호미를 횡령하자 세종은 그를 참형에 처하게 한다.

"이 사람은 진제미(賑濟米)를 도적질하여 백성들을 굶어 죽게 하였으니, 다른 장물 먹은 관리와 비할 것이 아니다."[123]

한편 영조는 직무에 태만한 수령에 대해서는 기민의 많고 적음을 확인해 봉급을 3분의 2 또는 3분의 1을 감하라는 명까지 내렸다. 임금이 감봉 조치를 내린 것이다.

그러면 기민 구호 시책을 잘 처리한 관원에게는 어떤 포상이 주어졌을까? 대부분은 승급이었다. 공무원에겐 승진만큼 효과 큰 것은 없을 터. 세조는 포상해야 할 관리가 승급의 여지가 없으면 다른 가족을 대신 포상했다.

대표적 인물이 당시 남원 부사 이언(李堰)이다. 이언은 여러 가지 구호 시책을 성심성의껏 잘 처리하여 승급시키려 했는데, 이미 자급이 다하여 품계 승급이 어려웠다. 세조는 대신 사위를 서울 소재 관아의 관원으로 제수한다.

성종은 전주 백성들이 재해를 입은 주민을 잘 진휼한 전주 부윤 윤효손(尹孝孫)의 업적을 기록하여 포상해 줄 것을 임금에게 청하자, 격려 편지와 함께 중국산 옷감인 당표리(唐表裏)를 하사하기도 했다.

---

123 세종 6년(1424) 8월 15일(성사) 3번째 기사 일부, 세종실록 25권
(국사편찬위원회 조선왕조실록 http://sillok.history.go.kr/id/kda_10608015_003 accessed 2018.04.21.)

임금을 속인 관리, 관리를 속인 백성

세종은 흉작을 풍작으로 꾸며 허위 보고한 경차관(敬差官; 조선 시대에 지방에 파견하여 임시로 일을 보게 하던 벼슬. 주로 전곡(田穀)의 손실을 조사하고 민정을 살피는 일을 하였다)을 엄중히 처벌토록 명을 내렸다.

> "이야말로 토색질하는 놈이니, 사헌부로 하여금 엄중히 처벌하게 해야 한다."[124]

세종이 이렇게 격한 언사까지 사용한 것을 보면 어지간히 화가 났었던 모양이다. 세종은 특히 지방관들의 농작물 작황 보고와 구휼 조치 등에 대해 아주 민감했다. 당시 일부 지방 수령들은 진휼미를 중간에서 빼돌리거나 혹은 죽에 물을 더 많이 부어 남는 구호미를 챙기기도 했다.

그러면 죽의 묽기는 어느 정도가 적당했을까? 그때는 죽에 젓가락을 꽂았을 때 쓰러지지 않아야 한다는 나름의 기준이 있었다. 그러나 물을 너무 많이 넣다 보니 죽이 아니라 미음(米飮)이나 심지어는 국물이 되기도 했다. '죽 그릇에 그림자가 어른거린다'는 말이 나올 정도로 죽이 아니라 물이 된 것이다.

---

124   세종 1년(1419) 1월 17일(임술) 5번째 기사 일부, 세종실록 3권
       (국사편찬위원회 조선왕조실록 http://sillok.history.go.kr/id/kda_10101017_005
       accessed 2018.04.04.)

이러다 보니 죽에 관한 속담도 많이 생겨났다. 죽을 타 먹는 사람들이 국물이 된 죽도 못 얻어먹게 되어 '국물도 없다'는 말이 이때 유래되었다는 설도 있다. 어디 그뿐인가, '죽 떠먹은 자리', '죽도 밥도 아니다', '죽 쒀 개 좋은 일 하였다'거나 '얻은 죽에 머리가 아프다' 등등 수없이 많다.

죽 가지고 장난친 사람만 있었던 것은 아니다. 성종 때는 경차관이 현장 조사를 할 때, 경기도의 한 지방 현감이 관내 유민의 빈 집에 다른 사람을 들어가서 살게 하여 마치 백성이 떠돌아다니지 않는 것처럼 속였다. 성종은 그 현감의 간사함이 막심하다 하여 한 자급을 강등시킨다.

한편 허위 과장 보고로 임금의 격려 편지까지 받은 지방관도 있었다. 어느 날 평안도 감사가 성종에게 보고했다. "백성들 가운데 굶주려 부종이 나서 죽기에 이른 자는 없으며, 이제 또 날이 따뜻해지고 눈이 녹으니 물고기와 푸성귀들을 먹을 수 있게 되어 더욱 염려가 없습니다."

성종은 흐뭇했다. 도내의 백성들을 굶주리지 않게 했다 하여 평안도 감사에게 노고를 치하하는 편지를 보냈다. 그런데 실제로는 평안도 감사가 자기가 한 구호 업무에 대해 과장으로 보고하여 칭찬을 받은 것이다.

그러면 관리를 속인 백성은 없었을까? 예전에도 원칙을 어기고 사익을 차린 사람들이 있었다. 일부 몰지각한 사람들은 쌀 등의 곡식을 숨겨 두고는 마치 굶어 죽는 시늉을 하여 무상 구호미를 타 먹는 사람까지 있었다.

어느 고을에서는 백성 중에 땅이 있고 친척이 있는 자는 응당 환상미를 꾸어 먹어야 하는데도, 거짓으로 땅과 친척이 없다고 하고는 무상 구호미를 받은 자가 자못 많았다.

그뿐만이 아니다. 양반 부자들 가운데는 자신들은 따뜻한 밥을 지어 먹으면서 노비들은 진휼소에 보내 죽을 타 먹게 하는 얌체까지 있었다. 이러다 보니 죽을 줄 때는 반드시 호주가 누구인지 확인하여 함부로 죽을 타 먹는 사람을 막을 정도였다.

반대로 환상곡을 갚겠다는 것을 징수하지 말라고 한 아주 특별한 사례도 있었다. 세종 때의 일이다. 고인이 된 전 병조 판서 이수(李隨)의 아내 신씨(申氏)가 일찍이 서울에서 환상곡 26석을 꾸어 남편과 부모의 초상을 치르는 데 썼는데, 집이 가난해 갚지 못하고 있었다. 그러다가 계속 독촉을 받자 신씨는 지방으로 나가서 해당 지역의 창고에 바치게 해 달라고 요청했는데, 임금이 이를 딱하게 여겨 징수하지 말라고 명한다.

세종은 이수와 특별한 인연이 있다. 이수는 애초 태종의 부름을 받고 지방에서 올라와 당시 대군으로 있던 세종의 스승이 되었으며, 나중에 이조 판서도 역임했다. 그는 겉치레를 좋아하지 않았고 이재(理財)에는 아예 관심조차도 없었으며, 여러 벼슬을 거쳤어도 항상 부지런하고 행동거지가 단정했다. 이수는 병조 판서로 있을 때 안타깝게도 낙마 사고로 목숨을 잃었다.

세종은 이수의 부고가 들리자 3일 동안 조회를 중지했을 정도로 이수의 죽음을 애석해했다. 이조 판서와 병조 판서, 즉 오늘날의 행정 안전부 장관과 국방부 장관을 역임했던 고관의 집에서 퇴직 후 호구가 어려워 정부의 환상곡을 타 먹고 갚지도 못했다니, 이는 이수가 조선 선비들의 청렴결백과 멸사봉공의 이도(吏道)를 잘 보여 준 징표라 할 것이다.

이수는 사후에 문정(文靖)이라는 시호를 받는다. 배우기를 부지런히 하

고 묻기를 좋아하는 것이 문(文)이요, 행실을 공손히 하고 말이 적은 것
이 정(靖)이니 이수를 정확하게 묘사한 시호라 아니할 수 없다.

2

재해, 노블레스 오블리주와
고통 분담으로 이겨 내다

임금부터 자기희생

가뭄 등 재해가 닥치면 임금부터 고통을 짊어지고 솔선수범했다. 가뭄
이 길어지면 임금은 반찬 가짓수를 줄이고 고기반찬을 먹지 않았으며(撤
膳), 정전을 떠나 다른 곳에 머물고 철악(撤樂)이라 하여 풍악도 금했다.

고려 문종의 경우에는 가뭄 때에 수라상에 육포와 젓갈만 올리게 했
고, 충렬왕은 흉년이 들면 굶주리는 백성들을 생각해 상수리를 먹기도
했다. 공민왕은 가뭄으로 경상도와 전라도에 큰 기근이 들어 많은 사람
들이 굶어 죽자, 근신하는 뜻으로 하루에 한 끼만 먹기도 했다. 임금들
의 고통 분담과 자기희생 정신의 발로다. 조선 태종도 가뭄이 있을 때에
는 눈물을 흘리면서 하루에 한 번만 수라를 들거나, 한 끼만 고기반찬을
들기도 했다.

임금들은 하늘의 견책에 답하는 뜻에서 집무까지도 힘든 곳에서 했
다. 고려 선종은 3개월이나 비가 오지 않자 지붕도 없는 곳의 땡볕에 앉

은 채로 정무를 보았다. 그러면서 신하들에게 말한다. 뜨거운 한낮인데도 "벌벌 떨리도록 두렵다"라고 말이다.

자기희생의 백미를 보여 준 임금은 조선의 성종이다. 성종은 점심때 수반(水飯)이라 하여 물에 만 밥만 먹기도 했을 뿐만 아니라, 임금의 수라를 짓는 쌀인 어반미(御飯米)를 줄이기까지 한다.

나중에 성종은 한명회 등 중신들의 반대에도 불구하고 수라의 쌀을 1되 5홉으로 줄이기도 했다. 영의정 정창손이 와서 수라의 쌀이 너무 적다고 아뢰었으나 임금은 듣지 않는다. "비록 2되의 쌀인들 내가 어찌 다 먹겠느냐?"고 하면서 말이다. 정창손 등이 계속 간곡히 청하자 마지못해 거의 두 달 만에 원상 복구했다.

성종의 어반미 줄이기는 점점 강도를 더해 간다. 성종이 낮수라의 쌀〔晝飯米〕을 더 줄이도록 명한 것이다. 사옹원(司饔院;궁중의 음식에 관한 일을 맡아 보던 관아)제조 유자광(柳子光)이 "비록 한 되의 쌀을 줄이지 않는다 하더라도 국가의 비용에 무엇이 감손되겠느냐?"라면서 "무엇보다도 한 되의 쌀로 큰 솥에다가 취사하기가 매우 어렵다"라고 건의했다.

성종은 자기의 뜻을 관철하려 했으나 유자광의 진언에 한발 물러선다. "비록 하루에 한 되씩 저축한다 하더라도 남아도는 것이 있을 것이다. 그러나 취사하기가 정말 어렵다면 줄이지 말도록 하라."

성종의 자기희생은 계속 이어진다. 조하(朝賀;경축일에 신하들이 조정에 나아가 임금에게 하례 드리던 일)는 인정전 처마 아래에서 받고, 조참(朝參;중앙 기관에 있는 문무백관들이 정전에 모여 임금에게 문안드리는 조회)은 인정전 월대 위에서 받았다. 또한 경연은 임금의 집무 공간인 선정전 복도에서 행했으며, 정사는 선정전 처마 밑에서 보기도 했다.

성종은 지방 수령들이나 시골의 백성들이 임금이 가뭄을 걱정하지 않는 것으로 생각할까 봐, 신하들을 각도에 보내 본인의 감선 조치를 널리 알리게까지 했다.

한편 선조와 숙종은 흉년이 들면 임금에게 바치는 쌀인 어공미(御供米)를 줄여 굶주린 백성들을 구호케 했고, 명종은 소선(素膳;어물이나 육류를 쓰지 않는 간소한 반찬)에 들어가는 식재료 중에 우엉 뿌리와 싸리버섯은 민간에서 거둬들이는 데 폐단이 있다 하여 역시 감하라고 했다.

이러한 일들은 가뭄 등의 재해가 임금의 부덕의 소치에 기인한다는 인식이 있었기 때문에, 임금이 근신하는 차원에서 행하던 조치였다. 임금이 피전하면 상참과 정사를 돌보는 일도 정지했는데, 원칙적으로 피전과 감선 등은 입추가 되면 원상 복구되었다.

가뭄이 심하면 말들까지도 고통을 나누었다. 임금까지 솔선수범하는 데 동물이라고 예외가 있을 수 없었다. 고려 정종은 가뭄이 계속되자 관청에서 관리하는 말에게 곡식을 먹이지 말도록 하였고, 어느 해에는 매와 사냥개 등 곡식을 먹는 짐승을 없애기까지 했다.

관료들의 봉급 삭감과 인원 감축

조선 왕조에서는 흉년이 들면 국가 비용을 줄이기 위해 조정의 관리 중 필수불가결한 사람 외에는 인원을 감축했다. 중요하지 아니한 자리에 결원이 생기면 보충하지 않는 방식이었다. 세조 때에는 성균관 유생까지 1백 명을 감했다.

어디 그뿐인가? 태종 때에는 각 기관의 점심 제공도 없앴는데, 당시에는 선반(宣飯)이라 하여 끼니때에는 관아에서 관원들에게 식사를 제공했다. 주로 점심 급식이었다. 예전에는 하루에 식사 두 끼, 즉 아침과 저녁을 먹었고, 점심은 그 중간에 허기를 달래려고 가볍게 먹는 간식이었다. 말 그대로 뱃속에 점을 찍을 만큼의 적은 식사였다.

점심은 임금의 경우도 비슷했다. 임금의 일상식은 하루 다섯 번인데, 정식 식사는 아침 10시경의 아침 수라와 저녁 5시경의 저녁 수라였다. 정식 식사 외에는 조반 전의 식사인 초조반(初朝飯)과 간단한 점심 그리고 야식이 있었다.

관청에서 점심 식사를 제공하다 보니 웃지 못할 상황도 벌어졌다. 한번은 중신들을 시중드는 종자(從者;수행원)들에게 각기 자기 그릇을 가져와서 주인이 먹다 남은 밥을 받아먹도록 했다.

이게 도대체 무슨 말인가? 당시에는 모든 관원이 대궐 안에서 밥을 먹고는 먹다 남은 밥을 그릇째 종자에게 주는 것이 관행이었다. 그러다 보니 그릇이 없어지는 게 다반사였고, 특히 주인과 노복이 같은 그릇에 먹는 것이 적당치 않다고 병조에서 강하게 건의하여 이러한 조치가 취해지게 되었던 것이다. 상하의 위계질서가 강했던 무관들에게는 기존의 관행에 거부감이 더 있었을 것이다.

한편 세종은 경비를 줄이는 차원에서 관리들의 점심 제공을 없애면서도 학생들에 대하여는 크게 줄이지 않았다. 여러 해 흉년이 들어 비축미가 부족해도, 해가 길 때에는 유학 학생들에게 물에 삶은 밥을 주도록 한 것이다.

의외로 연산군도 학교 유생들의 음식만큼은 줄이지 말도록 전교하면서, "학교는 인재를 양육하는 곳이므로 비록 흉년을 만났지만, 아무 하는 일 없이 먹기만 하는 예가 아니니, 유생들에게 음식 먹이는 비용을 줄이지 말라"라고 한 것이다. 조선 왕조에서는 대부분의 임금들이 성군 여부를 떠나 정부 차원에서 인재 육성에 심혈을 기울였음을 보여 준다.

세종은 또한 노인에 대한 지원도 줄이지 않았다. 어느 날 강원도 감사가 예산이 부족하다는 이유로 100세 된 노인에게 주는 요식(料食)에서 5 석을 줄이자고 임금에게 주청했다. 세종은 100세 노인에 대한 경로 정신을 언급하면서 강원도 감사에게 답을 한다.

> "백 세가 된 노인은 세상에 항상 있지 않으니 의리상 마땅히 후하게 구휼(救恤)하여야 될 것이다. 전에 주던 수량대로 10석을 주게 하라."[125]

무엇보다 중요했던 시책은 각급 관원들의 급료를 줄인 것이다. 전 공무원 감봉 조치다. 1품부터 2품까지는 콩 3석을 감하고, 3품부터 6품까지는 콩 2석을, 7품 이하는 콩 1석을 감했으며, 면주(綿紬:명주)와 정포(正

---

125   세종 18년(1436) 7월 27일(경신) 2번째 기사, 세종실록 74권
        (국사편찬위원회 조선왕조실록 http://sillok.history.go.kr/id/kda_11807027_002
        accessed 2018.12.21.)

布:품질이 좋은 베) 그리고 동전(銅錢)은 모두 삭감했다. 고위직이 더 고통을 짊어지는 방식이었다.

세종의 예산 절감 노력은 계속된다. 각 관아와 궐내의 씀씀이를 줄이는 한편, 대전과 중궁, 동궁의 궁녀까지 출궁시키고, 남아 있는 중궁과 동궁의 시녀 월봉도 줄였다.

그러나 출궁당한 궁녀가 마땅히 의지할 곳이 없는 경우에는 도로 궁으로 돌아오게 하기도 했다. 특히 태종 때에 가뭄으로 출궁된 궁녀들이 의지할 곳이 없어 매우 어렵게 살고 있다는 이야기를 들은 세종은 이들을 다시 궁궐로 불러들였다.

성종도 정부 예산 절약에 적극적이었다. 성종은 흉년이 들면 겨울 맹삭(孟朔;사계의 첫 달)과 다음 해 맹삭 때 동반·서반 불문하고 6품 이상의 녹봉미(祿俸米)를 1석씩 감했다. 더 나아가 대전과 중궁의 차비인(差備人;특별한 일이나 임무를 맡기기 위해 임시로 임명하는 관원)의 삭료미(朔料米;한 달분의 급료로 주는 쌀)도 각각 한 말씩 줄였다.

경신 대기근으로 사정이 극히 어려웠던 현종 때에는 경비 절약이 더욱 다양한 형태로 행해진다. 어공(御供;임금에게 물건을 바치는 것)을 줄이고, 모든 관리들의 녹봉도 각기 1석씩 감했다. 또한 얼마 후에는 녹봉도 산료(散料)로 주도록 하면서, 산료 15말 이상을 받는 자는 1말, 20말 이상인 자는 2말을 감하도록 했다. 녹봉은 관리들에게 일 년 또는 계절 단위로 지급하던 쌀, 보리, 명주, 베 등이며, 산료는 녹봉을 월 단위로 배급하던 것을 말한다. 월급인 셈이다.

봉급 삭감 외에도 태종 때에는 재상의 장례에 주던 부의까지 감했다.

본래 재상이 사망했을 때는 국가에서 1품 이상은 예장(禮葬)하고, 정2품은 부의로 쌀과 콩을 합하여 40석, 종2품은 30석으로 하는 것이 전례였는데, 흉년의 재앙이 있거나 전쟁 때에는 각각 10석을 감했다.

심지어 영조는 흉년이 들었다 하여 수령이 교자(轎子) 타는 것도 금했을 정도였다.

노블레스 오블리주

예전에도 어려울 때는 불우 이웃 돕기에 적극적으로 나선 사람들이 있었다. 고려 명종 때 가뭄이 계속되자, 그에 따른 기근을 우려해 고인이 된 재상 최충렬(崔忠烈)의 아내가 쌀 100석을 나라에 바쳤다. 최충렬은 고려 후기에 참지정사, 중서시랑평장사(中書侍郎平章事, 정2품) 등을 지냈으며, 무인으로서 재상의 반열까지 오른 인물이다.

우왕 때에는 큰 부자였던 칠원부원군(漆原府院君) 윤환(尹桓)이 휴가차 칠원(경상남도 함안 지역의 옛 이름)으로 갔다. 그때, 큰 흉년이 들어서 많은 사람들이 굶어 죽는 비참한 상황까지 벌어지자 가산을 풀어서 그들을 구제하고, 빈민에게 돈을 빌려준 문서는 모두 불사른다. 당시 가뭄이 오래 지속되고 있었는데, 윤환의 땅에서 물이 솟아나 다른 사람의 땅까지 적셔 크게 풍년이 들자 경상도 백성들이 그를 높이 칭송했다고 한다. 하늘이 윤환의 온정에 보답한 것이 아닐까 싶다.

기득권을 내려놓는 데에는 세종이 어느 임금보다도 앞장섰다. 세종은 본인의 고통 분담 외에 한발 더 나아가 왕자들의 과전(科田)을 차등을 두어 감했다. 과전은 과전법에 따라 관리들에게 나누어 주던 토지다. 세종은 가뭄에 이은 흉년 때문에 안평대군 등 왕자들과 사위, 그리고 친손자의 과전부터 감했다. 그러면서 세종은 자기의 심회를 밝힌다.

> "(상략) 이 토전(土田)을 감하는 것이 어찌 천견에 답하고 백성의 굶주림을 구제할 수 있겠는가마는, 그러나 공경하고 두려워하기를 심하게 하매 이렇게 하지 않을 수 없다."[126]

특히 세종 때에는 임금이 거둥할 때 쓰는 내구마(內廐馬)와 일반 관용말인 외구마를 합하여 670여 필을 300필로 대폭 줄였고, 지방 관청의 말도 감축했다. 지금으로 치면 청와대의 관용차부터 과감하게 줄인 것이다. 세종은 흉년 때문에 유수·부목·도호부·지관·목판관의 종자와 마필도 감했다. 종자는 각각 1인을 감하고, 마필도 각각 작은 말 1필을 감하게 했다.

세종은 말 사료까지 줄이게 했다. 여름철에 임금이 타는 내승마(內乘馬)는 사료량이 콩 7되씩이었고 그 나머지는 5되씩이었는데, 흉년이 닥치자 내승마는 40마리에서 10마리를 줄이고, 사복시(司僕寺;궁중의 가마나 말

---

126 세종 19년(1437) 1월 12일(임인) 1번째 기사 일부, 세종실록 /6권
(국사편찬위원회 조선왕조실록 http://sillok.history.go.kr/id/kda_11901012_001
accessed 2019.01.04.)

에 관한 일을 맡아보던 관아)의 말 270마리 중에 140마리의 사료 콩을 각각 2되씩 감하였다가 가을에 가서야 복구하도록 했다.

　노블레스 오블리주 정신은 세종에게만 있었던 것이 아니다. 세종의 세자 시절 세자빈에게도 있었다. 양녕이 폐세자되자 시어머니였던 원경왕후는 폐세자빈이 쓰던 물건들이 꺼림직해서 바꿔 주려 했다. 세자빈은 가뭄으로 백성들이 고통을 겪고 있는데 멀쩡한 가구를 바꾸느라 내탕금을 낭비할 수는 없다 하여 시어머니의 명을 거역하기도 했다. 세자빈은 세종이 왕위에 오르면서 소헌왕후가 된다.

3

임금들의 흉년 타개책

임금들의 흉년 극복 전략

흉년이 들면 임금에게는 무엇보다도 갖은 방법을 동원하여 기민들의 배고픔을 해결하는 것이 최우선의 과제였다. 오죽이나 다급했으면 정부의 의창 곡식뿐만 아니라 군량미까지도 기민 구제에 사용했을까.

임금들은 식량 구호 외에도 굶주린 백성들의 마음을 달래고 삶의 의욕을 돋우는 데 신경을 썼다.

조선 태조는 흉년이 들면 사회적 약자부터 챙겼다. 80세 이상의 노인, 효자, 조부모를 잘 받들어 모시는 손자인 순손, 의부 및 절부(節婦;절개를 지키는 부인)와 가난하고 병들어 스스로 살아가지 못하는 사람에 대하여 지위의 높고 낮음에 관계없이 잡역(雜役)을 모두 면제했다. 특히 효자·순손·의부로서 쓸 만한 사람은 조정에 별도로 보고하여 관직 채용 시에 특별 배려도록 했다.

백성들의 구호를 담당한 호조에서는 흉년 시에 다양한 시책들을 내놓았다. 그중에는 재랑(齋郞)·악생(樂生)·향교(鄕校)·역학생도(譯學生徒)를 방학하게 하고 또한 교관들도 제집으로 돌아가게 하는 것도 포함되어 있었다.

특히 세종은 농사가 잘 되지 않은 지역에서는 다음 해의 추수기까지, 재산 증식을 꾀하는 행위와 도붓장사(行商)를 일체 금지시키고 상인들을 단속하게 했다. 그 이유는 흉년이 들어 살아갈 길이 막막한데도 일부 백성들이 앞날은 생각지도 않고 그나마 있는 곡식으로 필요치도 않은 물건을 사들이자, 기한을 정해 이를 엄격히 금지토록 한 것이다. 당시 일부 백성들의 충동구매 풍조가 빚어낸 정부 시책이었다.

또한 세종은 관리들이 오직 백성 구제에만 전념할 수 있도록 가을 수확기가 될 때까지 십악(十惡), 즉 대명률(大明律)에 정한 열 가지 큰 죄와, 남을 침해하였거나 풍속에 관계되었거나 근거 없이 땅을 탈취한 것을 제외한 잡다한 소송 업무를 모두 정지시켰다.

한편 성종은 흉년 시의 기민 구휼을 위해 기발한 방법을 생각해 낸다. 하루는 대소 신료들에게 사사로이 비축해 놓은 곡식이 있으면, 집안에서 쓸 분량만 제외하고 각각 그 남는 것을 내어서 백성을 살리고자 하는 임금의 뜻에 부응하라고 명한다. 임금의 명이 있은 지 며칠 후, 영의정 윤필상이 충주에 있는 자기 땅의 곡식 500석을 바치며 솔선수범했다.

그뿐만이 아니다. 조선 왕조에서는 납속상직(納粟賞職)도 추진했다. 나라의 재정난 타개와 구호 사업 등을 위해 돈이나 곡물을 나라에 바치게 하고, 그 대가로 벼슬의 품계를 올려 주거나 실제의 관직까지 제수했다. 이를 납속수직(納粟授職) 또는 납속보관(納粟補官)이라고도 했다. 아울러 노비나 천민이라도 돈이나 식량을 바치면 노역을 면제하거나 면천(免賤)해 주는 면천속량(免賤贖良) 제도도 시행했다.

납속상직의 내용은 상당히 세밀하다. 현종 2년(1661)에 조정된 기준으로 볼 때 명예직인 노직으로 통정(通政;정3품 문관의 품계)이 되는 경우 60세 이상은 쌀 4섬, 70세 이상은 3섬, 80세 이상은 2섬을 각각 바쳐야 했고, 통정에서 가선(嘉善;종2품 문무관의 품계)으로 오를 때는 2섬을 바치게 했다.

실제로 업무를 담당하던 관직인 실직(實職)의 경우, 찰방(察訪)·별좌(別坐)·주부(主簿)는 쌀 10섬을 바쳤고, 판관(判官)은 11섬, 첨정(僉正)은 13섬, 부정(副正)은 14섬, 통례(通禮)와 정(正)은 15섬, 첨지(僉知)는 30섬, 동지(同知)는 40섬을 바쳤다. 동지는 중추부의 종2품 벼슬로 참판이나 관찰사와 같은 직급이므로, 현재로 보면 차관이나 도지사 자릿값이 쌀 40섬이었던 것이다.

곡물을 바치고 관직에 오른 사람이 임시로 증설된 동지 직위로 오르려면 25섬을 더 바쳐야 하고, 승려로서 통정을 받으려면 8섬을 바쳐야 했다. 하다못해 향교에 다니는 교생(校生)들이 쌀 4섬을 바치면 과거 시험에서 10년간 강서(講書) 시험을 면제받았으며, 8섬을 바치면 종신토록 면제받았다.

한편 납속면천의 경우 성종 때에는 한 사노(私奴)가 쌀 2,000석을 납속하고 그의 아들 4명을 면천시킨 적이 있었으며, 명종 때에는 일부 지역에서 쌀 50~100석을 바치면 면천 종량(從良)시켰다.

사정이 너무다 급박하다 보니 나라에서는 이렇게까지 해서라도 굶주린 백성들의 배를 채워 주려 한 것이다.

각종 요역의 면제와 조세의 감면

가뭄이 들거나 홍수 등이 나면 조정에서는 해당 지역 백성들에게 조세나 부역 등을 감면했다. 신라 헌덕왕은 나라 서쪽에서 큰 홍수가 나자 신하를 보내 수해를 입은 지역의 백성들을 위로하고, 1년 동안 조세를 면제했다. 백제 고이왕(古尒王)은 겨울에 백성들이 굶주리자 창고를 풀어 구제하고, 1년간 토지세와 호구세를 면제했다. 예나 지금이나 재이가 발생했을 때 주요한 구휼 시책의 하나는 조세 감면이다.

조선 왕조에서는 관찰사 등의 실농(失農) 보고가 있으면 해당 지역의 각종 부역을 면제하고, 별패(別牌)·시위패(侍衛牌)의 한양 군영 파견 근무도 중지했다.

태종 때에는 가난한 백성들이 흉년으로 인해 꾸어 쓴 돈을 갚을 수가 없는데도 채권자들이 본전과 이자 상환을 독촉해, 품팔이를 하고 심지어는 자식을 파는 사람까지 생겼다. 이에 임금은 전국에 걸쳐 특정 시점 이전에 꾸어 준 공사(公私)의 묵은 빚은, 그 본전만을 받고 이자는 받지 말도록 이자 면제 조치를 취하여 빈궁한 백성들에게 혜택을 주었다.

아울러 태종은 임금 행차가 지나간 길 양쪽 보리밭의 피해를 감안하여 그 조세를 감면한다고까지 하였다. 또한 실농한 각 고을에는 각 기관에 소속된 노비가 나라에 특산물을 바치던 것도 면제했다.

특히 태종은 백성들이 국가의 각 기관에 바치는 지역 특산품인 꿀·촉랍(燭蠟)·잣·탄(炭)·표범 가죽·오미자·인삼·말린 고기·유밀(油蜜)·말 먹이용 짚이나 철(鐵) 등의 공물도 면제해 주었다. 당시에는 백성들이 국가에 바치는 특산물도 갖가지였다. 이와 함께 조세를 해당 지역의 관청에 내지 않고 인근의 구황 필요 지역에 내도록 하는 '납세 지역 선택제'를 실시하기도 했다.

애민 군주 세종은 어떤 조치를 취했을까? 할 수 있는 조치는 다 했던 것 같다. 실농한 지역의 각급 관청 노비에 대해, 전부 실농한 자는 몸으로 치르는 노역 대신에 삼베나 무명, 모시, 쌀, 돈 등으로 납부하던 세를 면제했고, 그다음 가는 자는 절반을 감해 주도록 했으며, 수재로 인해 가옥이 유실된 백성에게는 3년 동안 부역을 없앴다.

흉작이 심한 지역은 조세를 전부 면제하고, 가뭄이 심한 지역에서는 공물도 감했다. 세종은 이재민에 대한 구호에 있어서만큼은 만기친람(萬機親覽)했다. 호조에서 각 고을 공물 목록을 써서 바치면 임금이 일일이 직접 보고 10분의 8 내지 9를 감했다. 10~20%만 바치라는 것이니 명맥만 유지시킨 것이다. 기민들에게 정부미를 방출할 때도 시장 가격의 10~20%만 받게 했다.

가뭄 때문에 환상을 갚지 못하는 백성에게는 환수하지 않도록 조치했다. 아울러 세종은 속전(贖錢)이라 하여 죄를 면하고자 바치는 돈의 납부 기한을 연장해 주기도 하고, 토호(土豪) 외에 과오를 범한 사람에게는 가을을 기다려 이를 징수하게 했다.

백성들에 대한 구휼은 가뭄 이외에 충해(蟲害)가 있을 때도 해당 지역에서 월과군기(月課軍器;매달 각 지방 관아에서 만들어 군기감에 바치던 군수 물자)를 면제하는 등의 방법으로도 시행되었다.

세종은 그러나 강무(講武)만큼은 중지하지 않았다. 강무는 조선 시대에 임금의 친림 하에 실시하는 군사 훈련으로서의 수렵대회로 서울에서는 사계절의 끝 무렵에, 지방에서는 봄·가을 두 계절에 행했다. 이때 수렵하여 잡은 동물은 종묘·사직과 지방 사직에서의 제사 제물로 쓰였다.[127]

흉년이 들면 중신들이 강무를 정지하자고 강력히 건의했으나, 세종은 국방 태세의 준비 차원에서 이를 완강히 거부했다. 군량미까지 풀어서 굶주린 백성을 구호했으면서도 병사들의 전투 훈련만큼은 계속한 것이다.

> "강무란 바로 조종(祖宗)께서 군사를 훈련시키기 위하여 실시하신 것이며, 자손들이 사냥하고 놀기 위하여 만든 계책이 아니다. 그러기 때문에 춘·추 양등(兩等)의 강무는 폐할 수 없다. (중략)
>
> 대간들이 강무를 임금 일신의 기호로 보고 번거롭게 진간(進諫)하고 있으나, 나는 이를 심히 잘못으로 안다. (중략)
>
> 나도 흉년이 들게 한 것을 생각하면 사실 부끄럽기도 하나, 천계(天戒)가 있다 해서 그 중대사를 폐할 수는 없다."[128]

127   이영춘, 「강무」, 『한국민족문화대백과사전』, 한국학중앙연구원
128   세종 16년(1434) 1월 20일(무술) 5번째 기사 일부, 세종실록 63권
      (국사편찬위원회 조선왕조실록 http://sillok.history.go.kr/id/kda_11601020_005
      accessed 2018.03.25.)

곡식 이외의 대용 구휼 식품 비축

기민에 대한 구호 양식으로는 곡식 이외의 다른 대용 식품이 적극적으로 활용되었다. 조정에서는 정부 창고에 있는 묵은 콩을 배급해 장을 담그게 한다든지, 황각(黃角)을 캐어 흉년에 대비하게 했다. 황각은 청각(靑角)과 같은 해조류인데 빛깔이 누렇다.

흉년 대비에는 그야말로 먹을 수 있는 것이 모두 동원되었다. 세종은 도토리와 황각두(黃角豆), 그리고 명아주 등 먹을 수 있는 풀·나무·뿌리·줄기·꽃·잎새 등을 거두어 흉년에 대비하게 하고, 군인들은 밤을 주워서 흉년 살이를 미리 준비하게도 했다.

세종은 구체적인 비축 물량까지도 지시한다. 대호(大戶)에는 60석, 중호에는 40석, 소호에는 20석, 잔호(殘戶;피폐한 백성의 집)에는 10석의 도토리를 예비케 하고, 농사가 비교적 잘된 고을은 수량에 구애받지 않고 적당하게 준비토록 했다.

특이하게도 세종과 성종은 구황 식품으로 유난히 무를 높이 평가했다. 각도의 수령들에게 주민들을 권장해, 삼밭·채소밭·메밀밭에다 무를 많이 심게 했다. 세종은 자신이 책에서 본 내용을 시책에 많이 반영했는데, 구휼에서 진가를 발휘한다. "경험진제방(經驗賑濟方)에 '도라지가루 한 숟갈, 채소 한 줌, 장과 소금 각각 한 숟갈을 타서 이를 달여 먹으면, 한 사람의 굶주림을 구제할 수 있다'고 하였다"라면서, 실농한 각도에 공포히어서 시골 백성에게 두루 알리게 했다.

흉년이 들면 조정에서는 백성들에게 배급하는 품목에 소금을 꼭 포함시켰다. 가난한 백성들이 봄철에 푸성귀를 먹기 위해서는 소금이 절대 필요했기 때문이다. 때에 따라서는 구운 소금을 나누어 주어 구황하기도 했다.

세조 때에는 의정부에서 6개항의 특별 구황 대비책을 건의했다. 먹을 수 있는 것은 모조리 망라됐다. 첫째 구황에 쓸 만한 상수리·밤·산삼·도라지를 철에 맞게 채취해 이전의 갑절을 준비하게 하고, 둘째 순무의 뿌리를 푹 쪄서 장 속에 담아 구황에 대비하게 하며, 셋째 황각·청각·석맥(石脈)·우무·해홍(海紅)나물 같은 먹을 만한 미역류를 햇볕에 말려 보관토록 하고, 넷째 8월에 칡 잎사귀가 떨어지기 전에 칡을 캐어 볕에 말린 다음 저장했다가, 겨울철에 푹 삶아서 소와 말을 먹이게 해야 하며, 다섯째 무지한 백성들이 절약하지 않고 때때로 가을걷이가 끝나기가 무섭게 모두 소비해 버리는 경우가 있는데, 이도 아울러 대책을 세워야 하고, 여섯째 구황에 관하여 미진한 사항은 모든 도의 관찰사로 하여금 현지의 농사를 살펴서 힘써 조치토록 하고, 이를 기록하여 보고하도록 하는 것이었다.

그 어려운 상황 속에서도 백성의 대용 식량뿐만 아니라 가축의 비상 사료까지도 준비하도록 한 것이다.

성종은 황각미역·참가사리·바다나물·산삼·도라지·비름·도토리는 하나같이 구황에 대처하는 긴요한 식량이므로 비축량을 늘리라고 명했다. 나중에는 구휼 식량으로 싸라기까지 나누어 준다.

이때 한명회가 임금에게 대용 식품으로 칡뿌리와 밀기울에 대해 건의했다.

"(상략) 신은 듣건대, 왜인이 갈근(葛根:칡뿌리)을 먹는다 하기에, 시험 삼아 갈근을 채취해 껍데기를 벗기고 말려서 가루로 만들어 쌀 싸라기와 섞어서 죽을 만들어 먹었더니 배를 채울 만하였으며, 또 송자(松子:솔방울)도 가루를 만들어서 싸라기와 섞어 먹으면 매우 좋습니다. 신이 일찍이 이를 썼는데, 지금은 이 방법을 써서 흉년을 구제함이 좋겠습니다. (하략)"[129]

성종도 흔쾌히 동의하면서 즉시 시험토록 하고, 밀기울 가루는 평소에 저축해 둔 사람이 많으므로 쌀이나 콩과 섞어서 먹도록 했다. 먹을 것이 없으니 쌀 싸라기와 밀기울까지 생각한 것이다.

한편 숙종은 구황 식품으로 솔잎에 주목했다. 숙종은『구황촬요(救荒撮要)』에 기재된 솔잎 먹는 방법이 아주 좋은 구황책이라고 하면서 지역을 막론하고 모두 인쇄하여 민간에 널리 보급토록 했다.

만약 촌백성 중에 모르는 사람이 많이 있으면 그 고을의 담당 관리를 문책하고, 더욱 심한 고을은 그 수령까지도 처벌토록 한 것을 보면 숙종은 솔잎에 큰 기대를 가지고 있었던 것 같다. 당연히 모든 산의 솔잎 채취를 허용한다는 대국민 발표도 뒤따랐다.『구황촬요』는 세종이 지은 『구황벽곡방(救荒辟穀方)』에서 중요한 부분을 뽑아 번역한 책이다.

---

129 성종 16년(1485) 6월 19일(무술) 1번째 기사 일부, 성종실록 180권
     (국사편찬위원회 조선왕조실록 http://sillok.history.go.kr/id/kia_11606019_001 accessed
     2019.07.15.)

굶주림을 못 이겨 그야말로 못 먹는 것 빼고 다 먹을 수밖에 없었던 우리 조상들의 비참한 상황은 그리 먼 옛날의 이야기가 아니다.

우리 역사를 바꾼 조선의 하늘, 그 비밀코드로의 시간여행

4

각별했던 세종의 애민 정신

기민에 대한 세종의 배려

세종은 즉위 초부터 기민에 대한 구휼에 지대한 열성을 쏟았고, 애민
(愛民) 군주의 면모를 유감없이 발휘했다. 세종은 다른 국사는 거의 대부
분 신하들의 의견을 먼저 듣거나 토의를 거쳐 결정했지만, 기민에 대한
구휼만큼은 자신이 먼저 생각하고 한밤중에도 즉시즉시 실시간으로 지
시를 내렸다.

세종은 흉년을 걱정하며 "백성이란 나라의 근본이요, 백성은 먹는 것
을 하늘과 같이 우러러본다"라고 강조하면서, 굶어 죽는 백성이 없도록
잘 살피라는 어명을 내린다.

세종은 궁벽한 촌락에까지도 감사나 수령이 직접 다니며 두루 살펴
힘껏 구제하라고 명했다. 세종은 후에 다시 조정의 관원을 파견하여 조
치 결과를 확인하고, 만약 굶어 죽은 백성이 한 사람이라도 있으면 감사
나 수령 모두를 교서 위반죄로 엄히 다스렸다. 세종이 이렇게 감사나 수

령들의 구호 업무 수행에 지대한 관심을 가졌던 것은 지방관들의 역할이 무엇보다 중요하다고 믿었기 때문이다.

세종은 지방관 발령을 받고 부임 인사를 오는 신하들 모두에게, 만약 상황이 위급하여 신속한 구호 조치가 필요하면 먼저 시행하고 사후에 보고토록 했다. '선 시행, 후 보고' 방식을 주문한 것이다. 그 이유는 지방관들이 호조에 요청하면 호조에서는 반드시 삭감하여 지급하다 보니, 빠짐없이 구호하지 못하거나 시기를 놓치는 경우가 있었기 때문이었다.

세종은 구황 업무의 시급성을 감안하여 수령의 부임 절차까지도 간소화했다. 새로 임명된 수령은 해유(解由) 절차를 생략하고 역마를 주어 보냈으며, 그 처자들은 햇곡식이 나오는 가을을 기다려 가장의 부임지에 가도록 했다. '해유'란 관리가 물러날 때 후임자에게 사무를 넘기고 호조의 확인을 받은 후 책임을 벗어나던 일을 말한다.

또한 서로 임지를 바꾸는 수령으로서 지방에서 임명을 받은 자는 부임길이 한양을 거치는 경우가 아니면, 대궐에 들러 임금에게 부임 인사하는 절차(朝辭)도 생략했다.

특히 세종은 궁 밖으로 외출할 때에도 기민 구휼에 대해서는 꼭 사전 조치를 취해 놓고 출궁했다. 임금이 궁으로 돌아오기 전에 농사와 빈민 구제에 관한 사무는 우선 영의정이 그동안 처리했던 방식에 따라서 처리하고, 그 밖의 것은 자신이 환궁한 뒤에 보고하라고 한 것이다. 농정과 기민 구휼에 대한 세종의 애민 정신이 그대로 드러나는 대목이다.

세종의 이러한 애민 정신은 아버지인 태종도 마찬가지로 가지고 있었다. 태종은 기민을 구휼함에 있어 노약자와 병자에게는 찾아가는 진휼 시책을 행하였다. 스스로 관가에 와서 진제를 받을 수 없는 노약자와 병자에게는, 수령들이 쌀죽과 염장(鹽醬;소금과 간장)을 가지고 백성들의 집으로 찾아가서 식구 수에 맞춰 직접 주게 하고, 사헌부 감찰을 지방에 파견하여 이를 감독하게 했다. 만약 진휼하는 데 마음을 쏟지 않아 혹시 한 사람이라도 굶어 죽는 일이 생기면 수령과 감사를 엄히 처벌했다.

굶주린 백성들이 원하는 족집게 구휼 시책 추진

세종은 진휼 시책 추진에 있어 백성들이 가장 바라는 부분을 적시에 다각적으로 시행한 임금이다. 백성들이 굶주리자 임금은 호조에 명하여 풍저창과 군자감의 묵은쌀과 밀을 싸게 팔게 하여, 가난한 백성으로 하여금 이를 사서 굶주림을 면하게 했다.

당시에는 저화 한 장으로 쌀 2되를 샀는데, 세종이 쌀은 1말 5되, 밀은 3말씩을 주게 하자 백성들이 크게 기뻐했다. 쌀의 경우 거의 8분의 1 가격으로 공급한 것이니 거의 거저나 마찬가지였다. 이때 경기 각 고을의 창고는 곡식을 백성들에게 모두 꾸어 주었기 때문에 텅텅 빈 상황이었다. 따라서 이러한 조치가 취해지자 곡식을 이고 지고 가는 경기도의 백성들이 줄을 이었다.

세종은 백성들의 굶주림 해결을 위해서는 군량미까지도 아끼지 않았고, 여러 관청 노비들의 월급도 미곡으로 주게 했다. 그동안에는 월급을 모두 저폐(楮幣)로 주었는데, 저폐는 인기가 없어 사람들이 탐탁지 않게 여겼었다. 그런데 흉년을 이유로 월급을 돈 대신 쌀로 주게 되자 노비들이 모두 행복해한 것은 불문가지다.

세종은 기근이 닥치면 진휼사나 지방관들에게 세세한 구황 사목(救荒 事目)을 내려 주었다. 구황 사목은 굶주린 백성들을 구호하는 데 필요한 규칙과 시책을 정리한 체크리스트다. 구황 사목에 따라 지방관은 진제 장을 설치하여 쌀죽과 황각채(黃角菜) 그리고 미역 등을 주었다.

어느 날 의정부에서 세종에게 건의했는데, 기민에게는 식힌 죽을 주자는 것이었다. 의정부는 원나라 학자 호장유(胡長孺)가 지은 『하장자전 (何長者傳)』에 나온 내용을 예로 들었다.

"(상략) 예전에 호주(湖州) 관가에서 죽을 쑤어서 기민을 먹였는데, 죽이 가마에서 나와 아직도 뜨겁게 끓는 것을 주었다. 사람들이 매우 주렸으므로 급하게 먹고서 나가다가, 1백 보도 가지 못하여 즉시 넘어져 죽었다. 비록 굶주림에 지쳤더라도 죽지는 않았는데, 뜨거운 죽을 먹은 자는 백에 한 사람도 살지 못하였다. (하략)"[130]

세종은 의정부가 주청한 대로 명을 내린다. "밤에 먼저 죽을 쑤어서

---

130 세종 21년(1439) 3월 18일(병인) 2번째 기사 일부, 세종실록 84권
(국사편찬위원회 조선왕조실록 http://sillok.history.go.kr/id/kda_12103018_002
accessed 2018.07.29.)

큰 독 속에 넣어 두어 식기를 기다렸다가, 이튿날 아침에 기민이 오는 순서대로 차례차례 주도록 하라." 당시에는 구호 담당 관리들이 뜨거운 죽을 식히지도 않고 바로 주어 허기진 백성들이 많이 죽었기 때문이다.

『산림경제』「구황(救荒)」편에 보면 이런 내용이 있다. "굶주려 피곤해서 죽게 된 사람에게 갑자기 밥을 먹이거나, 뜨거운 음식물을 먹게 하면 반드시 죽게 된다. 그럴 때는 먼저 장즙(醬汁;간장)을 물에 타서 마시게 한 다음에 식은 죽[涼粥]을 주고 그가 소생하기를 기다려서 점점 죽(粥)과 밥[食]을 주어야 한다."[131]

이 바람에 '식은 죽도 불어 가며 먹어라'는 속담도 생겨났다. 이 말은 아무리 쉬운 일이라도 한 번 더 확인한 다음에 차분하게 하는 것이 안전하다는 의미를 갖고 있다.

어디 그뿐인가, 쉬운 일을 표현할 때는 '식은 죽 먹기'라고 말한다. 그러나 정곡을 찌르는 속담은 '더운 죽에 혀 데기'라는 말이다. 더운 죽에 혀를 대면 혀를 데는 것은 당연지사. 그걸 알면서도 어리석게 혀를 댄다는 뜻으로 그르칠 것이 뻔한 일을 하는 것을 말하거나, 대단치 않은 일에 낭패를 보아 비록 짧은 동안이나마 어찌할 바를 모르는 것을 비유적으로 이르는 말이다. 오죽 배가 고팠으면 혀 데는 것을 뻔히 알면서도 끓는 죽을 먹었을까 싶다.

그러면 죽은 어느 정도로 뜨거워야 했을까? 우리 속담 가운데 날씨와 음식의 온도에 대한 것이 있다. '밥은 봄같이 먹고, 국은 여름같이 먹고,

---

131 홍만선, 「구황」, 산림경제(제3권), 『한국고전종합DB』, 한국고전번역원

장은 가을같이 먹고, 술은 겨울같이 먹으라'는 말이다. 밥은 따뜻하게, 국은 뜨겁게 먹고, 술은 차갑게 마시라는 뜻이다.

실제로 맛있게 느껴지는 음식의 온도를 보면 전골은 95℃, 우동이나 된장국은 60~70℃, 밥은 45℃이며, 스프나 단팥죽은 60~65℃ 정도이다. 죽은 밥과 국의 중간이니까 어느 정도 감이 잡힌다.

그럼 술은 어느 정도가 적당한 온도일까? 맥주는 7~10℃, 청주는 50~60℃, 포도주는 종류에 따라 다르지만 4~20℃이고, 한국인의 술 '소주'는 7~10℃ 사이다.

더 차게 마시는 술이 있다. 독일 소주 슈납스(Schnaps)다. 슈납스는 과일이나 곡식을 증류하여 빚는 알콜 도수 40도 내외의 화주(火酒)다. 이 술은 마실 때 우리 소주잔보다 약간 작은 잔을 냉동고에 넣어 냉각시킨 다음 따라 마신다. 그러나 때로는 술잔 대신 슈납스 병을 통째로 냉동고에 넣어 얼린 술을 조금씩 녹는 대로 마시기도 한다. 안주 겸 입가심으로는 단연 맥주가 대세다. 독일판 '소맥'이고 폭탄주가 된다. 독일도 우리 속담처럼 술을 차게 마시는 것이다.

한편 굶주린 백성들의 입장에서 진휼책을 강구하여 시행하기로는 성종도 세종 못지않았다. 당시에는 지방 수령들이 창고를 열어 백성들에게 곡식을 꾸어줄 때 백성들의 사정은 크게 감안하지 않았다. 관할 구역 내에 거주하는 백성들이 멀리 살거나 가까이 사는 것을 구분하지 않고 하루 내에 다 모이도록 하거나, 사신이 왔을 때에는 창고를 닫고 며칠씩 기다리게 하는 등 백성들이 느끼는 폐단이 적지 않았다. 이에 성종은 "백성들에게 이러한 불편을 끼치지 말게 하라"라는 어명을 내린다.

더욱이 성종은 기민에 대한 배급량을 늘리고 옷을 지어 주게까지 했다. 당시 진제장에서 기민 한 사람이 한 끼에 먹는 것이 쌀 1홉 반, 콩 1홉 반이었는데, 기민들은 "먹을 것이 적어 차라리 다른 데에서 빌어먹으려고 한다"라고까지 불만을 토로했다. 이러다 보니 '구제하는 죽을 먹고 살아난 사람이 없다'는 말까지 생겨났다. 이에 임금은 노약자는 비록 3홉이라도 넉넉하지만 장정에게는 부족하다고 생각하고는, 밀기울 가루 2홉 반을 추가로 지급하여 쌀·콩과 섞어서 취사하게 했다.

5

임금이 풀어 준 여인들의 한(恨)

과연 재해가 음원(陰怨) 때문이었을까?

　고려 때에는 해마다 나라에 가뭄과 홍수가 이어지고 이로 인해 굶어 죽는 사람이 많은 것은, 원나라에 바쳐지는 공녀(貢女)들의 원한이 하늘에 사무쳐 그런 것이라고 했다. 얼마나 많은 고려의 여인들이 중국에 끌려갔기에 그리 생각했을까?

　고려 고종 때에는 몽고가 침입하여 항복을 요구하면서 그 조건으로 4천 명의 동남동녀(童男童女)를 원했다. 원종 때에는 원나라의 초욱(梢郁)이라는 매빙사(媒聘使)가 만자군(蠻子軍) 병사의 혼인을 위해 남편이 없는 부녀자 140명을 요구했다. 만자군은 원나라 때 남송(南宋)의 귀순병을 중심으로 하여 조직한 군대로, 충렬왕 때에는 1,400명을 고려에 파견하여 황해도의 해주 · 염주(塩州) · 백주(白州) 3개 주에 나누어 주둔시켰었다.

　고려에서는 결혼도감(結婚都監)을 설치하고 민간의 독신녀, 역적의 처나 종의 딸들을 찾아내 요구한 수를 채워 원에 보냈다. 당시 고려 여인들에게는 치장하는 비용으로 비단 12필씩을 지급했다. 이때 백성들의 원성이 높아 곡성이 천지를 진동하였다고 한다. 나중에는 과부처녀추고별감(寡婦處女推考別監)이라는 이름부터 특이한 임시 관서까지 설치해 젊은 여자들을 원나라에 바쳐야 했다.[132] 공녀는 주로 13세에서 16세까지의 처녀들이었으며, 한 번 공녀를 바칠 때 원나라에 가는 처녀들의 수는 10명에서 450여 명에 이르렀다.

안타깝게도 왕비까지 공녀 차출에 앞장선다. 충렬왕의 왕비인 안평공주(安平公主)는 자신의 아버지인 원나라의 쿠빌라이에게 다니러 가면서 공녀로 바칠 여인 선발을 직접 주도했다. 일반 평민은 물론이고 고관들의 딸들도 예외가 아니었다. 조정에서는 공녀 구하기가 어려워지자 금혼령을 내리고 조혼(早婚)을 못 하도록 처녀 명단까지 작성했다.

원나라 황실에만 공납된 고려 처녀가 150명이 넘었는데, 대부분은 궁녀가 되거나 고관들의 시중을 들었고 그중에는 기황후(奇皇后)처럼 정식으로 황후가 된 여인도 있었다. 기황후는 기자오(奇子敖)의 딸로 원나라 순제(順帝)의 제2황후가 된 것이다. 그러나 대부분은 궁중에서 천대받고 심지어는 내시들에게 주어지기까지 했으며, 공녀들 가운데는 노비로 전락해서 저자에서 매매되기도 했으니 공녀들의 한이 얼마나 가슴에 사무쳤으랴. 그러니 백성들이 공녀들의 원한 때문에 재변이 일어난다고 생각한 게 무리가 아니었다.

원나라 공녀 차출은 약 80년간 이어지다가 공민왕 때 끝을 본다. 고려

132　문형만, 「과부처녀추고별감」, 『한국민족문화대백과사전』, 한국학중앙연구원

여인들의 한도 끝난 것일까?

조선 왕조에 들어서는 임금들이 원옥 못지않게 혼기를 잃은 여인들의 음원 역시 가뭄의 원인이 된다고 생각했다. 그러기에 정부가 노처녀 결혼 작전에 앞장서게 되었다. 혼기가 지났어도 가정 형편상 결혼하지 못한 노처녀들에게 정부가 혼수를 지원하거나, 친척들의 도움을 받아 결혼할 수 있도록 한 것이다.

『예기(禮記)』에 '여자 나이가 20이 되면 시집보낸다'고 되어 있다. 그러니 혼인 시기를 놓치면 본인은 물론 부모들도 남모르게 속앓이를 한 것은 당연지사였다. 『경국대전』에는 사족(士族)의 딸이 나이가 서른에 가까워도 가난하여 시집가지 못하는 경우, 관(官)에서 자장(資裝)이라 하여 시집가는 데 드는 물건을 주도록 정해져 있었다. 정부가 혼수를 마련해 주는 것이다. 노처녀들을 제때 시집보내는 것은 국가의 법정 의무 사항이었던 셈이다.

자장은 노처녀의 결혼뿐 아니라, 집이 가난해서 부모가 죽은 지 3년이 되도록 장사를 치르지 못한 사람에게도 지급되었다. 그러나 실제로는 국가에서 비록 자장을 주더라도 부모가 말을 꺼내기를 부끄러워하거나, 고을 수령들이 제대로 살피지 않아서 나이가 삼사십이 될 때까지도 혼인하지 못하는 사람이 많았다. 나라에서는 이것도 하늘의 화기(和氣)를 해친다고 믿었다.

세종 때에는 사간원에서 이 문제에 대해 상소한다.

"(상략) 이제부터는 서울과 지방을 일제히 검색하여 시기를 정해서 성혼하도록 하되, 만약 그 족친으로서 신고하지 않는 자가 있을 것 같으면 엄한 죄책을 버리고, 마을의 관령(管領) · 정장(正長:지금의 동장이나 이장 격)으로서 현고(現告:범죄 사실을 해당 관아에 즉시 알리는 것)하는 자가 있으면 신고하지 않는 족친의 살림을 알맞게 요량하여 상으로 주는 것이 어떻겠습니까? (하략)"[133]

일정한 기한을 정해 그때까지 노처녀 시집을 안 보내면 가족에게는 벌을 주고, 한편으로는 출가시키지 않은 사실을 신고한 마을 책임자에게는 신고하지 않은 가족이나 친척의 재산으로 상을 주는 것이다. 사간원에서는 한발 더 나아가 노처녀 외에 나이 어린 여승들까지도 결혼시킬 것을 상소하기에 이르렀다. 사간원에서는 '안으로는 원망하는 자가 없게 하고, 밖으로는 탄식하는 지아비가 없게 한다'는 경전의 말을 인용하면서, "이것은 부부의 음양이 화합함을 중히 여긴 것"이라고 했다.

"(상략) 이제 나이 어린 여승들이 버심 정욕을 쌓으면서도 밖으로는 절의(節義)를 가장하니, 마음으로는 비록 혼인하고 싶어도 형편이 말을 하기가 어려워서 한숨으로 날을 보내다가 몸을 마치는 자도 또한 혹

---

133 세종 25년(1443) 5월 16일(경요) 3번째 기시 일부, 세종실록 100권
(국사편찬위원회 조선왕조실록 http://sillok.history.go.kr/id/kda_12505016_003
accessed 2018.09.16.)

있으니, 어찌 숨은 원망이 없다고 말할 수 있겠습니까? (하략)"[134]

사간원에서는 중앙과 지방의 관리에게 명하여 30세 이하의 여승들은 머리를 기르게 하여 혼인을 하도록 하자고 임금에게 건의했다. 이에 세종은 천천히 생각한 다음에 시행하겠다고 하면서 의정부에 내려 논의하게 하였다.

가뭄이 깊어지자 하루는 판승문원사(判承文院事) 최치운(崔致雲)이 세종에게 상언했다. 사대부들이 창기(娼妓)에 빠져서 본처를 소박하는 사례가 있는데도, 국가에서는 아무런 징계도 하지 않고 있다는 것이 최치운의 주장이었다.

심한 경우 주방에서 음식 조리를 창기가 주관하고, 본처는 창기가 먹던 음식을 먹는 사례까지 있다고 했다. 최치운의 상언은 이어진다. "이는 천하의 천민이 도리어 배필의 위에 있게 된 것이니, 인륜의 도리를 깨뜨리는 일일 뿐 아니라, 풍속을 어지럽히는 것이 이보다 더 심할 수 없다"라는 것이었다.

세종은 본부인들의 맺힌 한을 풀어주는 화끈한 조치를 취한다. 관계 기관으로 하여금 해당자들을 조사하여 모두 파면토록 한 것이다. 후에 허물을 반성하고 개전의 정이 확인되면 다시 관직에 임명되는 것을 허

---

134   세종 25년(1443) 5월 16일(경오) 3번째 기사 일부, 세종실록 100권
       (국사편찬위원회 조선왕조실록 http://sillok.history.go.kr/id/kda_12505016_003
       accessed 2018.09.16.)

락하고, 만일 두 번 범하면 영구히 공직에서 퇴출토록 했다. 「2진 아웃제」를 적용한 것이다.

기생첩을 두고 본처를 멸시했던 사대부들은 가뭄으로 인해 수난을 당하고, 무엇보다도 창기들한테 구박받던 본처들은 쌓였던 한을 풀게 되었다.

사가(私家)에서 남녀의 정을 푼 궁녀들

나라에서는 가뭄이 심하면 궁궐 밖 출입과 남자와의 접촉이 금지되었던 궁녀들을 사가에 왕래하게 하여 남녀의 정을 나누게까지 했다.

당시 궁녀들은 궁중의 일이 누설될까 봐 사가 왕래 등 궁궐 밖 출입이 엄격히 통제되었고, 남자와의 접촉도 극히 제한되었다. 한번 궁에 발을 들여놓으면 죽어서도 궁궐 귀신이 되어야 하는 것이 궁녀들의 운명 아니던가. 그러나 가뭄이 들면 조정에서는 일부 궁녀들을 출궁시킴으로써 궁녀들은 뜻하지 않은 외박을 즐길 수 있었다.

'남자와 정을 나누지 못하는 여인들의 한이 하늘에 닿아 날이 가문다'고도 믿었기에, 궁녀 외박은 이들의 원한을 풀어 주기 위한 것이었다.

조선 태종은 궁녀들의 입시(入侍) 근무도 3개 조로 나누었는데, 이는 당시 세자였던 양녕대군의 건의를 받아들인 것이다.

"이제 가뭄이 심하니 이것이 궁녀들의 원한의 소치인가 합니다. 원컨대 궁녀로 하여금 윤번으로 입시하게 하여 남녀의 정을 다하게 하면, 거의 화기(和氣)에 이르러서 가뭄의 재해를 그치게 할 수 있을 것입니다."[135]

태종은 가뭄을 걱정하며 궁녀들의 인원 감축에 대해서도 대신들에게 물었다.

"나의 잘못은 국인(國人:나라 사람들)이 모두 아는 것이다. 옛날 병술년에 내가 세자에게 전위하고 한가히 살며 즐겁게 지내고, 성악(聲樂)으로 오락을 삼고자 하여 치녀(穉女:처녀)를 골라 들이어서 가무를 배우게 하였다.

이제 큰 가뭄을 당하여 오로지 이러한 사람들이 내전(內殿)에 살아서 원한이 있을까 두렵다. 내가 5, 6인을 밖으로 내보내어 마음대로 살게 하고자 하는데 어떠하겠는가?"[136]

대신들의 의견은 찬반으로 갈렸다. 그럼에도 태종은 시녀 10여 명을

---

135   태종 14년(1414) 6월 6일(정미) 2번째 기사 일부, 태종실록 27권
      (국사편찬위원회 조선왕조실록 http://sillok.history.go.kr/id/kca_11406006_002
      accessed 2018.07.01.)

136   태종 14년(1414) 6월 8일(기유) 2번째 기사 일부, 태종실록 27권
      (국사편찬위원회 조선왕조실록 http://sillok.history.go.kr/id/kca_11406008_002
      accessed 2018.07.01.)

내보내고, 무수리들은 남편이 있고 없음을 물어서 10일씩 교대로 근무하게 했다. 당시 나인 이상의 궁녀들은 결혼이 엄격하게 금지되어 있었지만, 무수리들은 결혼할 수 있었고 궁궐 밖 거주도 가능했다.

세종도 즉위 초에 가뭄을 당하자, 신하들에게 궁녀들의 집 왕래를 허락할 뜻을 내비친다.

> "당나라 태종이 천재를 만나면 궁녀들을 내보내어 음원을 풀었고, 우리 부왕께서도 또한 한재를 만나면 방자(房子:상궁이나 나인의 방에 속하여 잡역에 종사하던 여자종)로 하여금 제집에 왕래하게 하여 지금까지 행하고 있으니, 나도 또한 방자들이 제집에 왕래하는 것을 허락하고자 하노라."[137]

신하들이 궁중의 일이 밖에 알려질 수 있음을 들어 강하게 반대하자 세종은 뜻을 접었다. 그러나 세종도 나중에는 가뭄이 더욱 심해지자 궁인 45명을 내보낸다.

중국에서는 공식적으로 환관의 부부 생활을 금지했지만 우리나라는 음양의 조화를 잃으면 가뭄과 홍수의 재앙이 온다 하여 환관들의 취처(娶妻)와 심지어는 첩까지 두는 자도 있었으나 전혀 문제 삼지 않았다. 남녀 음양의 화합을 중요하게 생각한 것이다.

---

137   세종 1년(1419) 5월 26일(경오) 8번째 기사 일부, 세종신록 4권
      (국사편찬위원회 조선왕조실록 http://sillok.history.go.kr/id/kda_10105026_008
      accessed 2019.02.02.)

그러면 궁녀들이 가뭄 등으로 인한 특별 외박이 아니면 평시에는 어떻게 평생의 외로움을 달랬을까? 대부분은 임금의 승은을 바라보면서 참고 살았지만 일부는 동성애에 빠지거나 몰래 다른 남자와 사랑을 나누기도 하였다.

궁녀들의 동성애는 암암리에 행해졌는데, 삼국 시대부터 전해 내려올 정도로 오랜 역사를 가지고 있다. 궁녀들은 대식(對食)을 핑계 삼아 외부 여인들과 정을 통했다. 대식은 궁녀들이 사가 식구를 궁궐로 불러 같이 밥을 먹도록 허락한 제도였지만 이를 빌미로 동성애를 하는 경우가 많았던 것이다.

특히 정5품으로 궁녀들 중 직급이 가장 높았던 상궁들은 혼자 방을 썼기 때문에 대식이 성행했다고 한다. 상황이 이러하자 세종은 여러 차례 대식을 금지토록 어명을 내렸으나 근절되지 않았고, 영조 때에는 상소까지 올라온다.

영조 3년(1727) 7월 18일 사헌부의 지평(持平;정5품 관원)이었던 조현명이 만언소(萬言疏)를 올렸는데, 그중 대식과 관련한 내용은 『조선왕조실록』에 이렇게 기록되어 있다.

"예전부터 궁인(宮人)들이 혹 족속이라 핑계하여 여염(閻閻)의 어린아이를 금중(禁中;궁중)에 재우고 혹 대식을 핑계하여 요사한 여중이나 천한 과부와 안팎에서 교통합니다."

극히 일부이긴 하지만 병을 핑계로 사가에 간 궁녀들이 바람이 난 사건도 벌어졌는데, 이들은 참형을 피할 수 없었다.

숙정문, 소문대로 음기의 온상이었을까?

조선 왕조에서는 한양으로 도읍을 옮기면서 한양을 방위하기 위한 성곽을 쌓고 4대문과 4소문을 축조했다. 태조는 4대문의 이름을 지을 때 유교의 덕목인 '인의예지신(仁義禮智信)' 중 한 글자씩을 문 이름에 넣었다. 동쪽은 흥인지문(興仁之門;동대문), 서쪽은 돈의문(敦義門;서대문), 남쪽은 숭례문(崇禮門;남대문), 북쪽은 소지문(昭智門;북대문)이라 한 것이다. 마지막 '신'자는 4대문의 한가운데에 있는 보신각(普信閣)으로 의미를 채웠다.

숙정문은 초기의 이름인 소지문의 '소지'라는 말이 여성의 성기를 연상시키는 음탕한 표현이라 하여 숙청문(肅淸門)으로 개명된다. 지형이 험한 관계로 다니는 사람이 별로 없어 '청'자를 넣었던 것이다. 그러다가 중종 18년(1523)에 숙정문으로 또 바뀐다.

숙청문은 북대문이기 때문에 이 문을 열어놓으면 북쪽의 수기(水氣), 즉 음기가 많아져 장안 부녀자들의 풍기가 문란해진다고 믿었다. 그래서 음기를 엄숙히 다스린다는 의미로 청(淸)을 '다스릴' 정(靖)으로 바꿔 숙정문이 된 것이다.

그렇다면 숙정문은 과연 음기가 센 곳이었을까? 숙종 때의 일이다. 창덕궁 후원에 음기가 아주 강한 곳이 있었는데, 이곳을 차지하는 여인이 임금의 총애를 받는다는 낭설이 궁내에 퍼져 있었다. 당연히 이곳을 선점하려는 궁중의 뭇 여인들의 암투가 이어졌다. 쟁탈전에서 밀려난 후궁들은 음기를 받기 위해 다른 곳을 물색했는데, 대신 찾은 곳이 숙정문이다.

북대문은 이름이 두 번이나 바뀌었지만 서대문은 위치가 달라졌다. 서쪽 문인 돈의문은 축조 당시에는 사직동 고개에 있었던 것으로 추정된다. 그러나 돈의문이 경복궁의 지맥을 손상시킨다는 일관의 주청에 따라 태종 때 폐쇄되었다.

세종 14년(1422), 지금의 경향신문과 강북삼성병원 사이 정동네거리에 새 문을 건립하고 명칭도 그대로 돈의문으로 했다. 이때부터 사람들은 돈의문을 '새문'이라고 칭하면서 돈의문 밖을 '새문 밖', 안쪽을 '새문 안'으로 불렀다. 현재 경향신문사 앞 정동사거리에 '돈의문 터'라는 표지석이 있다.

현재는 광화문 광장인 6조거리에서 돈의문까지의 거리도 '새문안길'이라고 불렀다. 해방 후에는 '서대문로'로 바뀌었다가 1950년에는 새 문이라는 뜻의 신문로(新門路), 지금은 '새문안로'로 원래 이름을 되찾았다. 현재 돈의문의 유일한 흔적인 돈의문 현판은 국립고궁박물관에 소장되어 있다.

우리 역사를 바꾼 조선의 하늘, 그 비밀코드로의 시간여행

6

임금의 자애가 누그러뜨린 혹한과 폭염

추위와 더위에 고생하는 백성들을 보살피다

　임금들이 백성들을 위해 배려책을 시행한 것은 가뭄과 홍수 때만이 아니었다. 혹한이나 폭염 같은 극한 기상 시에도 마찬가지였다. 임금들은 살을 에는 추위나 찌는 듯한 무더위에는 무엇보다도 중죄인을 관대히 다루고, 경범자들을 석방했다. 물론 성곽 보수 공사 같은 공역(公役)도 중지했다.

　특히 추위에 떠는 군사들과 죄인들을 따뜻하게 보살폈는데, 날씨가 추우면 승정원의 주서 또는 사관을 보내 감옥을 직접 살피게까지 했다.

　고려 제10대 임금 정종(靖宗) 때의 어느 날, 대한(大寒)이라 그랬는지 눈보라가 세차게 휘몰아치고 날도 추웠다. 그러자 임금은 귀화한 사람과 인접 나라에서 잡혀 와 사는 남녀 모두 80여 명에게 면포를 지급하게 했다.

　한편 세종은 날씨가 추우면 승지들에게까지 털옷을 하사했다. "입지하는 데 갖옷(짐승의 털가죽으로 안을 댄 옷)이 없어서는 안 된다"라고 하면서 말이다. 특히 세종은 나라의 각종 공사에 동원된 군인들이나 백성들이 얼어 죽거나 더위 먹지 않도록 승지들을 보내 현장을 확인했다.

홑옷을 입은 사람이 있으면 즉시 제용감으로 하여금 동옷[襦衣;남자가 입는 저고리]을 지어 주게 하고, 무더위 때는 동서활인원(東西活人院)의 열병 앓는 사람들에게 부순 얼음을 주기도 했다. 얼음이 어떤 물건인가? 당시 얼음은 임금과 왕족, 고위 관료 및 중국 사신만이 쓸 수 있었던 귀하디귀한 정부 비축 물자였는데도 이를 병자들에게 주었던 것이다.

세조 역시 세종 못지않게 추위에 고생하는 입직 군사들과 관리들을 애틋하게 생각했다. 어느 겨울날 밤 2경(밤 9시~11시), 날도 추운 한밤중이었다. 세조는 그 늦은 시각에 승정원에 명을 내려 궁문 숙직 군사들에게 초둔(草芚;띠·부들 같은 풀로 거적처럼 엮어 만든 것)을 주게 했다. 초둔을 받은 군사들이 어찌 가만있을 수 있겠는가? 군사들 모두가 "성상께서 신들의 괴로운 것을 환히 아신다"라고 하면서 고마움과 함께 임금의 만수무강을 빌었다.

한번은 세조가 어느 겨울밤에 천문 측후소를 순시했다. 세조는 측후관이 관천대 위에서 돌에 엎드려 졸면서 추위에 몹시 괴로워하고 있는 모습을 보게 된다. 마음이 아팠던 세조, 자신이 입고 있던 갖옷을 벗어서 덮어 주기까지 했다. 이때부터 측후관들에게는 3년마다 여우 가죽옷을 하나씩 하사하는 관행이 만들어졌다.

날씨가 추우면 임금들은 입직한 군사나 궁궐 내 관리들이 추위를 견디도록 술과 고기를 내려 주거나, 각도의 관찰사·절제사(節制使)·처치사(處置使)에게 술 마시는 것을 허락했다. 엄격히 지켜져야 하는 금주령도 추위를 이겨 내지는 못한 것이다.

세종은 어느 겨울밤에 바람으로 몹시 춥자 시위(侍衛) 군사들에게 술 2 백 병을 주게 했고, 세조는 측후관들이 겨울밤에 추위에 고생하는 것을 본 이후로는 닷새에 한 번씩 술을 내려 주게 했다.

이런 측면에서 중종은 지나치다 싶을 정도로 관리들에게 마음을 썼다. 날씨가 춥자 정청(政廳;이조 또는 병조의 관리 선발 담당관인 전관(銓官) 등이 정사를 위해 모이는 청사, 궁중에 있으며 이조와 병조의 정청이 따로 있다)에 술을 하사하고는 어명을 내린다. "추위가 훨씬 혹심하니 한껏 취하는 것을 사양하지 말라." 내관이 임금의 명을 받고 술 여덟 순배씩을 억지로 권하고 한 방울도 남기지 못하게 하자, 정청에 들어갔던 관리들이 모두 대취했다.

임금들이 추위에 대해 크게 염려하다 보니 백성들의 추위를 살피지 못한 경우에는 관계자를 엄히 처벌했다. 세종은 가축이 얼어 죽어도 관계자를 파직하기까지 했다. 세종은 가축을 사람 대하듯 한 것이다. 가뭄 때에 관리들의 녹봉을 깎는 것처럼 말 사료를 줄이고, 백성이 얼어 죽으면 해당 고을의 수령을 벌주듯이 가축이 얼어 죽어도 처벌했으니 말이다.

특히 영조는 감옥에 갇힌 죄수들이 무더위와 추위에 병에 걸리거나 죽는 일이 일어나자 영조 11년(1735) 죄수들에 대해 신경 쓸 것을 해당 관리들에게 당부하는 수교[受敎;조선 때 임금이 내리던 교명(敎命)]까지 내린다.

한편 정조는 수원 화성을 쌓을 때 날씨가 무덥자 특단의 조치를 취한다. 더위 퇴치제를 만든 것이다. 장약원(掌藥院) 제조로 하여금 척서단(滌暑丹)이라는 더위 해소제 약 4천 정을 만들게 해 장인들과 군인들에게 나누어 주고, 속이 타거나 더위 먹은 증세가 있으면 1정 또는 반 정을 정화수에 타서 마시게 했다. 척서단을 먹은 장인들, 약보다도 자기들에게 신경 써 준 임금의 세심한 배려에 더위가 가셨을 것이다.

혹한과 폭염 시 휴무와 함께 경연 시각도 조정

태종의 경우에는 날이 추워지면 관원들이 각 기관에서 조회하러 모이는 것을 그만두고, 각도에서 올라온 시위군들도 돌려보냈다. 세종은 비나 눈이 내리는 날에는 2품 이상의 관원이 숙배(肅拜)할 때, 행랑에서 초둔을 펴고 예를 거행하라고 했다. 숙배는 신하들이 궁정에서 감사의 뜻으로 국왕이나 그 밖의 왕족에게 절하던 의식이다.

어느 날 세종은 길이 얼고 미끄러워 사람과 말이 넘어지고 쓰러지는 바람에, 부상을 입고 뼈가 부러진 자까지 있다는 보고를 받자 관리들에게 휴무를 명했다. 날이 더운 5월 말부터 7월 10일까지는 임금에 대한 일일 주요 업무 보고인 상참까지도 정지시킨다.

성종 또한 날씨가 더워지기 시작하자 자신도 정사를 청단하기가 곤란한데 더구나 승지는 어떻겠느냐고 걱정하면서, 4월 20일부터 7월 20일까지 3개월간은 승지들이 임금에게 직접 대면 보고하는 것을 중지했다. 재상들에게는 6월 초하루부터 8월 15일까지의 혹서 기간에는 부분 휴무를 지시했다. 이유는 날이 무더우면 재상들이 일상생활도 어려운데 어떻게 업무를 제대로 보겠느냐는 것이었다.

세종과 성종이 신하들의 근무 환경을 깊이 고려한 배려 조치를 취한 반면에 영조는 완전 달랐다. 영조는 공무원들의 근태 관리에 철저했다. 혹한이나 폭염에 아랑곳하지 않고 근무토록 한 것이다.

이유는 이러했다. 임금이 이미 망팔(望八;여든을 바라본다는 뜻으로 일흔 한 살을 의미한다)의 나이로 스스로 근면하지 않으면, 뒷날 아첨하는 신하가 반드시 날씨의 춥고 더움을 핑계로 공공연히 휴무를 청하지나 않을까 염려했기 때문이었다.

날씨가 춥거나 더우면 경연마저도 시간을 조정할 수밖에 없었다. 지금처럼 에어컨이나 선풍기도 없었던 그 시절에 밀폐된 방이 얼마나 더웠을지는 짐작이 가고도 남는다. 단종도 3복 기간에는 경연을 정지시켰고, 경연에 어느 임금보다도 열성이었던 성종조차 날씨가 무더우면 낮강독을 중지했다.

더위가 심한 날에는 나이 많은 중신들을 경연에서 먼저 나가라고 했다. 재위 25년 동안 하루에 세 번씩 경연에 참석한 성종은 경연 참석 횟수가 총 9,000회를 넘어 연평균 약 360회에 이른다. 조선 왕조에서 이렇게 경연에 가장 착실하게 임했던 임금이었는데도 더위는 이기지 못하고 주강과 석강까지도 정지시켰다.

특히 중종은 삼복더위 기간에는 재상이 경연에 입시하여 오래 엎드려 있으면 더위 먹을까 봐 날씨를 봐서 경연을 행하게 했고, 날씨가 더우면 경연을 정전이 아닌 경회루 아래에서 했다. 공부를 실내에서 안 하고 시원한 바람 맞으며 누각에서 했으니 참석한 신하들도 싫지는 않았을 것이나.

반면에 영조는 업무 처리와 마찬가지로 경연도 엄격히 시행했다. 우의
정 신만(申晩)이 세자에게 "지금 대조(大朝;세자가 대리청정하고 있을 때의 '임금'을 이
르는 말)께서는 비록 무더운 여름철을 당하더라도 1개월에 삼강・삼대에
한번이라도 빠진 적이 없었습니다"라고 언급한 내용을 보면 그 당시 상
황을 짐작할 수 있다. 조강(朝講)의 경우 계절에 관계없이 진시(辰時), 즉 오
전 9시에 시작했다. 영조는 불볕더위를 만나면 다만 저녁 경연을 유시(酉
時;오후 다섯 시부터 일곱 시까지) 초각(初刻;한 시간의 맨 처음 되는 시각)으로 물렸다.

국왕의 공부인 경연은 조강[아침 공부], 주강(晝講;낮 공부), 석강(夕講;오후 공
부)이 있었는데, 날씨 때문에 여름에는 주강과 석강이, 겨울에는 조강이
문제였다.

많은 임금들이 강추위나 찜통더위 때 현안 업무 처리와 경연을 멈춘
적이 많으나, 인조만큼은 그렇지 않았다. 인조도 영조에 버금갔다. 날
씨가 무덥자 약방 도제조가 경연을 멈추기를 청했으나 인조는 윤허하
지 않는다. "학문의 도리는 촌음을 아껴야 하니 덥다 하여 멈출 수 없다"
라는 게 인조의 답이었다.

죄수들의 고통을 덜어 주다

예전의 임금들은 수재와 한재의 재앙을 만나면 반드시 원통한 옥사를
다스려서 은택을 베풀었는데, 혹한과 폭염의 경우에도 예외는 아니었
다. 『경국대전』에는 '심한 추위와 심한 더위 때에는 모두 태장(笞杖)을 속

(贖;죄를 씻으려고 벌 대신에 재물이나 노력 따위를 바치던 것)으로 대신하게 하며, 심한 추위는 정월까지로 기한한다'고 명시하였을 정도로 조정에서는 추위와 폭염에도 신경을 썼다.

세종은 날이 매우 차자 가벼운 죄수들을 모두 석방하고, 또 사형수 이외의 중죄인도 보석으로 내보낸 후에 심문하라고 명했다. 즉 '선 석방 후 심문'의 불구속 수사를 지시한 것이다.

특히 세종은 많은 죄수들이 매우 비좁은 옥에 한꺼번에 수용되어 있기에, '혹한기나 혹서기에 병이 발생하여 몸이 상하거나 목숨을 잃지는 않을까' 크게 염려했다.

이에 따라 세종은 죄수들이 무더위와 강추위를 견딜 수 있도록 여름용 냉옥(冷獄)과 겨울용 온옥(溫獄)을 따로 짓도록 하면서, 세종 8년(1426)에는 처음으로 '표준 감옥 건축 지침서'인 옥도(獄圖)까지 반포한다. 이때 세종은 옥사의 형태를 그림으로 그려 각도에 배포하면서, 나중에 관찰사가 각 고을에서 도형대로 옥이 지어졌는지 확인하여 보고토록 했다.

세조도 세종 못지않게 백성과 죄인들의 어려움을 보살폈다. 죄수에게 고기는 물론 술까지 먹였다. 특히 죄수들이 동상에 걸리지 않을까 염려해 밤에도 죄수를 처결토록 형조에 야간 근무까지 지시했다.

한편 성종은 혹서기에 한하여 죄인을 조사할 때 고문을 하지 말도록 했다. '혹서기 고문 금지령'을 내린 것이다. 하루는 날이 춥자 임금의 지시로 예산 항목 외의 특별 지출을 명하여 죄수들에게 술과 숯을 제공하기도 했다. 이전까지는 추울 때 막걸리와 숯을 지급했는데, 당시 호조에서는 예산 세출 항목인 횡간(橫看)에 없는 것이라 하여 허락하지 않았으나, 형조 판서 성준(成俊)과 참의 민영견(閔永肩)이 임금에게 건의하여 예전대로 지급하게 한 것이다.

성종은 옥에 갇힌 죄수들에게 더위 약을 제때 공급해 주지 않은 호조의 담당 관리를 처벌하기까지 했다. 임금은 날씨가 매우 덥고 옥에 갇힌 자가 많다고 하자 현장 점검에 나선다. 사관으로 하여금 내관과 같이 의금부와 전옥(典獄)에서 구료하는 상황을 살펴보게 한 것이다. 그런데, 의금부에는 얼음과 육화탕(六和湯)이 없고 전옥에는 얼음이 없는 것이 아닌가.

성종은 화가 났다. 이유를 의금부에 묻자 이런 대답을 한다. "5월에 얼음을 받는 것은 횡간에 없기 때문에 요청하지 않았고, 또한 육화탕은 호조에 세 차례 요구했으나 지급해 주지 않았습니다." 성종은 엄하고도 세부적인 조치를 지시했다. "5월 15일 이후부터는 날씨를 보아서 얼음을 신청하도록 하고, 호조의 해당 관리는 사헌부로 하여금 국문하도록 하라."

본래 육화탕은 여름철의 더윗병에 사용하는 약으로 임상적으로는 서병토사(暑病吐瀉;더위로 인한 병으로 토하고 설사하는 것)에 많이 사용하고, 더러는 여름철의 곽란·복통·식중독 등에도 활용한다. 지금도 한방에서 여름철의 더윗병에 상용하고 있으며, 가감에 의하여 많은 질병 치료에 응용되는 묘방(妙方)이다.[138]

정조와 고종은 특히 나이 많은 죄수들에 대해 심려가 컸다. 정조는 옥에 갇힌 죄수 가운데 나이가 70이 넘은 사람이 많아 걱정이 되자, 날씨

---

138   육창수, 「육화탕」, 『한국민족문화대백과사전』, 한국학중앙연구원

가 차니 옥을 잘 살피라는 명을 내렸다.

그런데 이 일로 엉뚱하게 승지가 처벌을 받는다. 이때 정조는 '날씨가 차다'는 뜻을 일량(日凉)으로 표현했는데, 승정원에서는 일한(日寒), 즉 '날씨가 춥다'는 것으로 임금의 교지를 만들어 전했다. 이로 인해 해당 승지는 엄하게 책임 추궁을 당한다. 왜 그랬을까?

본래 '량'은 서늘하다는 의미이고, '한'은 춥다는 뜻이다. 그러니까 정조는 70세 이상의 노인들에게는 서늘한 날씨도 위험할 수 있으니 주의를 기울이라고 한 것으로 보인다. 그러나 승정원에서는 '추운' 날씨로 배려의 기준점을 높여 잡아 표현한 것이 징계를 받은 이유가 아닌가 싶다. 그만큼 정조가 고령의 죄수들에게 마음을 쓰고 있었다는 증거이리라.

고종은 더위가 심해지자 경범죄로 갇힌 죄수, 그리고 70살 이상과 15살 이하의 죄수를 모두 석방했다.

VI

임금이 사랑한
천문 기상 관원들

1

충렬왕과 꼿꼿 천문 관원 오윤부

오윤부의 기개

하루는 고려 충렬왕이 왕륜사(王輪寺)에 행차했다가 돌아오는 길에 궁실 건축사무소인 조성소(造成所)를 지나면서, 곤장으로 판관후서사(判觀候署事;천문·역수·측후·각루 등의 일을 맡아 보던 관후서의 기관장으로 직급은 정3품이다) 오윤부(伍允孚)의 볼기를 쳤다. 이유는 오윤부가 궁실 착공 날짜를 일찍 고르지 않았기 때문이었다. 이때 오윤부는 매를 맞으면서도 자신의 소견을 당당히 피력한다.

"(상략) 택일이라는 것은 흉함을 피하고 길함으로 나아가기 위하여 하는 것입니다. 강제로 택하라 하시면 택하지 말라는 것과 같습니다. 신은 차라리 목숨을 버놓을지언정 감히 뜻에 영합하지는 못하겠습니다."[139]

오윤부의 주장은 목숨 걸고 자기 주관을 지키겠다고 한 것이 아닌가. 이후로 오히려 오윤부에 대한 충렬왕의 신뢰가 강해져 왕은 오윤부의 충언에 귀 기울이게 된다.

어느 날 화성이 달을 가리는 성변이 일어났다. 오윤부는 같은 일관이 었던 문창유(文昌裕)와 함께 왕에게 시행 중인 일을 모두 삼가서 재변을 물리치라고 읍소했다. "화성이 달을 가리는 것은 실로 예사 재변이 아니므로, 중에게 밥을 먹이고 부처를 섬기는 일만으로 예방할 수 없습니다."

충렬왕은 신하들과 의논한 다음, 재상과 대간에게 정치의 잘잘못을 의논해서 봉서를 올리도록 명하고, 그날 즉시 궁궐 공사에 동원된 인부들을 모두 풀어 집으로 보냈다.

한번은 밤하늘에 불덩이처럼 빨갛고 크기가 말(斗)만한 물체가 나타났는데, 점차 넓어져 돗자리 크기와 같아졌다가 순창궁(順昌宮)으로 떨어졌다. 유성이 연이어서 떨어지고 난 이후에는 바람이 사납게 불더니, 불이 궁궐을 감싸 남김없이 불태워 버렸다.

왕은 오윤부와 문창유 두 사람을 불러 일찍이 "화재를 당하게 될 것"이라고 말했는데, 어떻게 이렇게 될 줄 안 것인지를 물었다. 이에 오윤

---

139   충렬왕 4년(1278) 겨울 10월 1번째 기사 일부, 고려사절요 권20
       (국사편찬위원회 한국사데이터베이스 http://db.history.go.kr/KOREA/item/level
       do?itemId=kj&types=r#detail kingYear/kj_U20r_0010_0010_0100_0010/25/1278/10
       accessed 2016.9.30.)

부는 답한다.

"하늘의 꾸짖음이 명백하니, 이는 오히려 작은 재앙입니다."[140]

충렬왕의 질문에 즉답을 피하면서 왕의 근신을 에둘러 강조한 것이다.

오윤부의 충정

오윤부는 매우 강직했으며, 평상시에 나랏일을 자신의 일로 여겨 재이만 있으면 그때마다 궁에 들어가 왕에게 보고했는데, 말이 매우 간절하고 지극했다. 오윤부는 국정에 대해 할 말이 있으면 곧바로 궁에 들어가 간언했고, 왕이 듣지 않으면 눈물을 흘리며 강력하게 진언하여 반드시 받아들여지도록 설득했다.

오윤부는 태사국 관리가 되자 밤을 꼬박 새울 정도로 천문 관측과 해석에 온 정성을 쏟았고, 혹한이나 폭염이 닥쳐도 아프지만 않으면 단 하루도 빠지지 않았다. 일찍이 오윤부가 천문도를 그려 왕에게 바쳤는데, 일관들이 모두 가져다가 참고하였을 정도로 그의 지식이 뛰어났다.

140　충렬왕 9년(1283) 4월 24일 1번째 기사, 고려사절요 권20
　　　(국사편찬위원회 한국사데이터베이스 http://db.history.go.kr/KOREA/item/level.
　　　do?itemId=kj&types=r#detail-kingYear/kj_020r_0010_0060_0040_0040/25/1283/04
　　　accessed 2016.10.05.)

　　　우리 역사를 바꾼 조선의 하늘, 그 비밀코드로의 시간여행

오윤부는 임금의 신임을 받아 고려의 사일(社日), 즉 토지 신에게 제사 지내는 날짜까지 바꾸어 놓았을 정도였다.

어느 날 밤에는 별이 천준(天樽;이십팔수 중 정수(井宿)에 속한 별자리로, 지금의 쌍둥이자리의 일부이다) 별자리를 범하자 오윤부가 말하기를, "곧 술을 잘 마시는 자가 사명(使命)을 받들고 올 것"이라고 하고, 다른 날에는 별이 여림(女林) 별자리를 범하자 "사신이 오면 처녀를 선발해야 한다"라고 했다.

나중에 오윤부가 한 말이 모두 들어맞았다. 오윤부의 점이 족집게라는 소문이 나자 원나라의 세조(世祖)까지 그를 불러 시험하기도 했다. 그러다 보니 오윤부의 명성은 하늘을 찔렀다.

일찍이 오윤부가 봉은사(奉恩寺)에 있는 태조의 진전에서 행해진 고삭(告朔) 행사에 참여한 적이 있었다. 고삭은 제후가 매월 초하루마다 선조의 사당에 고하고, 천자로부터 받은 그달의 달력을 얻던 일이다. 이때 오윤부는 이미 제사가 끝났는데도 다시 절하고 또 눈물을 흘리면서 말했다.

"(상략) 태조시여, 태조시여. 군주의 국사가 잘못되었습니다. (하략)"[141]

그는 충렬왕의 잘못을 한탄하면서 오열하고 스스로 몸을 가누지 못할

---

141   충렬왕 30년(1304) 1월 2번째 기사 일부, 고려사절요 권22
       (국사편찬위원회 한국사데이터베이스 http://db.history.go.kr/KORFA/item/level.
       do?itemId=kj&types=r#detail kj/year/kj_022r_0010_0070_0010_0020/25/1304/01ac
       cessed 2017.04.15.)

정도로 그의 정성과 간절함이 컸다.

　일찍이 충렬왕의 왕비가 왕에게 "어떠한 연유로 이러한 사람을 가까이 하느냐?"라고 물었다. 충렬왕의 답은 간단하면서도 명확했다. "오윤부는 나의 최호(崔浩)입니다."

　최호는 중국 북제(北齊) 세조 때의 명신으로, 지모가 뛰어나 나라의 큰 일이 있을 때마다 반드시 그에게 물었다고 한다. 충렬왕의 이 말 이후로 왕비도 태도를 바꾸고 그를 극진히 예우했다. 그는 복흥(復興;지금의 황해도 연백군) 오씨(伍氏)의 시조로 나중에 도첨의찬성사(都僉議贊成事;고려 후기 첨의부의 정2품 관직)로 관직을 마쳤다.

2

태종이 아낀 두 인재(人材)

임금이 믿고 일을 맡긴 공부

공부(孔俯), 태종은 그를 크게 신뢰했는데 이유는 그가 노성(老成)하여 마땅히 같이 일을 의논할 만하다는 것이었다. 공부는 고려 말~조선 초기의 문신으로 예조 총랑, 집현전 태학사와 우군동지총재 그리고 한성판윤 등을 역임하였으며, 도교에 조예가 깊어 태종의 총애를 받았다.

공부는 소격전 제조를 겸하면서 태종의 명에 의하여 중국에 가서 도교의 초사(醮祀) 등의 의식을 배워 왔다.

하루는 백악산 남쪽에 길이가 15척이나 되는 돌이 저절로 무너졌는데, 태종은 당시 검교(檢校) 한성윤(漢城尹)이었던 공부에게 해괴제를 행하게 했다. 그 후 태종은 기우제 특히 석척 기우제를 창덕궁의 광연루와 상림원(上林園) 등지에서 주로 공부로 하여금 주관토록 한다. 상림원은 조선 시대 궁중 정원의 꽃과 과실나무에 관한 일을 맡아보던 관서이다.

공부는 태종 때 명나라에 사신으로 갔다가 공무 수행 중에 남경(南京)

의 회동관(會同館)에서 별세했는데, 동행했던 사신들이 화장한 후 공부의 유골을 갖고 귀국했다.

태종은 조선 왕조 최초의 순직 외교관이 된 공부에게 부의로 쌀과 콩 50석과 종이 1백 권을 하사하고 신하를 보내 조문했다. 태종은 공부의 사망을 계기로 중국에 사신으로 가서 순직하는 경우, 정2품은 60석, 종2품은 50석의 곡식을 부의하는 규칙까지 만들었다.

공부는 젊어서는 정몽주, 이색 등과 교유하였고, 초서와 예서에 매우 능했다. 공부는 청렴 강직하여 많은 사람들의 존경을 받았으며, 세상에서는 그의 관대한 성품과 솔직함을 높이 평가하여 팔청지수(八淸之首;여덟 명의 청백리 중 으뜸)로 칭하였다.

공부는 곡부(曲阜) 공씨로 공자의 후손이다. 그의 아들은 공달(孔達)이었는데, 그는 세종의 신뢰를 받아 세 번이나 일본 회례사(會禮使)의 종사관이 되어 큰 공로를 세우고, 이에 감명 받은 세종의 특명으로 종부시(宗簿寺;조선 시대에 왕실의 계보를 모아 기록하고 왕족의 허물을 살피던 관아)의 판관으로 제수되기도 했다.

태종이 사랑한 치수 관리 달인 우희열

농업 사회에서 농업용 물 관리는 가뭄이나 홍수로 인한 재해 대비 차원에서도 대단히 중요한 국가적 과제다.

가뭄 등 날씨에 유난히 예민하고 심려가 컸던 태종 때는 사정이 더욱 그러했다. 태종은 어느 임금보다도 가뭄 대비책으로서 제언(堤堰) 즉 제 방에 의한 치수의 중요성을 깊이 인식했다. 이에 따라 제언을 제때에 보 수하지 않은 지방관들에 대하여는 볼기를 때리고 다시 본직으로 돌려 보내기도 했다.

당시 태종이 치수와 관련하여 가장 의지했던 사람은 우희열(禹希烈)이 었다. 우희열의 본관은 단양(丹陽)이다. 그는 전에 성주(星州)의 수령으로 있을 때, 읍내 앞 보 둑에 통(桶)을 세워 가둬둔 물을 상황에 따라 수시로 텄다 막았다 하면서 시험해 보았는데, 그로 인해 혜택을 받은 백성이 매 우 많았다고 한다. 그때부터 우희열은 수리 사업에 큰 관심을 갖고, 태 종과 세종 대에 제방의 축조 및 관리에 대해 임금에게 충언을 아끼지 않 는다.

우희열은 제언을 통한 치수를 끊임없이 주장하여 태종 대의 수리 시 설 확장사업에 중추적인 역할을 했다. 우희열은 태종에게 적당한 곳에 제방을 많이 쌓아서 가뭄에 대비하고, 겸하여 고기를 길러 공상(供上:물건 등을 임금이나 궁중 또는 상급 관청에 바치던 일)과 제사에 쓰거나, 손님을 대접토록 해서 민폐를 없애도록 청했다. 우희열은 애초부터 관개와 양어(養魚)를 위한 다목적 저수지 구축을 주장한 것이다.

그는 특히 "저수지를 만드는 데에는 반드시 길하고 흉한 곳이 있으므 로, 서운관에 명하여 지리를 보아 땅을 판 후 둑을 쌓게 하라"고 진언하 자 임금이 그대로 따랐다.

태종의 신임을 받은 우희열은 나중에 충청도 관찰사로 근무하면서, 조운(漕運)의 편의를 위해 시도된 태안반도 운하 사업의 제방 쌓는 일도 주관했다.

한번은 태종이 치수에 대하여 의논하려고 당시 개성부 부유후(開城府
副留後)로 있던 우희열을 불렀다. 그때 우희열은 각기병으로 고생하고 있
었는데, 이런 사정을 익히 알고 있던 태종은 우희열에게 병이 완치되었
느냐고 물으면서, "병이 나으면 지방으로 발령 내려 한다"라고 인사 계
획까지 말해 준다.

이 자리에서 태종은 우희열이 충청도 감사로 있을 때, 힘써 제언을 쌓
아 백성을 이롭게 했다고 그의 공을 치하하자, 우희열은 제언과 함께 누
에와 뽕의 이점에 대하여도 임금에게 상세하게 설명했다.

우희열이 나간 뒤에 임금이 승지에게 묻는다.

> "이 사람이 항상 농상(農桑:농사일과 누에치는 일)의 사무에 마음이 있기 때문
> 에 그 말이 이와 같다. 내가 심히 아름답게 여긴다. 이 사람의 아들이
> 있는가?"[142]

치수와 농상에 몰두했던 우희열, 그에 대한 태종의 배려는 계속 이어
진다. 그의 아들이 전 감찰(監察:조선 시대 사헌부의 정6품 벼슬) 우경부(禹敬夫)라
는 답을 듣자 태종은 나중에라도 잊지 말고 꼭 그를 관리로 재임용토록

---

142   태종 15년(1415) 12월 3일(병인) 2번째 기사 일부, 태종실록 30권
      (국사편찬위원회 조선왕조실록 http://sillok.history.go.kr/id/kca_11512003_002
      accessed 2017.09.30.)

지시하고, 우희열은 유후사에 돌려보내지 않고 곧바로 경기 도관찰사(都觀察使)로 제수했다.

우희열은 김제 벽골제, 부평 수용제 등의 수축에 큰 공을 세우고, 수리(水利)를 위한 제언 관리에 힘을 쏟는 등 농업 전문가로서 큰 족적을 남겼다.

그는 세종 1년(1419) 판청주목사 직에서 사직하고 그다음 해 세상을 떠난다. 조정에서는 그에게 문숙(文肅)이라는 시호를 내렸다.

3

세종의 탁월했던 천문 기상 참모 3인

정인지

세종 때 신숙주, 성삼문 등과 함께 『훈민정음 해례본』을 집필하고 권제(權踶), 안지(安止)와 함께 「용비어천가」의 저작에 주도적 역할을 했던 정인지, 그의 본관은 하동(河東)으로 "타고난 자질이 호걸스럽고 영리하고 비범하며, 마음이 활달하고 학문이 해박하여 통하지 않는 바가 없었다"라고 역사는 기록하고 있다.

정인지가 세종이 즉위할 때(1418년)는 정6품의 병조 좌랑이었는데, 세종 3년(1421)에 "대임을 맡길 만한 인물이니 중용하라"는 상왕 태종의 분부에 따라 정5품의 병조 정랑으로 승진된다. 태종도 일찍부터 정인지의 인물됨을 알고 있었던 것이다.

세종은 천문과 역산에 뜻을 두어 크고 작은 간의와 규표(圭表)를 제작하고, 흠경각과 보루각(報漏閣)을 건축했다. 흠경각에는 물시계인 자격루를 설치했는데, 사철의 절기, 달, 날짜, 시간을 모두 표시했다.

이때 다른 신하들은 그 내용을 잘 알지 못했는데, 정인지만이 임금의 말을 이해하자 세종이 말하기를, "정인지만이 이것을 함께 의논할 수 있다"라고 하고, 정인지에게 모두를 주관토록 했다.

후에 세종은 정인지로 하여금 역대(歷代)의 역법이 무엇이 같고 무엇이 다른지와, 일식·월식·오성(五星), 사암(四暗) 그리고 천체 운행 도수의 순역(順逆) 관계를 편찬하게 했다. 그런데 당시 정인지가 직접 맡아서 계산한 것이 너무나 정확해 노련한 일관도 따라갈 수가 없을 정도였다고 한다.

정인지의 폭넓은 지식에는 중국 사신도 꼼짝하지 못했다. 세종 때 정인지가 점측법과 조수에 대해 중국 사신과 토론하면서, 사신에게 동해(東海)에는 조수가 왜 없는지를 묻자 중국 사신이 입도 뻥끗하지 못했다고 한다.

정인지는 세조 때에 영의정에 올랐는데 노쇠하고 병들었다고 하여 사직원을 올렸으나, 임금은 윤허하지 않고 애정 어린 어찰(御札)로 답을 한다.

> "내가 바야흐로 공에게 의지하여 풍형(豐亨:덕이 많아서 아무런 막힘이 없는 것)을 기대하는데, 어찌 감히 이를 수고롭다고 하느냐? 마땅히 어려운 때를 생각하여 누워서라도 정사를 다스려야 한다."[143]

---

143 세조 3년(1457) 8월 13일(갑진) 1번째 기사 일부, 세조실록 8권
(국사편찬위원회 조선왕조실록 http://sillok.history.go.kr/id/kga_10308013_001
accessed 2018.01.19.)

.

병석에 누워 있더라도 영의정을 계속 맡아 달라는 뜻이 아닌가. 정인지는 임금 앞에서도 거리낌 없이 아는 것은 안다고 말하고 모르는 것은 모른다고 말할 정도로 솔직하고 당당했다. 정인지는 1396년생으로 1397년생인 세종과는 1살 차이였기에 같은 또래로서 여러모로 궁합이 잘 맞는 군신(君臣) 관계였다.

정인지는 문장과 재주와 명망이 한 시대에 제일이었으며, 남에게 굽실거리지 않았고 강직했다. 정사를 논할 때는 자기가 옳다고 생각하면 조금도 양보하는 법이 없었고, 곤경에 처해도 주눅 들거나 조금도 난처해하는 기색이 없었다.

세조 때 어전 회의가 열렸다. 대화가 사리(舍利)와 우화(雨花;하늘이 감동할 때 내리는 꽃비)의 신기함에 미치자, 정인지가 말한다.

> "백 개의 설리(設利;사리)가 한 사람의 빈민을 먹여 살리지 못하고, 또 남쪽 지방이 지금 가물어서 땅을 못 쓰게 된 곳이 십여 고을이니, 신은 비가 내리기를 원하지 우화가 내리기를 원하지는 않습니다."[144]

어전 회의에 배석했던 그의 아들 정현조(鄭顯祖)가 아버지에게 어찌하여 임금 면전에서 그런 말을 했느냐고 묻자 정인지가 일갈한다.

---

144 세조 3년(1457) 8월 13일(갑진) 1번째 기사 일부, 세조실록 8권
    (국사편찬위원회 조선왕조실록 http://sillok.history.go.kr/id/kga_10308013_001
    accessed 2018.01.19.)

"아이가 어찌 알겠느냐? 노신(老臣)이 말하지 않으면 누가 마땅히 말하겠는가?"[145]

지금으로 치면 국무총리가 대통령 면전에서 직언을 하고, 아들에게는 '일인지하 만인지상(一人之下 萬人之上)'의 고위 관료로서 가져야 할 자세를 보여 준 것이다.

정현조는 세조의 딸 의숙 공주(懿淑公主)와 혼인한 부마였다. 그는 온양별시 문과에 을과로 급제하였는데, 부마로서 과거에 응시한 것은 그가 처음이었다. 그는 『경국대전』 편찬에 공헌하였다.

정인지가 세상을 뜨자 나라에서는 조회(朝會)를 중지하고, 부의·조제(弔祭)·예장(禮葬) 등을 전례(前例)에 따라 행했으며, 문성(文成)이라는 시호를 내렸다.

이순지

조선 왕조에서는 문신에게도 천문과 기상에 전문성이 있으면 그들을 천문이나 역산 분야에 적극 활용했다. 본관이 양성(陽城;경기도 안성 지역의 옛

---

145   세조 3년(1457) 8월 13일(갑진) 1번째 기사 일부, 세조실록 8권
       (국사편찬위원회 조선왕조실록 http://sillok.history.go.kr/id/kga_10308013_001
       accessed 2018.01.19.)

이름으로 현재는 일부 지역이 안성시 양성면으로 남아 있다)인 이순지(李純之)는 한양의 북극 고도[緯度]가 얼마냐는 세종의 질문에 관료 중에서 유일하게 답한 것이 계기가 되어 천문 역산의 전문가로 활약하게 된다.

그는 누구보다도 역산에 밝아 세종이 가장 가까이하고 총애하던 신하였는데, 그는 당시 봉상 판관(奉常判官)의 직책에 있으면서도 늘 간의대에서 천문을 관측했다. 봉상 판관은 종묘와 제향 등의 일을 관장하는 봉상시(奉常寺)의 종5품 문관 벼슬이었다.

세종이 우리나라 실정에 맞는 역법을 개발할 때 가장 핵심적 역할을 한 사람이 이순지와 김담이었다. 얼마큼 이순지가 필요했으면 상중(喪中)임에도 관직에 나오도록 간청했을까.

세종은 모친상을 당한 이순지에게 벼슬자리에 나오도록 명하고 파격적으로 호군(護軍;오위(五衛)에 속한 정4품 벼슬)으로 세 단계나 승진시킨다. 그래도 못 미더웠던지 세종은 이순지의 아버지인 지사간(知司諫) 이맹상(李孟常)에게까지도 아들인 이순지가 벼슬에 나오도록 하라고 명을 내린다. 이순지는 상중임을 내세워 임금에게 여러 차례 사직 상소를 올렸으나 세종은 이를 받아들이지 않고 기복(起復)을 명했다.

기복은 상(喪)을 당해 휴직 중인 관리를 복상기간 중에 직무를 보게 하던 제도이다. 조선 시대에는 「가례」에 따른 3년 상의 이행이 강조되었기 때문에 기복은 엄격히 제한되었다. 따라서 기복에는 까다로운 절차가 요구되었는데, 심지어 임금의 윤허가 있어도 대간에서 적격자라는 회답이 있어야만 복직명령서가 발부될 정도였다. 이러다보니 기복된 사람은 조선 시대를 통틀어 몇 사람에 지나지 않았다. 하륜, 황희, 김종서

(金宗瑞), 최항, 곽재우(郭再祐), 이순신(李舜臣)과 김상헌(金尙憲) 등이 기복의 명을 받았다.[146] 따라서 이순지가 기복을 명받았다는 것은 그의 능력이 정부 내에서 매우 긴요했다는 것을 뜻한다.

이순지에 대한 임금의 총애는 세조 때에도 이어졌다. 세조는 지금의 서울시장인 정2품의 판한성부사(判漢城府事) 이순지를 불러 잠저(潛邸;임금이 되기 전에 살던 집)에서 찬술한 『기정도보(奇正圖譜)』와 「외편(外篇)」을 보여 주면서 명을 내린다.

> "편중(篇中)의 과명(課命)의 법은 단지 공부하는 방법만 지시하고 그 묘처(妙處)는 말하지 아니하였으니, 그대가 최호원(崔灝元)과 더불어 찬집하여 초학자로 하여금 알기 쉽게 하라."[147]

이에 따라 이순지의 주관하에 여러 학자들이 책을 엮어 올리자, 임금이 친히 이를 첨삭한 후 『기정도보속편(奇正圖譜續篇)』이라 이름 붙였다.

『기정도보』는 문종 원년(1450)에 왕명으로 수양대군이 엮은 책으로, 전진(戰陣)에 관한 기정(奇正)의 법과 음양(陰陽)의 도보(圖譜)에 관한 사항을 정리한 무보(武譜)이다.

하루는 행상호군(行上護軍)의 직에 있던 이순지가 지리서를 가져와서

---

146   이영춘, 「기복」, 『한국민족문화대백과사전』, 한국학중앙연구원
147   세조 5년(1459) 10월 7일(을묘) 3번째 기사 일부, 세조실록 18권
        (국사편찬위원회 工.신왕소실복 http://sillok.history.go.kr/id/kga_10510007_003
        accessed 2018.10.04.)

세조에게 바치고, 어전에서 임금에게 상세하게 설명했다. 세조도 세종 못지않게 이순지를 극찬한다.

> "이와 같은 일을 이순지같이 정교하게 할 사람이 없다. 옛사람들이 이르기를, '농사짓는 일은 종에게 물어보는 것이 마땅하고, 길쌈하는 일은 계집종에게 물어보는 것이 마땅하다' 하였는데, 나는 음양·지리 따위의 일은 반드시 이 사람과 의논하겠다."[148]

임금이 뭇 신하들이 모인 어전에서 이 같은 말을 했으니 얼마나 이순지를 신뢰하는지 알 수 있다. 이순지는 문신으로서 지금의 기상청장격인 정3품의 서운관 판사와 장관급인 정2품 벼슬의 판중추원사를 역임했다.

그는 정인지 및 김담(金淡) 등과 함께 『칠정산 내편』과 『칠정산 외편』을 완성하여 조선의 역법을 완전하게 정비하는 데 큰 공을 세웠다. 이순지는 후에 김석제(金石梯)와 함께 일월식 계산법인 『교식추보법(交食推步法)』도 완성했는데, 이 책은 천문 분야 관리 채용의 1차 시험인 '음양과' 초시(初試)의 교재로 쓰였을 정도로 수준 높은 저술이었다. 특히 이순지가 왕명을 받들어 편찬한 『제가역상집(諸家曆象集)』과 『천문유초(天文類抄)』는

---

148   세조 9년(1463) 11월 25일(기묘) 1번째 기사 일부, 세조실록 31권
      (국사편찬위원회 조선왕조실록 http://sillok.history.go.kr/id/kga-10911025_001
      accessed 2018.12.14.)

우리나라 천문학의 역사를 다룬 가장 가치 있는 책으로 평가되고 있다. 이순지는 조선 초기의 문신으로서 조선의 대표적인 천문학자였다.

이순지가 세상을 떠난 후 나라에서는 그에게 정평(靜平)이라는 시호를 내렸다.

김담

김담 역시 조선 전기의 문신으로서 이순지와 쌍벽을 이루는 천문학자였다. 임금들에게 김담은 어떤 사람이었을까? 이순지가 모친상을 당했을 때 세종이 여러 대신들에게 이순지 후임을 천거하라는 명을 내린다. 그 기준은 딱 한 가지, '이순지만큼 할 사람'이었다.

승정원과 여러 대신들은 당시 집현전의 정9품 관리였던 김담을 추천했다. 나이도 젊을 뿐 아니라, 총명하고 민첩하므로 믿고 맡길 만한 사람이라는 것이 천거 이유였다. 하급 관리를 이순지의 역할을 수행할 적임자로 추천했으니 그의 능력과 사람됨을 대신들도 익히 알고 있었던 것이다.

김담은 후에 서운부정(書雲副正)으로 있다가 부친상을 당하자 영주로 내려간다. 서운부정은 현재로 치면 기상청 차장이다. 세종은 김담에게 옷과 미두(米豆)를 하사하면서, 이순지 때와 마찬가지로 상중임에도 역법에 종사하기를 명했다.

임금이 김담을 특명으로 부른 것은 그가 역법에 정통했기 때문이다.

김담은 돌아가신 아버지의 상례를 마치고 병환중의 노모를 돌볼 수 있도록 해달라고 여러 번 사직상서를 올렸으나, 세종은 윤허하지 않는다.

김담에 대한 세종의 총애와 신뢰는 문종 및 단종 때까지 이어진다. 문종 때에도 김담이 여러 차례 사직을 요청했으나, 문종도 받아들이지 않았고 단종은 김담에게 땅까지 하사하면서 사직을 만류했다.

김담은 세조 때 이조 판서로 승진하는데, 세조가 사정전에서 상참을 받고 김담에게 술을 올리게 하면서 총애를 표한다.

> "경은 병든 어미가 있어서 서울에 오랫동안 유임시킬 수가 없었다. 또 경이 지난번에 경주부윤(慶州府尹)이 되어서 죄도 아닌데 붙잡혀 왔기 때문에, 지금 경에게 이조 판서를 제수하여 애오라지 서로 위로할 뿐이다."[149]

김담은 이순지와 함께 최초의 조선 달력인 『칠정산 내편』과 『칠정산 외편』을 완성했다. 김담의 능력과 역할이 어느 정도였는지는 성종 때의 영의정 윤필상이 평가했다. 윤필상이 성종에게 관상(觀象)과 추보는 나라의 큰일이라고 하면서, 천문 분야의 인재 부족을 걱정했다.

그러면서 "전에는 김담이 역법에 정밀하였으나 김담 이후에는 마땅한

---

149   세조 9년(1463) 8월 30일(병진) 1번째 기사 일부, 세조실록 31권
(국사편찬위원회 조선왕조실록 http://sillok.history.go.kr/id/kga_10908030_001
accessed 2018.12.09.)

사람이 없으므로, 젊고 총민(聰敏)한 문신을 골라서 천문산법(天文算法)을 학습하게 하도록" 성종에게 진언한 것이다. 이럴 정도로 김담의 실력은 오랫동안 인정받았고 인구에 회자되었다.

　김담의 본관은 선성(宣城)인데, 선성이 예안(禮安)의 옛 이름이므로 '선성 김씨'를 현재는 '예안 김씨'라고도 부른다. 그의 외할머니 정씨는 정도전의 누이이다. 김담은 사후 문절(文節)이라는 시호를 받는다.

4

성종이 발탁한 김응기

연산군도 의존했던 천문 관원 김응기

김응기(金應箕)는 조선 성종이 키운 천문학자였다. 성종은 김응기에게, "그대는 성품이 근면하니 천문을 공부하도록 하라"는 특명을 내리고, 털옷을 하사한다. 이 명을 받은 김응기는 별을 바라보며 연구하다가 빈번히 밤을 새웠다.

성종 때에는 혜성이 자주 나타났다. 임금은 그때마다 관상감 관원 중에서 성변을 잘 아는 사람을 가려 뽑아 관측하게 했다. 그런데 이와는 별도로 문신인 홍문관의 전한(典翰;종3품 벼슬) 김응기와 응교(應敎;정4품 벼슬) 조지서(趙之瑞)에게도 명을 내렸다. 이들에게 교대로 간의대에 들어가 혜성이 쇠하여 사라지는 것과 성하여 커지는 것 그리고 이동 상황을 철저히 살피게 한 것이다.

하루는 관상감에서 임금에게 보고했다. "어젯밤 1경에 허성(虛星)의 궤도에 약간의 빛이 있었는데 길이가 3, 4척(尺)이었습니다." 성종은 이 보고를 받자 관상감 관원에게 "본 것이 옳은지를 확실하게 알 수 없으니, 오늘 밤에 김응기와 조지서로 하여금 살펴보고 아뢰게 하라"고 했다.

어명대로 김응기와 조지서가 그날 밤에 별자리의 움직임을 관측한 후, 임금에게 서면으로 보고했다. 성종은 이 두 문신의 보고를 받고서야 승정원에 답을 내린다. "성변이 그러하니 내가 매우 두려워한다." 실제 김응기와 조지서의 관측 결과는 관상감의 보고와 큰 차이가 없었고, 단지 육안으로 보이는 빛의 길이만 약간 길었을 뿐이었는데도 성종의 반응은 확연하게 달랐던 것이다.

성종이 이렇게 김응기와 조지서를 신뢰하면서 바쁘게 활용하다 보니, 그 둘에 대한 임금의 애정도 날이 갈수록 더욱 깊어졌다. 이에 따라 특히 김응기는 10여 년 동안이나 성종의 경연을 맡는다.

하루는 성종이 승정원에 명을 내렸는데, "김응기와 조지서가 밤낮으로 천상(天象)을 관측하느라고 추위를 무릅쓰고 있으니, 여우 털옷을 각각 한 벌씩 주라"는 것이었다.

천변지괴에 그리 신경 쓰지 않았던 연산군은 김응기를 어떻게 대했을까? 어느 날 태백성이 낮에 사지(巳地)에 나타나 오지(午地)에 이르렀다는 관상감의 보고가 올라왔다. 그러자 연산군은 태백성이 본래 어느 곳에 있어야 하는데 지금 거기에 나타났는지를 묻고는, 이를 당시 경기 감사로 나가 있던 김응기에게 관찰하여 풀이하게 했다. 연산군도 천문에 대하여는 김응기를 전폭적으로 신뢰하여, 지방에 나가 있는 사람에게까지 이러한 명을 내린 것이다.

성종 내 승정원의 동부승지로 제수됐던 김응기는 연산군 때는 관상감 제조와 형조 판서 등을 지냈다. 중종이 즉위하자 이조 판서가 된 뒤 병조·공조·예조 판서를 차례로 지내고, 우의정·좌의정을 거쳐 영중추부사를 역임했다.

중종실록의 사관들은 그에 대해 이렇게 평했다. "김응기는 사람됨이 단중(端重;단정하고 정중함)하고 박학해 천문·지리·산수의 학문에 정통하지 않음이 없었으며, 사람들이 그를 동방의 성인(聖人)이라 일컬었다."

김응기와 천문 지식 겨룬 성종

천문과 기상 지식 면에서는 조선의 문종과 성종이 돋보였다. 문종은 다른 어느 왕보다도 기상에 밝은 임금이었다. 구름 기운만 바라보고도 익히 비와 바람의 징조를 아는 정도였다. 하루는 날씨가 청명한데 임금이 하늘을 바라보고 말하기를, "오늘 아무 시(時)에 반드시 천둥하고 번개가 치며 비가 올 것"이라고 했는데 과연 예상한 대로 뇌우가 발생했다.

어느 날에는 함길도 함흥부 원천사(源川社)의 버드나무 숲에 이슬이 맺혔는데, 그 빛깔과 맛이 꿀과 같았다. 감로(甘露)가 확실하다고 굳게 믿은 관찰사가 그것을 자기(磁器)에 담아서 임금에게 바쳤다. 그런데 의외로 문종은 이를 물리쳤는데, 그러면서 한 말이 "한기(旱氣;가문 기운)가 엉긴 것인데, 어찌 이것이 감로이겠는가?"라는 것이었다.

당시 사람들은 '임금이 어진 정치를 하여 천하가 태평하면 하늘이 상서로 감로를 내리는 것'으로 생각했고, 이에 따라 감로가 발견되면 곧바로 채집하여 임금에게 바쳤었다.

기상에 밝았던 문종에 비해 성종은 상대적으로 천문에 관심이 많고 또한 깊은 지식도 갖고 있었다. 성종은 조선 왕조의 여러 임금 중에서 경연에 가장 열심히 참여한 군주다. 성종이 얼마나 열심히 했으면 세조 비였던 할머니 정희왕후(貞熹王后)가 건강을 생각해 공부 좀 적당히 하라고까지 했을까. 이렇게 많은 공부를 하다 보니 성종의 천문 지식은 전문가 수준에 이를 정도였다.

세조 때의 어느 날, 한 환관이 궁내 좌달문에서 벼락을 맞아 죽는 사건이 일어났다. 이때 궁 안에 있던 많은 사람들이 정신을 잃었으나, 세조의 손자였던 자산군(者山君)만은 얼굴빛도 변하지 않았고 침착하였다. 이를 옆에서 본 세조는 자산군이 태조 이성계를 닮았다고 하면서 감탄했다. 자산군은 태어난 지 두 달도 안 돼 세조의 큰 아들인 아버지(덕종으로 추증)가 죽자 세조가 궁중에서 키우던 상황이었다.

자산군은 타고난 기품이 뛰어났으며, 도량이 넓고 활 쏘는 재주와 서화에도 능해 세조의 사랑을 듬뿍 받았다. 이 자산군이 후에 예종의 뒤를 이어 조선의 제9대 임금 성종이 된다.

성종은 침실의 사방 벽에 '미불유초 선극유종(靡不有初 鮮克有終)'이라는 경구를 붙여 놓고 항상 초심을 잃지 않도록 노력했다. '미불유초 선극유종'은 『시경(詩經)』 「대아탕편(大雅蕩篇)」에 나오는 글로 '처음에는 누구나 잘하지만 끝까지 좋게 마무리하는 사람은 드물다'는 뜻이다. 우리가 자주 쓰는 '유종의 미'라는 말도 여기서 유래했다.

성종은 천문 관측을 관상감 관원에게만 전적으로 의존하지 않고 문신들도 병행하여 활용했다. 그 핵심적인 사람이 김응기였다. 결과적으로는 천문 관원과 문신 간 경쟁을 시켜 좀 더 정확한 천문 관측을 도모하였다고도 할 수 있다. 성종은 재위 기간 중 조심성 있고 치밀한 문신들을 골라 천문과 산학을 익히도록 독려했다.

성종 후반 대에 들어서는 성종 자신도 천체 관측을 열심히 한다. 하루는 승정원에 전교했다.

> "나도 밤마다 천문을 관찰하는데, 형혹성이 궤도를 이탈하였거늘 관상감에서는 어찌하여 서계(書啓)하지 않는가? 해로움이 없을 것이라고 여겨서 아뢰지 않는 것인가, 아니면 보지 못해서 아뢰지 않는 것인가? 물어보도록 하라."[150]

어명을 받은 승지가 관상감에 그 사실을 알렸다. 관상감정, 현재의 직제로 치자면 기상청장이 와서 보고하기를, "윤 9월에 이미 궤도를 이탈하였음을 아뢰었으므로 지금 다시 아뢰지 않았을 뿐입니다"라고 하였다.

성종은 경루(更漏)에 대하여도 큰 관심을 가졌는데, 경루는 밤 동안의 시간을 알리는데 쓰던 물시계이다. 하루는 경루의 고장에 대하여 명을 내린다.

---

150   성종 21년(1490) 12월 3일(경술) 5번째 기사 일부, 성종실록 238권
       (국사편찬위원회 조선왕조실록 http://sillok.history.go.kr/id/kia_12112003_005 accessed
       2019.03.19.)

"지나간 밤에 네가 책을 보았는데, 누수(漏水) 소리가 시각을 알리지 아니하다가 4경(四更:밤 1시~3시)에 이르러서 점점 촉급해졌다. 경루가 이와 같으면 궁중에서 아무리 시간을 알고자 할지라도 되겠는가? 그것을 물어서 계달하라."[151]

성종은 천문 지식이 쌓여가자 본인이 관측한 것과 김응기·조지서 등이 관측한 것, 그리고 관상감에서 관측한 것을 서로 비교하여, 차이가 나는 것에 대하여는 꼬치꼬치 캐묻는다.

하루는 김응기가 전날 밤에 혜성이 벽성(壁星) 남쪽으로 옮겨갔다고 보고하자, 성종은 별이 들어간 곳만 말하고 그 별의 길이와 넓이는 보고하지 않았다고 하면서 의문을 제기했다.

"혜성이 달과 달리 거리가 가까웠고 금성이 곁에 있었으며, 다만 약간의 광망만 있었기 때문에 확실하게 알 수가 없어 보고하지 못하였습니다"라는 답변으로 김응기는 성종의 의구심을 깨끗이 해소시켰다.

김응기의 본관은 선산(善山)으로, 그는 사후에 문대(文戴)라는 시호를 받았다.

---

151 성종 23년(1492) 11월 21일(무자) 3번째 기사 일부 성종실록 271권
     (국사편찬위원회 조선왕조실록 http://sillok.history.go.kr/id/kia_12311021_003 accessed 2019.05.23.)

참고 문헌

1. 사료

국사편찬위원회, 『삼국사기』

국사편찬위원회, 『삼국유사』

국사편찬위원회, 『고려사』

국사편찬위원회, 『고려사절요』

국사편찬위원회, 『조선왕조실록』

국사편찬위원회, 『승정원일기』

2. 단행본

계연수 엮음·고동영 옮김, 『환단고기(桓檀古記)』, 한뿌리, 2005.03.

국립기상연구소, 『한국기상기록집 1 - 삼국사기·삼국유사로 본 기상·천문·지진기록』, 기상청, 2011.09.

국립기상연구소, 『한국기상기록집 3 - 관상감이 기록한 17세기 밤하늘』, 기상청, 2013.06.

기상청, 『생활기상이야기』, 2004.01.

기상청, 『2018년도 낙뢰연보』, 2019.06.05.

김문석·김지영·박례경·송지원·심승구·이은주, 『왕실의 천지제사』, 돌베게, 2011.10.

김정현, 『상상 밖의 한국사』, 북팜, 2013.04.

김종서, 『신시(神市) 단군조선사 연구』, 한국학연구원, 2004.10.

김형광,『한국의 야사』, 시아출판사, 2009.05.

남경태,『종횡무진 한국사 1』, ㈜휴머니스트, 2015.05.

랜디 체르베니 지음 · 김정은 옮김,『날씨와 역사』, 반디출판사, 2011.05.

박성래,『한국과학사상사』, 책과 함께, 2012.05.

박성래,『Portents and Politics in Korean History』, 자문당, 1998.11.

박성연,『왕의 비선과 책사』, 글로북스, 2015.03.

박영규,『에로틱 조선』, 웅진지식하우스, 2019.07.

박영규,『조선왕 시크릿 파일』, 옥당북스, 2018.09.

박영규,『한권으로 읽는 고려왕조실록』, 들녘, 1996.11.

박용운,『고려시대 관계 · 관직 연구』, 고려대학교출판부, 1997.06.

박종인,『땅의 역사 1(소인배와 대인들)』, 상상출판, 2018.11.

박종인,『땅의 역사 2(치욕의 역사, 명예의 역사)』, 상상출판, 2018.11.

박홍균,『하나를 알면 열을 깨치는 원리한자 ①부수글자』, 도서출판 이비컴, 2011.01.02.

서호수 · 노재준 · 윤태순 · 홍기홍 · 농촌진흥청,『고농서국역총서 13 - 해동농서』, 농촌
　　　　진흥청, 2008.09.

성주덕 편저/이면우 · 허윤섭 · 박권수 역주,『서운관지』, 소명출판, 2003.04.

소선섭,『날씨와 인간생활』, 도서출판 보성, 2005.03.

송기호,『임금되고 신하되고』, 서울대학교출판문화원, 2014.04.

신병주,『조선산책』, 매일경제신문사, 2018.04.

신종원,『고대의 日官과 巫/신라초기불교사연구』, 민족사, 1992.12.31.

얀 클라게 지음 · 이상기 옮김,『날씨가 역사를 만든다』, 황소자리 출판사, 2004.10.

양태자,『중세의 뒷골목 풍경』, 이랑, 2011.11.

엄기표, 『백제왕의 죽음』, 고래실, 2005. 03.

우승엽, 『세상을 바꾼 가뭄과 기근의 역사 - 대기근이 온다』, 처음북스, 2016. 01.

윤내현, 『고조선 우리 역사의 탄생』, 만권당, 2016. 08.

윤성탁, 『생활기상이야기』, 단국대학교 출판부, 2001. 03.

이덕일, 『이덕일의 고금통의(古今通義)』, 김영사, 2014. 07.

이만기, 『기상정보론』, 시그마프레스, 2013. 06.

이상현 역, 국역 『가정집』, 민족문화사, 2006.

이성규, 『조선왕조실록에 숨어 있는 과학』, 살림FRIENDS, 2015. 02.

이정근, 『아하 그렇군! 뜻밖의 조선역사』, ㈜책으로 보는 세상, 2013. 03.

이종호, 『한국 7대 불가사의』, 역사의 아침, 2007. 03.

이주은, 『스캔들 세계사 3』, 도서출판 파피에, 2014. 09.

이태진, 『새한국사(선사시대에서 조선 후기까지)』, 까치글방, 2012. 05.

정명섭, 『조선백성실록』, 북로드, 2013. 08.

정수복, 노중국, 신동하 외 2명, 『역주(譯註) 삼국사기』, 한국학중앙연구원출판부,
     2011. 12.

진성기, 『남국의 세시풍속』, 제주민속문화연구소, 1969. 12. 08.

표학렬, 『에피소드 한국사(조선편)』, 엘피, 2013. 04.

홍성길, 『기상과 건강』, 교학연구사, 1990. 09.

황광우, 『역사콘서트 1』, 생각정원, 2016. 03.

3. 논문 및 칼럼

국립고궁박물관, 「조선 왕실 왕비와 후궁의 생활(2013년도 국립고궁박물관 학술연구
　　　용역보고서)」, 2013. 12.

국립고궁박물관, 「조선 왕실의 '천문' 과학문화(2011년도 국립고궁박물관 학술연구용
　　　역보고서)」, 2011. 12.

국사편찬위원회, 「쌀은 우리에게 무엇이었나?」, 동아출판, 2009. 07. 24.

국토지리정보원, 「우리 지명 속에 살아 있는 호랑이 이야기」, 보도자료, 2009. 12. 29.

기상청 기상연구소, 「한반도 기후변화 감시 및 이상 기상에 대한 연구(II)」, 과학기술
　　　처, 1991.

김진옥, 「태종과 부엉이」, 고전산책 - 고전산문(459회), 한국고전번역원, 2016. 12. 26.

김태완, 「왕과 신하의 소통의 장 '경연'」, 월간 문화재사랑, 문화재청, 2016. 03.

나영훈, 「조선 후기 관상감 관원의 친족 네트워크와 결속」, 한국학 2019 가을호 제42
　　　권 제3호(통권 제156호), 한국학중앙연구원

남경욱. 「칠정산, 조선의 하늘을 열다」, 사이언스 몰, 한국과학창의재단, 2012. 05. 09.

박근수, 「죽에 관한 속담(3)」, 화랑의 문학공간, 2017. 6. 29.

박성래, 「과학과 기술」 한국사 17, 국사편찬위원회, 1994.

박원호, 「기우제, 세종대왕의 고뇌를 엿보다」, 건설기술인(2013년 5/6월호, 통권 116
　　　호), 한국건설기술인협회

신명호, 「조선 시대 궁중의 출산 풍속과 궁중 의학」, 고문서연구(21권), 한국고문서학
　　　회, 2002. 08.

이기원, 「조선의 하늘을 살폈던 서운관에 대하여」, 한국천문연구원, 2008 11 28

이두순, 「농업과 측우기」, 연구총서 S30, 한국농촌경제연구원, 2015. 02.

조성문, 「왕세자로 책봉된 충녕대군('대왕 세종' 바로보기19)」, 세종신문, 2008. 05. 23.

최종성, 「王과 巫의 기우의례 – 暴巫의례를 중심으로」, 역사민속학 제10호, 한국역사
민속학회, 2000. 06.

한국건설기술연구원, 「조선시대 가뭄기록조사」, 2001. 08.

4. 인터넷 자료

강릉 김씨 대종회 홈페이지(http://www.gnkim.kr)

국가기록원, 기록으로 만나는 대한민국(https://theme.archives.go.kr//next/korea
OfRecord/viewMain.do)

국사편찬위원회, 우리역사넷(http://contents.history.go.kr)

국사편찬위원회, 한국사데이터베이스(http://db.history.go.kr/)

국사편찬위원회, 한국역사정보통합시스템(http://www.koreanhistory.or.kr/)

기상청, 기상자료개방포털(https://data.kma.go.kr/cmmn/main.do)

반남 박씨 대종중 홈페이지(www.bannampark.co.kr)

특허청, 한국전통지식포털(https://www.koreantk.com/ktkp2014/)

한국고전번역원, 한국고전종합DB(https://db.itkc.or.kr)

한국과학기술정보연구원, KISTI의 과학향기(http://scent.ndsl.kr/site/main/home)

한국콘텐츠진흥원, 문화콘텐츠닷컴(http://www.culturecontent.com)

한국학중앙연구원, 한국역대인물종합정보시스템(http://people.aks.ac.kr/index.
aks)

한국학중앙연구원, 한국학자료센터(http://kostma.aks.ac.kr/)

5. 사전

국립국어원, 우리말샘

국립국어원, 표준국어대사전

국립민속박물관, 한국민속대백과사전

김광식 외, 기상학사전, 향문사, 1992.07.

단국대학교 동양학연구소, 한국한자어사전, 단국대학교출판부, 1992.09.

이은식, 필수역사용어해설사전, 타오름, 2014.12.

한국고전용어사전편찬위원회, 한국고전용어사전, 세종대왕기념사업회, 2001.03.

한국학중앙연구원, 한국민족문화대백과사전

우리 역사를 바꾼 조선의 하늘,

그 비밀코드로의
시간여행

ⓒ 이만기, 2021

초판 1쇄 발행 2021년 4월 12일
　　2쇄 발행 2022년 6월 30일

지은이　　이만기
펴낸이　　이기봉
편집　　　좋은땅 편집팀
펴낸곳　　도서출판 좋은땅
주소　　　서울특별시 마포구 양화로12길 26 지월드빌딩 (서교동 395-7)
전화　　　02)374-8616~7
팩스　　　02)374-8614
이메일　　gworldbook@naver.com
홈페이지　www.g-world.co.kr

ISBN　979-11-6649-546-5 (03910)